“十二五”高职高专医学专业规划教材

传染病护理

主编　张　孟　张思溪

河南科学技术出版社

·郑州·

图书在版编目（CIP）数据

传染病护理/张孟，张思溪主编. —郑州：河南科学技术出版社，2012.8（2019.7 重印）

“十二五”高职高专医学专业规划教材

ISBN 978-7-5349-5807-6

Ⅰ.①传… Ⅱ.①张…②张… Ⅲ.传染病-护理-高等职业教育-教材 Ⅳ.①R473.5

中国版本图书馆 CIP 数据核字（2012）第 184538 号

出版发行：河南科学技术出版社

地址：郑州市郑东新区祥盛街 27 号　　邮编：450016

电话：（0371）65788001　65788870

网址：www.hnstp.cn

策划编辑：李喜婷　马艳茹

责任编辑：马晓薇　白　勇

责任校对：闻　倩

封面设计：张　伟

版式设计：栾亚平

责任印制：朱　飞

印　　刷：河南新华印刷集团有限公司

经　　销：全国新华书店

开　　本：787 mm×1092 mm　印张：10.25　字数：205 千字

版　　次：2012 年 8 月第 1 版　2019 年 7 月第 9 次印刷

定　　价：22.50 元

《“十二五”高职高专医学专业规划教材》编审委员会名单

《传染病护理》编写人员名单

主　审　刘　红

主　编　张　孟　张思溪

副主编　孙美兰

编　者　（按姓氏笔画排序）

孙美兰（合肥职业技术学院）

沙　莉（湖南中医药高等专科学校）

张　孟（合肥职业技术学校）

张思溪（湖南中医药高等专科学校）

曹雪霞（商丘医学高等专科学校）

出版说明

“十二五”高职高专医学专业规划教材由河南科学技术出版社组织，全国十几所院校的教师共同参与完成编写。本套教材自2005年出版以来至今经过两次大的修订再版。2004年11月，根据教育部、卫生部颁布的《三年制高等职业教育护理专业领域技能型紧缺人才培养指导方案》，河南科学技术出版社组织众多专家在安徽省黄山市召开了第一版教材的主编会议，2005年第一版教材如期出版。使用2年后，为了改进第一版教材的不足之处，适应护理人才培养要求，2007年7月在河南省郑州市召开了再版教材建设研讨会，对教材进行再版修订。2008年8月出版了第二版。

第二版教材对护理专业课程体系进行了适度的整合，课程目录由原来的22门调整为26门；对部分课程从护理专业角度进行了更为准确的定位，教材内容实行整体优化。四年多的教学实践证明第二版护理专业教材的整体框架上是优良的，对护理专业人才培养做出了积极的贡献。

卫生部于2011年颁布了新的护士执业资格考试大纲。新大纲打破传统的内、外、妇、儿和基础护理的划分局限，疾病按系统、器官分类；新增了护理相关的人文科目，包括：精神障碍、中医基础知识、护理管理、人际沟通、护理伦理与法规及部分临床疾病，新大纲修改与新增内容共有102处。护士执业资格考试通过率是各高职院校护理教育评价的“金标准”，亦是学生能否走出校门顺利就业的敲门砖，紧扣新大纲的要求，编写新的教材势在必行。

在此背景下，2011年5月，在湖南召开编写会议，确定了“十二五”高职高专医学专业规划教材体系，共34门科目，确定了本套教材的编写指导思想与特色定位。

1. 紧密围绕专业培养目标，突出护理专业特点，力求体现思想性、科学性、先进性、启发性和适用性，强调基本技能的培训。教材编写紧紧结合临床实际和专业岗位的工作要求，把人文关怀渗透到各课程专业实践中。

2. 紧密结合2011年新颁布的护士执业资格考试大纲，根据最新大纲新增相关的知识点对教材进行整合与划分，力求提高护士执业资格考试的通过率。

3. 不仅增加了计算机应用（包括医疗信息系统）、医学应用写作、医护英语这三个近年来广受关注的热门学科，而且增加了四种常用的实训类教材，使本套教材涉及范围更广、专业内容更丰富，突出了基础与临床的结合，更有利于培养实用性护理人才。

本套教材不仅可供三年制高等职业教育护理专业学生使用，其中的部分教材也可供其他相关医学专业学生配套使用。

作为本套教材建设委员会的主任委员，感谢各成员学校领导的积极参与、全面支持与真诚合作；感谢各位主编和编者团结一致，克服了诸多困难，创造性地、出色地完成了编写任务；感谢河南科学技术出版社以及有关单位的全力支持与帮助。

尽管我们尽了最大努力编写本套教材，但由于水平所限，不足之处仍在所难免，希望使用这套教材的广大师生和读者能给予批评指正。

方志斌

2012年8月

前言

近年来，随着护理学专业的迅速发展，全日制护理学专业教材建设得到了长足的进步，教材体系日益完善，质量逐渐提高。然而，针对高等教育护理学专业，能够充分体现以教师为主导、以学生为主体，方便学生自学的教材，可供选择的并不多。根据教育部《关于普通高等教育教材建设与改革的意见》的精神，为了进一步提高高等教育护理学专业教材的质量，适应我国高等职业教育的迅速发展，更好地把握21世纪高等教育护理学内容和课程体系的改革方向，组织了合肥职业技术学院、湖南中医药高等专科学校等16所高职院校的专家编写本套教材，由河南科学技术出版社出版。本套教材编排新颖，版式紧凑，层次清晰，结构合理。

传染病护理学是一门临床护理学，主要研究在传染病的领域里如何实行责任制护理和执行护理程序，提高护理工作质量。本教材紧密围绕高素质技能型紧缺护理人才的培养目标，在现代护理观的指导下，以护理程序为框架，精选教学内容，并反映当今护理的新理论、新方法和新技术。体现以人的健康为中心的现代护理理念和整体护理的科学内涵。另外，在编写中充分反映护理发展的现状和趋势，适应我国目前临床护理工作和高职护理教学的实际情况，避免不必要的重复和交叉，以模块形式编写，做到有学科而不恪守学科。编写过程中，坚持“三基”（基础理论、基本知识、基本技能）及“五性”（思想性、科学性、先进性、启发性、适用性）的原则，体现理论与实践相结合，突出护理教材的个性特征，融传授知识、培养能力、提高素质为一体。

传染病护理学分总论和各论两大部分，总论部分主要学习一些基本概念和传染病的共性，特征和规律，传染病的传染过程，流行过程，传染病的防治和护理等。各论部分重点介绍我国当前常见病传染病的临床特点、流行特征、预防和护理。教学中不仅要加强传染病护理的基本知识，基础理论和基本技能的训练，还应注意传染病的防治和护理领域的发展趋势，结合学生实际，介绍新进展，新技能，拓宽和加深学生的知识。在本教材编写中，我们对护理评估和护理措施做了详细的阐述，而对于针对性较强的护理诊断、护理目标和护理评价，写得较为简单扼要，只作原则性的叙述。在临床护理实践中，我们主张学生不要完全受教材内容的制约，而应根据病情实际情况，提出相应的护理诊断。

本教材是护理专业的核心课程，符合教学目标要求，且突出护理教材的个性特征，充分体现“以人的健康为中心”的护理理念和整体护理的科学内涵。本教材全体编者以高度认真负责的态度参与了工作，鉴于时间紧迫，编者的能力和水平有限，教材中错误和疏漏之处，恳请广大师生不吝指正，以便修订和完善。

张　益　张思溪

2010 年 3 月

目 录

第一章 总论 /1

第一节 传染病概述 …… 2

一、感染的概念 …… 2

二、感染过程的表现 …… 2

三、传染过程的表现 …… 3

四、传染过程中机体免疫应答的作用 …… 3

五、传染病的发病机制 …… 4

第二节 传染病流行及影响流行的因素 …… 5

一、构成传染病流行的基本环节 …… 5

二、影响流行的因素 …… 7

第三节 传染病的特征 …… 7

一、基本特征 …… 7

二、临床特点 …… 9

第四节 传染病的预防 …… 11

一、管理传染源 …… 11

二、切断传播途径 …… 12

三、保护易感人群 …… 16

第五节 传染病科的护理管理 …… 18

一、抓好消毒隔离是传染病科护理管理的重点 …… 19

二、抓好疫情报告防止疫情扩散 …… 21

三、强化护士自我防护意识 …… 21

四、开展健康教育是搞好传染病管理的重要环节 …… 21

第六节 传染病患者的护理 …… 21

第二章 病毒性疾病患者的护理 /25

第一节 病毒性肝炎患者的护理 …… 26

第二节 流行性乙型脑炎患者的护理 …… 36

第三节 流行性出血热患者的护理 …… 41

第四节 脊髓灰质炎患者的护理 …… 47

一、疾病概要 …… 47
二、护理评估 …… 49
第五节 麻疹患者的护理 …… 52
一、疾病概要 …… 52
二、护理评估 …… 54
第六节 水痘患者的护理 …… 56
一、疾病概要 …… 56
二、护理评估 …… 58
第七节 流行性腮腺炎患者的护理 …… 59
一、疾病概要 …… 59
二、护理评估 …… 61
第八节 风疹患者的护理 …… 63
一、疾病概要 …… 63
二、护理评估 …… 64
第九节 狂犬病患者的护理 …… 65
第十节 艾滋病患者的护理 …… 69
一、传染源 …… 70
二、传播途径 …… 70
三、人群易感性 …… 71
第十一节 传染性非典型性肺炎患者的护理 …… 76
第十二节 流行性感冒患者的护理 …… 82
附:人禽流行性感冒 …… 87
第三章 细菌性疾病患者的护理 / 92
第一节 伤寒患者的护理 …… 92
第二节 细菌性痢疾患者的护理 …… 97
第三节 霍乱患者的护理 …… 101
第四节 流行性脑脊髓膜炎患者的护理 …… 107
第五节 细菌性食物中毒患者的护理 …… 112
一、胃肠型细菌性食物中毒 …… 112
二、神经型细菌性食物中毒(肉毒中毒) …… 116
第六节 猩红热患者的护理 …… 118
第四章 钩端螺旋体病患者的护理 / 124
第五章 原虫病——疟疾患者的护理 / 131
一、疾病概要 …… 131
二、护理评估 …… 134
第六章 蠕虫病患者的护理 / 137
第一节 血吸虫病患者的护理 …… 138

第二节　钩虫病患者的护理 …………………………………………… 142
第三节　蛔虫病患者的护理 …………………………………………… 146
参考文献　/ 150

第一章 总 论

★学习要求

本章主要学习传染病概述、传染病流行及影响流行的因素、传染病的特征、传染病患者的诊断、治疗原则和预防、传染病患者的护理。

掌握： 传染病、隔离、消毒的概念，传染病的护理特点。

熟悉： 传染病的基本特征、临床特点、传染过程、流行过程、传染病的诊治、预防以及常见传染病患者的护理。

了解： 传染科的设施要求，隔离消毒的种类。

传染病（communicable diseases）是由病原微生物感染人体后所产生的具有传染性的疾病。常见的病原微生物有病毒、细菌、衣原体、支原体、立克次体、螺旋体、真菌和寄生虫等。寄生虫病是由原虫或蠕虫感染人体后所产生的疾病，也包括在传染病范畴内。

传染病是一组常见病、多发病。历史上，鼠疫、霍乱、天花频繁流行，疟疾、血吸虫病广泛存在，对人类造成很大灾难，传染病的死亡率居各类疾病之首。新中国成立后，我国实行“预防为主”的卫生工作方针，积极开展防治工作，许多传染病得到控制、减少甚至被消灭。然而仍有部分传染病如病毒性肝炎、感染性腹泻、流行性出血热等仍广泛存在，严重威胁着人们的健康；另外，随着国际交往的日益频繁，一些国内没有的传染病如艾滋病侵入我国，并广泛传播；还有一些新发现的传染病，如传染性非典型性肺炎、人禽流行性感冒不断出现；过去已经基本上控制的传染病如结核、梅毒等又卷土重来。我国传染病防治形势严峻，面临着新老传染病的双重威胁。因此，传染病的防治工作绝不能放松，对传染病的研究仍需加强，最终达到消灭传染病的目的。

传染病的临床特点是具有传染性，而且起病急、变化快、病情重、并发症多、病程发展有阶段性，临床上以发热、发疹、毒血症状等为主要表现。传染病的防治要坚持治疗、护理与隔离、消毒并重，一般治疗、对症治疗与特效治疗并重的原则。

对传染病患者的护理是传染病防治工作的重要组成部分，正是由于传染病具有其特殊性，这就要求护理人员不但要掌握常见传染病患者护理的基本理论、基本知识、基本技能；同时要具有高度责任心和同情心，认真做到密切观察病情，及时发现病情变化，积极配合抢救；并且还要做好疫情报告消毒隔离、健康教育和心理护理等工作。

第一节　传染病概述

人类进入21世纪后仍面临着传染病特别是新发传染病的重大威胁。为此，我们学习传染病的基本理论，为今后的工作打下良好的基础，为保障人民的健康服务。

一、感染的概念

感染（infection）又称传染，是病原体侵入人体，人体与病原体相互作用、相互斗争的过程。构成感染的条件是病原体、人体和所处的环境三个因素。在漫长的进化过程中，某些微生物与人体宿主之间达到相互适应、互不损害的共生状态，如肠道中的大肠杆菌和某些真菌。但大多数的病原体与人体宿主之间是不适应的，双方矛盾与斗争始终贯穿全过程。病原体一方借其致病力侵袭人体，而人体借防御能力遏制病原体，根据双方力量的对比，斗争的结果可出现不同的感染谱，亦称感染过程的不同表现。

二、感染过程的表现

病原体进入人体是否被清除，或定居下来引起组织损伤、炎症和病理改变取决于病原体的致病能力和机体的免疫功能，也与药物、放射等治疗有关。

1. 病原体被清除　病原体侵入人体后，可被人体的非特异性免疫屏障清除，如霍乱弧菌被胃酸杀死后排出，也可被人体的特异性免疫中和或清除。不产生病理变化，也不引起任何临床症状。

2. 隐性感染（covert infection）　又称亚临床感染或不显性感染，病原体侵入人体后，仅引起机体产生特异性的免疫应答，不引起或只引起轻微的组织损伤，而临床上无任何症状、体征，只能通过免疫学检查才能发现。隐性感染后同样可获得对本病的免疫力，病原体被清除，少数转为病原携带状态，成为健康携带者。

3. 显性感染（overt infection）　又称临床感染，病原体侵入人体后，不仅引起机体产生免疫应答，而且通过其本身的作用或机体的变态反应，导致组织损伤和病理改变，产生临床表现。只有少数传染病（如麻疹、天花）以显性感染为主。显性感染后机体可获得特异性免疫力。少数则转变为病原携带者，称为恢复期携带者。

4. 病原携带状态（carrier state）　病原体侵入人体后，在体内某一部位繁殖，并不断排出体外，但不出现任何疾病状态的整个时期。按其发生于显性或隐性感染之后而分为恢复期与健康携带者。如发生于显性感染临床症状出现之前者则称为潜伏期携带者。按病原体种类不同可分为带病毒者、带菌者和带虫者，为许多传染病的重要传染源，如乙肝、伤寒、疟疾等。

5. 潜伏性感染（latent infection）　病原体侵入人体后，双方力量暂时保持平衡，病原体潜伏于机体的某一部位，由于机体免疫力足以将病原体局限化，而不引起显性感染，但又不足以将病原体消除。当机体免疫功能下降时，潜伏在体内的病原体乘机活跃引起疾病，见于带状疱疹、结核病等。

上述感染的五种表现形式在不同的传染病中各有侧重，一般而言，以隐性感染最多见，病原携带状态次之，显性感染比例最低。不同表现之间可以转化。

三、传染过程中病原体的作用

病原体侵入人体后是否发病，取决于病原体的致病能力和机体的免疫功能这两个因素。病原体的致病能力与下列因素有关：

1. 侵袭力　侵袭力是指病原体侵入机体并在机体内扩散的能力。有些病原体可直接侵入机体，如钩端螺旋体等；有些则与其产生的毒素、酶有关；有些细菌的表面成分有抑制吞噬作用的能力而促进扩散。

2. 毒力　毒力包括毒素和各种酶。如破伤风杆菌的毒素能通过血流达到远离病原体繁殖的部位引起病变。

3. 病原体的数量　一般情况下，在同一传染病中，入侵病原体的数量与致病能力成正比。

4. 变异性　病原体可因环境或遗传因素等而产生变异。病原体的抗原变异可逃避机体的特异性免疫作用而引起疾病。

四、传染过程中机体免疫应答的作用

机体的免疫应答对传染过程的表现和转归起着重要的作用。免疫应答可分为保护性免疫应答和变态反应两大类。保护性免疫应答是非特异性免疫，变态反应是特异性免疫应答。

1. 非特异性免疫　非特异性免疫是生物个体生来就有的，是机体对进入体内的异物的一种清除机制。

（1）屏障作用：包括外部屏障，如皮肤、黏膜及其分泌物与附属器；以及内部屏障，如血脑屏障、胎盘屏障等。

（2）吞噬作用：单核－巨噬细胞系统具有非特异的吞噬功能，可杀灭被吞噬的颗粒状病原体。

（3）体液因子：存在于体液中的补体、溶菌酶、备解素、血管活性肽和各种淋巴因子等，可直接或通过免疫调节作用清除病原体。

2. 特异性免疫　特异性免疫是指由于对抗原特异性识别而产生的免疫。感染后的免疫都是特异性免疫，而且是主动免疫。

（1）细胞免疫：致敏T细胞与相应抗原再次相遇时，通过细胞毒性和淋巴因子来杀伤病原体及其所寄生的细胞。在病毒、真菌、原虫和细胞内寄生的细菌感染中，细胞免疫起重要作用。

（2）体液免疫：致敏B细胞受刺激后转化为浆细胞并产生能与相应抗原结合的抗体（免疫球蛋白）。免疫球蛋白分为五类：IgG、IgA、IgM、IgD和IgE。在感染过程中，IgA主要是呼吸道和消化道中的局部抗体，IgE主要在寄生虫感染和变态反应中出现。在感染中IgM的出现，是近期感染的标志，IgG则于临近恢复期时出现。

五、传染病的发病机制

传染病的发病机制比较复杂，有些仍不清楚，现就病原体入侵、病原体在机体内扩散定居与排出、组织损伤机制三个方面加以叙述。

1. 病原体入侵　绝大多数病原体经皮肤或黏膜侵入人体，少数经血液、淋巴、胎盘等侵入。健康人皮肤、黏膜表面有许多天然防御屏障，可以抵御病原体的入侵，如胃液的胃酸、呼吸道的纤毛上皮、唾液泪液中的溶菌酶等。当这些天然防御屏障被破坏时，病原体就可能入侵而引起疾病，例如，冬季呼吸道黏膜的防御能力下降，容易引起呼吸道感染。

病原体入侵门户与发病机制有密切关系，例如，破伤风杆菌必须经伤口侵入、痢疾杆菌必须经口侵入，才能定居、繁殖和引起疾病。

2. 病原体在机体内扩散定居与排出　病原体侵入人体后，可在入侵部位直接引起病变，如细菌性痢疾、阿米巴痢疾；也可以在入侵部位繁殖、分泌毒素，在远离入侵部位引起病变，如白喉、破伤风；或进入血循环再定位某一器官，引起再定位器官的病变，如流脑、病毒性脑炎；或经一定的生活史后在某器官定居，如蠕虫病。

遏制病原体扩散主要靠吞噬细胞的吞噬作用，但有些病原体的表面结构能抵抗吞噬细胞的吞噬作用，如伤寒杆菌的Vi抗原等，这就有利于病原体的扩散；有些病原体虽然缺乏抗吞噬的表面结构，但被吞噬细胞吞噬后，却能抵抗吞噬细胞内的酶的降解，能在吞噬细胞内繁殖，还能随淋巴、血流扩散，如结核杆菌、伤寒杆菌。有些病原体还可产生一些酶类而便于细菌在组织内的扩散，例如，乙型溶血性链球菌产生的透明质酸酶、致病性葡萄球菌产生的血浆凝固酶。

病原体排出途径不同，有些传染病的病原体排出途径是单一的，例如，痢疾杆菌只通过粪便排出；有些是多个的，例如，脊髓灰质炎病毒既能通过粪便排出，又能通过飞沫排出。病原体排出体外的持续时间长短不一，因此不同传染病的传染期不同。

3. 组织损伤机制

（1）病原体及其毒素作用：病原体及其机械运动和所分泌的酶可直接破坏组织，如溶组织阿米巴；或通过细胞病变而使细胞溶解，如脊髓灰质炎病毒。

细菌毒素分为两种，即内毒素和外毒素。内毒素在细菌裂解时释放出来，主要存在于革兰阴性细菌表面，可引起发热、休克和弥散性血管内凝血（DIC）等反应。外毒素是细菌在繁殖过程中所产生的毒性蛋白质。许多病原体能分泌毒力很强的外毒素选择性地引起组织损伤或功能紊乱，例如，破伤风外毒素能与脊髓和脑干组织中的神经节苷脂结合，封闭脊髓的抑制性突触，引起骨骼肌的强直性痉挛等。

（2）炎症作用：病原体及其毒素除直接损伤组织细胞外，还可通过炎症造成组织损伤。病原体及其毒素都是生物致炎因子，在致炎因子作用下，局部组织可产生变性、渗出、增生等炎症反应。急性炎症大多以变性、渗出为主，慢性炎症以增生为主。急性炎症除局部表现（红、肿、热、痛和功能障碍）外，还有全身表现（如发热）。慢性炎症大多是由急性炎症转变而来的。

（3）免疫机制：许多传染病的发病机制与免疫反应有关。人受病原体感染后产生特异性免疫反应，以促使病原体的消除或抵抗同种病原体的再感染。变态反应是一种异常的特异性免疫反应，大多数病原体通过变态反应导致组织损伤，其中以Ⅲ型变态反应（如流行性出血热等）和Ⅳ型变态反应（如肺结核等）最多见。但有的病原体能直接抑制细胞免疫，如麻疹病毒；或直接破坏T细胞，如艾滋病病毒。

第二节 传染病流行及影响流行的因素

传染病的流行过程是指传染病的病原体，从传染源体内排出，经过一定的传播途径，侵入易感者体内，形成新的传染，并在一定的外界环境因素影响下，不断在人群中发生、发展和转归的过程。其发生需要三个基本条件（或称三个环节），即传染源、传播途径和易感人群。如果缺少其中任何一个条件，流行过程就不能发生。因此，在预防、控制和消灭传染病发生和流行时，采取管理传染源、切断传播途径、保护易感人群三项措施中的任何一项或两项，就可以杜绝传染病的发生和流行，对预防传染病是非常必要的。同时传染病的流行过程又受自然因素和社会因素的影响。

一、构成传染病流行的基本环节

构成传染病流行的基本环节互相联系，缺一不可。

1. 传染源 传染源是指体内有病原体生长繁殖并能将其排出体外的人或动物。

（1）患者：患者体内含有大量的病原体，且可通过其所具有的一些症状排出，使易感者感染，如消化道传染病患者的腹泻、呕吐；呼吸道传染病患者的咳嗽、喷嚏等可排出病原体，促进播散。由于患者的临床类型不同，作为传染源的意义也不相同。典型患者虽然排出病原体数量多、传染性强，但症状明显容易被发现和管理；而轻型患者人数多、活动范围广、而且症状轻不易被发现和管理，是重要的传染源；慢性患者常间断或持续排出病原体、且时间长、与易感者接触的机会较多，所以也是重要的传染源。

传染病患者排出病原体的整个时期称为传染期，不同的传染病传染期不同，而且有个体差异。大多数呼吸道传染病和消化道传染病患者在潜伏期已具有传染性，特别是潜伏期末。在前驱期、症状明显期，病原体排出的数量最多，传染性最强。由于前驱期患者缺乏特异症状，难以诊断，因此更易造成疾病扩散。在恢复期，患者体内的病原体通常已被清除，没有传染性，但也有例外，如伤寒、细菌性痢疾、白喉、乙型病毒性肝炎在疾病的恢复期，仍有部分患者排出病原体，继续作为传染源而传播疾病。

每一种传染病都有相对固定的传染期，了解各种传染病的传染期是制定隔离期限的重要依据。

（2）隐性感染者：在某些传染病中，隐性感染者是极重要的传染源，如脊髓灰质炎、流行性脑脊髓膜炎。

（3）病原携带者：可分为潜伏期病原携带者、恢复期病原携带者和健康病原携带者。因为他们缺乏症状，而长期排出病原体，不经病原学检查难以发现，所以是很重要的传染源，在某些传染病中有非常重要的流行病学意义，如伤寒、细菌性痢疾、乙型病毒性肝炎等。其危害性的大小还取决于其职业性质，活动范围和个人卫生习惯。

（4）受感染的动物：人对部分动物传染病（如钩端螺旋体病、狂犬病、鼠疫等）也有易感性，这些动物和人之间互相传播的疾病，称为人畜共患病。人畜共患病分为三类：①以动物为主的传染病（如钩端螺旋体病、森林脑炎、布鲁氏菌病等）患病的动物是主要的传染源，人患病后一般不作为传染源；②以人为主（如阿米巴痢疾）患者是主要的传染源；③人畜并重的人畜共患病（如血吸虫病）患者和病畜均可作为传染源。

2. 传播途径　病原体离开传染源后，到达另一个易感者的途径，称为传播途径。传播途径由外界环境中各种因素所组成。简单的可由单一的传播因素构成，复杂的可由一系列传播因素构成。传染病的传播途径在各个疾病是不同的，即使同一传染病在不同条件下其传播途径亦不同，如乙型病毒性肝炎，既可通过血液传播，又可通过密切接触传播。常见的传播途径如下：

（1）空气、飞沫、尘埃：主要见于以呼吸道传播的传染病。病原体存在于传染源的呼吸道，通过说话、咳嗽、打喷嚏等方式喷出，存在于飞沫、飞沫核及尘埃中，易感者吸入后可引起感染，例如，麻疹、白喉、百日咳、流行性脑脊髓膜炎、肺结核等可通过此途径传播。其流行特征是传播容易实现，蔓延速度快，以冬春季节多见，病后免疫力较持久。

（2）水、食物、苍蝇：主要见于以消化道传播的传染病。带病原体的粪便污染了水、食物和手，或由苍蝇携带而污染食物，易感者饮水、进食后感染，如伤寒、痢疾、霍乱等。经食物传播的传染病大多发生于气温较高的季节，有吃某种被污染食物史，潜伏期一般较短。

（3）手、用具、玩具：又称日常生活接触传播，主要是通过传染源的分泌物和排泄物污染日常生活环境或用具而传播疾病。既可传播消化道传染病（如痢疾），也可传播呼吸道传染病（如白喉）。一般散在发病，无明显的季节性，家庭发病率高。发病率的高低与个人卫生习惯和卫生条件有关。

（4）吸血节肢动物：又称虫媒传播，以吸血节肢动物为中间宿主，通过吸血活动传播疾病，如按蚊传播疟疾，蚤传播鼠疫，虱传播斑疹伤寒等；也可通过机械传播，污染食物、水源而感染，如苍蝇、蟑螂传播伤寒、痢疾等。其流行特征是具有地区性和季节性，有些传染病的发病与职业有关。

（5）血液、体液、血制品：病原体存在于携带者或患者的血液或体液中，通过应用血制品、滥用麻醉药品、性交等传播，如乙型肝炎、丙型肝炎、艾滋病等。

（6）土壤：传染源的排泄物（如粪便）或分泌物（如脓液、痰液）可污染土壤，死于传染病的人、畜埋葬不当，也可以污染土壤。土壤中的病原体可通过多种方式侵入人体，如蛔虫卵可以通过被污染的手指经口传播；破伤风杆菌的芽孢、钩虫的蚴虫可通过皮肤或伤口侵入人体而引起感染。

（7）母婴传播：母体内的病原体经胎盘、产道或哺乳传给胎儿或新生儿。

3. 易感人群　易感人群是指对某种传染病缺乏特异性免疫力的人群。人群对某种传染病易感性的高低明显影响着传染病的发生和传播，如果易感人群少，即使有传染源侵入，传染病也不易发生或发病人数少；当易感人群达到一定水平时，如果又有传染源和合适的传播途径时，则传染病就很容易发生流行。一些病后免疫力很巩固的传染病，经过一次流行之后，要等待几年，当易感人群比例再次上升至一定水平时，才发生另一次流行。

人群作为一个整体对某种传染病容易感染的程度，称为人群易感性。人群易感性受许多因素的影响，如婴儿出生、具有免疫力的人口死亡、易感人群移入、人群获得性免疫力自然消失、病原体的变异等可使人群易感性增高，传染源进入就易造成疾病流行；相反某个传染病病后免疫的人多或普遍进行预防接种，则易感者减少，疾病就不易流行。

二、影响流行的因素

流行过程必须具备传染源、传播途径和易感人群三个基本环节，这三个基本环节的存在具备了发生传染病流行的可能性，但能否流行、流行规模如何则取决于社会因素和自然因素的影响，其中社会因素起主导作用。

1. 社会因素　社会因素包括社会制度、风俗习惯、居住条件、文化水平、经济和生活条件等，其中社会制度是一切社会因素中的决定因素。社会制度对传染病流行的影响表现在：贯彻“预防为主”的方针，在全国范围内开展普查普治，颁布了《中华人民共和国传染病防治法》，对动物传染病严格管理，严格的国境检疫，从而使传染源得到了有效的控制；经常开展爱国卫生运动，多种形式地普及卫生知识，建立和开展社区卫生服务，加强环境卫生、饮食及饮水卫生，改善粪便处理，提高人民的生活水平，使传播途径难以实现；我国组建了各级卫生防疫机构，执行计划免疫，提高了人群对传染病的特异性免疫力，降低了人群对传染病的易感性，有效地控制了传染病的流行。

2. 自然因素　自然环境中的各种因素，包括地理、气象、土壤、动植物等条件对传染病流行过程的发生和发展发挥着重要的作用。传染病的地方性和季节性与自然因素的关系密切。寄生虫病和虫媒传染病对自然条件的依赖尤其明显。例如，南方河流湖沼、杂草丛生，适宜钉螺滋生，决定了血吸虫病的地方分布；夏秋季气候炎热，蚊子大量繁殖，使疟疾和乙型脑炎易于传播；暴雨造成洪水泛滥，人们接触疫水的机会增多，促使钩端螺旋体病爆发或流行。

自然因素还可通过降低机体的防御机能而促进传染病流行过程的发展，例如，冬季寒冷、干燥，呼吸道的抵抗力降低，对呼吸道传染病的易感性增加；夏秋季气温高，胃酸分泌减少，有利于消化道传染病的发生。

第三节　传染病的特征

一、基本特征

传染病与其他疾病的主要区别在于其具有下列四个基本特征：

1. 有病原体　每种传染病都有其特异的病原体，包括微生物与寄生虫。如伤寒的病原体是伤寒杆菌，结核病的病原体是结核杆菌，流行性感冒的病原体是流感病毒。从患者体内检出病原体是确诊的依据。目前还有一些传染病的病原体未充分认识，如非甲非乙型肝炎。

2. 有传染性　病原体由一个宿主体内排出，经过一定途径侵入另一个宿主体内，这一特性称为传染性。这是传染病与其他感染性疾病的主要区别，如耳源性脑膜炎和流行性脑脊髓膜炎，临床上都表现为化脓性脑膜炎，但前者无传染性，而后者则有传染性。所有的传染病都具有一定的传染性。传染性就意味着病原体能排出体外并污染环境。

3. 有流行病学特征　传染病的发病率在时间上（如季节和年份）、区域上（如地区差别）以及人群中（如不同年龄、性别、职业）分布的规律，称为传染病的流行病学特征。传染病的流行过程在自然因素和社会因素的影响下，表现出以下各种特征：

（1）流行性：在一定条件下，传染病在人群中传播蔓延的特性称为流行性。传染病的发病可分为散发性发病、流行、大流行。当某传染病在某地区近几年来发病率为一般水平，称为散发性发病；当其发病率显著高于一般水平时称为流行；如某传染病的流行范围甚广，超出国界或洲界时，称为大流行；若传染病病例的发病时间分布高度集中于一个短时间之内，称为暴发流行。

（2）季节性：指某些传染病的发生和流行受季节的影响，在每年的一定季节出现发病率升高的现象。季节性升高主要与气温的高低、媒介节肢动物的活跃、生活条件的不良、传播途径容易实现等因素有关。如乙型脑炎的严格夏秋季发病，与气温适宜媒介蚊子的滋生、繁殖有关；呼吸道传染病多见于冬春季；消化道传染病多见于夏秋季，均与气温使传播途径容易实现有关。

（3）地方性：指某些传染病因自然条件的影响，在一定地区内发生，这种传染病称地方性传染病。如血吸虫病发生于钉螺栖息的地方，黑热病发生于有白蛉滋生的地区。以野生动物为主要传染源的疾病称为自然疫源性传染病或人畜共患病，如鼠疫、流行性出血热。存在这些疾病的地区称为自然疫源地。

4. 有感染后免疫　人体感染病原体后，在一定时间内能产生不同程度的针对病原体及其产物（如毒素）的特异性免疫。感染后免疫属于主动免疫，但不同传染病免疫力各有不同。病毒性传染病感染后免疫持续时间最长，如麻疹、天花、水痘一次患病后几乎不再感染，但也有例外，如流感。细菌、螺旋体、原虫性传染病感染后免疫持续时间通常很短，如细菌性痢疾、钩端螺旋体病、阿米巴病仅为数月至数年，但也有例外，如伤寒。蠕虫感染后一般不产生保护性免疫，故可重复感染，如血吸虫病、蛔虫病、钩虫病。

人体受病原体感染后，获得免疫力强弱和持续时间不同，常可出现下列一些现象。

（1）再感染：传染病痊愈后，经过一段时间免疫力逐渐消失，又可感染同一种病原体，称为再感染，见于普通感冒、细菌性痢疾等。

（2）重复感染：传染病尚未痊愈，又受同一病原体感染，称为重复感染，多见于寄生虫病。

（3）复发：有些传染病患者进入恢复期后，已稳定退热一段时间，由于体内潜伏的病原体再度繁殖到一定程度，使初发症状再度出现，称为复发，见于伤寒及恙虫病。

（4）再燃：患者已进入恢复期，体温尚未稳定下降至正常又复上升，症状重新出现，称为再燃，见于伤寒。

二、临床特点

传染病的病程有一定的规律性，且每个传染病都有其特有的临床表现，而有些表现为大多数传染病所共有。其临床特点主要表现在以下几个方面：

1. 病程发展的阶段性　传染病的病程有一定的规律性或阶段性，一般分为四期，尤以急性传染病最明显。

（1）潜伏期：自病原体侵入人体至出现临床症状之前的这一时期称为潜伏期。不同传染病的潜伏期不同，如细菌性食物中毒的潜伏期仅数小时，细菌性痢疾为数日，狂犬病则达数月或更长。每种传染病的潜伏期都有极限（最短、最长），并呈常态分布。了解潜伏期有助于传染病的诊断和流行病学调查，是确定检疫期限的主要依据。

（2）前驱期：自起病至症状明显开始为止的时期称为前驱期。该期临床表现通常是非特异性的，如发热、头痛、全身不适、食欲缺乏等，为许多传染病所共有的症状，一般持续1～3 d。起病急骤者可无明显的前驱期。某些传染病，例如，麻疹、百日咳等在此期即具有很大的传染性。

（3）症状明显期：某些传染病在前驱期后进入发展阶段，出现该病所特有的症状、体征，这一时期称为症状明显期。如麻疹患者特征性的皮疹，肝炎患者的黄疸、肝脾肿大，流脑患者的脑膜刺激征等。而某些传染病，例如，脊髓灰质炎、流行性乙型脑炎等大多数患者渡过前驱期后，直接转入恢复期，临床上称为顿挫型。但少数患者进入症状明显期。

（4）恢复期：机体免疫力增长到一定程度，体内病理生理过程基本终止，患者症状、体征基本消失，临床上称为恢复期。在此期间患者体内可能还有残余病理改变或生化改变，病原体尚未完全清除，许多患者的传染性可能还要持续一段时间，但食欲和体力逐渐恢复，血清中的抗体效价亦逐渐上升至最高水平。传染病患者在恢复期结束后机体功能在较长时间内仍未恢复正常时，称为后遗症，多见于中枢神经系统传染病，如流行性乙型脑炎、脊髓灰质炎等。

2. 常见症状和体征

（1）发热：发热是传染病的突出症状之一，为绝大多数传染病所具有，有些传染病就以“热”命名，如猩红热、流行性出血热、回归热等。

1）热型：是传染病的重要特征之一。常见热型有①稽留热：见于伤寒、斑疹伤寒等；②弛张热：见于流行性出血热、伤寒等；③间歇热：见于疟疾、败血症等；④回归热：见于回归热、布氏杆菌病等；⑤马鞍热：见于登革热。不少传染病具有其独特的热型，了解热型有助于传染病的诊断。

2）发热过程：传染病的发热过程可分为三个阶段，①体温上升期：体温骤然上升至39℃以上，常伴有寒战、全身不适、肌肉酸痛，见于疟疾；亦可缓慢上升，呈阶梯曲线，见于伤寒、副伤寒。②高热持续期：体温上升至一定高度，然后持续数日或数周。主要表现为皮肤潮红、呼吸加快。③体温下降期：体温可缓慢下降，几日后降至正常，如伤寒、副伤寒；亦可在1 d之内降至正常，如间日疟、败血症，体温下降时多伴有大量出汗。

每一种传染病发热程度及持续时间不同，如短期高热见于痢疾、流行性乙型脑炎；长期高热见于伤寒、布氏杆菌病；长期低热见于结核病、艾滋病。

发热同时可有多种伴随症状，如发热伴腹痛、脓血便见于细菌性痢疾；发热伴结膜充血见于麻疹、流行性出血热；发热伴肝脾大见于病毒性肝炎。

（2）发疹：发疹是一种临床常见的皮肤损害，许多传染病在发热的同时伴有发疹，称为发疹性传染病，常见的发疹性传染病有水痘、猩红热、麻疹、伤寒、副伤寒、流行性出血热、流行性脑脊髓膜炎等。发疹包括皮疹（又称外疹）和黏膜疹（又称内疹）。如能了解疹子的形态、出疹时间和先后次序、分布等情况对诊断和鉴别诊断有一定帮助。

1）皮疹的种类和形态：皮疹按其形态可分为四大类：①斑丘疹：斑疹与皮肤表面相平，丘疹略高于皮肤表面，色红、压之褪色。见于麻疹、风疹、猩红热等。②出血疹：为点状或片状的皮下出血，色暗红，压之不褪色，见于流行性出血热、斑疹伤寒、流行性脑脊髓膜炎等。③疱疹或脓疱疹：表面隆起、内含澄清或混浊的浆液，亦可含脓液。多见于水痘、单纯疱疹、带状疱疹等病毒性传染病。④荨麻疹：呈不规则片块状皮疹，甚痒，发生快，消退亦快。见于血清病、病毒性肝炎等。

2）发疹时间：传染病的发疹时间各不相同，但有一定的规律性，如水痘、风疹多发生于病后第1日，猩红热于第2日，天花于第3日，麻疹于第4日，斑疹伤寒于第5日，伤寒于第6日等。

3）皮疹分布：水痘的皮疹以躯干为多，呈向心性分布；天花的皮疹多分布于面部和四肢，呈离心性分布；伤寒的玫瑰疹主要分布于腹、下胸及背部的相应区域；猩红热的红斑疹不见于面部等。

4）发疹顺序：皮疹的出现有一定的顺序，如麻疹的皮疹先出现于耳后、颈部，渐及前额、颊部，自上而下渐及全身，最后发展到手心、脚心。水痘的皮疹先出现于躯干、头部，逐渐延及面部，最后达四肢。

5）皮疹消退：皮疹消退后，可见脱屑、脱皮或结痂，可遗留色素沉着，如麻疹呈糠麸样脱屑，猩红热呈片状脱皮。

（3）毒血症状：病原体及其产生的毒素吸收入血后，可引起各种中毒症状。

1）毒血症：病原体在体内繁殖，其产生的毒素及代谢产物不断进入血流，引起多脏器功能紊乱和中毒症状。表现为发热、头痛、乏力、全身不适，肌肉、关节酸痛等毒血症状。严重者可有意识障碍、谵妄、脑膜刺激征、中毒性心肌炎甚至感染性休克等表现。

2）菌（病毒）血症：细菌（病毒）从局部进入血循环，不在血循环中繁殖，称为菌（病毒）血症。菌（病毒）血症持续时间不长，临床症状轻微，称为暂时性菌（病毒）血症。细菌（病毒）在内脏中繁殖后再次进入血循环，在血循环中持续时间较长的，称为第二次菌（病毒）血症。第二次菌（病毒）血症症状明显，可有发热、皮疹、脾大等表现。

3）败血症：病原体侵入血循环后，在血循环中生长繁殖，引起全身严重中毒症状，称为败血症。临床上表现有寒战、高热、皮疹及脾大等。

4）脓毒血症：当化脓性病原体引起败血症时，由于人体抵抗力明显下降，病原体在各组织和脏器中引起转移性化脓病灶，形成多发性脓肿。

（4）肝、脾、淋巴结肿大：在病原体及其代谢产物的作用下，单核－吞噬细胞系统可出现充血、增生等，导致肝、脾、淋巴结肿大。

3. 临床类型　根据传染病发病性质和病程经过可分为急性、亚急性和慢性；根据传染病的临床表现分为典型（又称普通型）及不典型；根据病情严重程度分为轻型、中型、重型、极重型或暴发型等。

第四节　传染病的预防

传染病的预防是传染病工作者乃至整个卫生战线上的一项重要工作，做好传染病的预防，对减少传染病的发生和流行，达到最终控制和消灭传染病有十分重要的意义。预防工作应针对传染病流行过程的三个基本环节采取综合性措施，并且根据不同传染病的流行特点，针对其主导环节重点采取适当措施，防止传染病的蔓延。

一、管理传染源

加强对人和动物传染源的管理，是传染病预防的重要措施之一。

1. 对患者的管理　对传染病患者，关键在于做到“五早”，即早发现、早诊断、早报告、早隔离、早治疗。

（1）早发现、早诊断：建立健全医疗卫生防疫机构，开展卫生宣教，提高人群对传染病的认识，提高医护人员的业务水平，加强工作责任心，有计划地进行体检，如入托、入学、入伍体检等都是早发现、早诊断的重要措施。

（2）早报告：传染病疫情报告制度是预防传染病传播的重要措施，必须严格遵守。根据中华人民共和国颁布的《中华人民共和国传染病防治法》及其细则（2004 年新法），将法定传染病分为甲、乙、丙三类，共 37 种。

1）甲类传染病：包括鼠疫、霍乱等。

2）乙类传染病：包括传染性非典型肺炎、艾滋病、病毒性肝炎、脊髓灰质炎、人感染高致病性禽流感、麻疹、流行性出血热、狂犬病、流行性乙型脑炎、登革热、炭疽、细菌性和阿米巴性痢疾、肺结核、伤寒和副伤寒、流行性脑脊髓膜炎、百日咳、白喉、新生儿破伤风、猩红热、布鲁菌病、淋病、梅毒、钩端螺旋体病、血吸虫病、疟疾等。

3）丙类传染病：包括流行性感冒、流行性腮腺炎、风疹、急性出血性结膜炎、麻风病、流行性和地方性斑疹伤寒、黑热病、包虫病、丝虫病、除霍乱、细菌性和阿米巴性痢疾、伤寒和副伤寒以外的感染性腹泻病等。

责任报告单位对甲类传染病、传染性非典型肺炎和乙类传染病中艾滋病、肺炭疽、脊髓灰质炎的患者、病原携带者和疑似患者，城镇于2 h内，农村应于6 h内通过传染病疫情监测信息系统进行报告。对其他乙类传染病、疑似患者和伤寒副伤寒、痢疾、梅毒、淋病、乙型肝炎、白喉、疟疾的病原携带者，城镇应于6 h内，农村于12 h内通过传染病疫情监测信息系统进行报告。对丙类传染病和其他传染病，在24 h内进行报告。

（3）早隔离、早治疗：一旦发现传染病或疑似患者，应立即隔离治疗。隔离期限由传染病的传染期或化验结果而定。有条件时，应在临床症状消失后做2～3次病原学检查（每次间隔2～3 d），结果阴性时方可解除隔离。

2. 对接触者的管理　凡与传染源密切接触过的健康人，在该病的最长潜伏期内都称为接触者。对接触者采取的防疫措施称为检疫。检疫期限是自最后接触日算起，至该病的最长潜伏期。可根据具体情况对接触者采取医学观察、留验或卫生处置，也可给予被动免疫或药物预防。

3. 对病原携带者的管理　病原携带者常常是某一传染病不能彻底消灭的关键，因此发现和管理病原携带者是预防传染病不可缺少的重要措施。发现病原携带者主要是通过病原学检查，需定时在不同人群、不同职业中开展普查，发现病原携带者应进行治疗、卫生宣传教育，对托幼机构及饮食供水行业的工作人员应调换工作，并随访观察。

4. 对动物传染源的管理　应根据动物所患病种及其经济价值予以隔离、治疗或杀灭。对于有经济价值的动物，如患布氏杆菌病的牛、羊、猪等，应给予隔离治疗，排泄物予以消毒处理。对于无经济价值的动物如鼠类则予以杀灭、焚毁或深埋。

二、切断传播途径

切断传播途径是预防措施中的一个重要组成部分，是以消灭环境中的病原体及传递病原体的生物媒介为目的的措施，包括一般性卫生措施、消毒和杀虫等。

（一）一般性卫生措施

一般性卫生措施是改善环境卫生，切断传播途径，消除发生传染病可能性的一种预防性措施。应根据不同传播途径采取不同措施。对消化道传染病，应着重保护水源、加强饮食卫生和个人卫生，做好排泄物的管理，消灭苍蝇、蟑螂等。对呼吸道传染病，应着重保持室内空气新鲜、流通，必要时进行空气消毒，在呼吸道传染病流行季节，外出时要戴口罩。

（二）消毒

用化学、物理等方法消除或杀灭环境中的病原体，是切断传播途径的重要手段之一。

1. 消毒的种类

（1）预防性消毒：指对可能受到病原体污染的物品和场所进行的消毒。其目的是预防传染病的发生。如饮水消毒、餐具消毒、粪便垃圾的无害化处理及洗手等。

（2）疫源地消毒：指对目前存在或曾经存在传染源的地方所进行的消毒。按时间又可分为随时消毒和终末消毒。①随时消毒：指对传染源的分泌物、呕吐物、排泄物及污染的物品和场所随时进行的消毒。其目的是及时杀灭从人体排出的病原体，以免造成传播。其消毒方法应根据病原体排出的途径而定，如细菌性痢疾，伤寒等消化道传染病应对患者的粪便及其污染物随时消毒，肺结核等呼吸道传染病应对患者的呼吸道分泌物随时消毒。②终末消毒：指传染源离开疫源地或死亡后，对其原居住场所进行的一次彻底消毒。其目的是杀灭残留在疫源地内的各种物品上的病原体。所以终末消毒比随时消毒更严格。

2. 消毒方法

（1）物理消毒法：指利用物理方法作用于病原体，将它消除或杀灭的方法。物理消毒法既经济又方便，应用广泛。又分为：

1）机械消毒：如涮洗、过滤、清扫、通风等只能消除或减少病原体，但不能将其杀灭，因此需与其他消毒方法合用。

2）热消毒：高热能使病原体蛋白质凝固变性而达到杀灭作用。常用方法有：①燃烧：凡经济价值不大又可燃烧的污染物（如污纸、敷料），金属器械和尸体均可用此法。是一种简便、迅速、彻底的灭菌方法。②煮沸：适用于各种耐煮物品和金属器械的消毒。在100 ℃时，一般细菌需5 ~ 10 min即被杀灭，芽胞则需较长时间，如炭疽杆菌芽胞需30 min，破伤风杆菌芽胞需3 h，肉毒杆菌芽胞需6 h。在水中加入1% ~ 2%碳酸氢钠，可溶解脂肪，增强杀菌效果。③高压蒸汽灭菌：效果可靠，适用于耐热、耐潮、耐高压的物品。当压力在103 ~ 137 kPa（15 ~ 20 lb/in^2），温度达121 ~ 126 ℃，20 ~ 30 min即能彻底杀灭细菌芽胞。④干热灭菌：是利用特制的烤箱通电升温后进行灭菌。当箱温180 ℃，20 ~ 30 min可达到灭菌效果。

3）辐射消毒法：分为非电离辐射和电离辐射两种。①非电离辐射：包括紫外线、微波和红外线。紫外线能使菌体蛋白质发生光解、变性而导致细菌死亡，常用于病室、检验室、治疗室和手术室的空气消毒，亦可用于光滑物品的表面消毒。光波波长在250 ~ 265 nm之间，杀菌作用最强。但紫外线穿透力差，对真菌孢子效果最差，细菌芽胞次之，对乙型肝炎病毒无效。直接照射人体能发生紫外线眼炎、皮肤红斑和臭氧中毒等，使用时人应避开或采用相应的保护措施。微波是波长1 mm ~ 1 m左右的电磁波、频率890 ~ 22 250 MHz，穿透性强、加热均匀。常用于人民币、病历夹、书籍、食品及餐具的消毒。红外线主要依靠产热杀菌。②电离辐射：有丙种（γ）射线和高能电子束（阴极射线）两种。可在常温下对不耐热物品进行灭菌，又称“冷灭菌”。主要用于精密医疗器械、生物医学制品、一次性医疗产品及节育用具的灭菌。杀菌谱广、剂量容易控制、灭菌效果可靠，但设备昂贵，对人及物品有一定损害。

（2）化学消毒法：指应用化学消毒剂，使病原体的蛋白质凝固变性，或使其失去活性而将其杀灭的方法。

1）常用的化学消毒剂有以下几类：①含氯消毒剂：如漂白粉、氯胺、84消毒液等，常用于排泄物、分泌物、病室和物品的消毒。这类制剂在水中产生次氯酸，继而释放出氧原子和氯原子，具有强大的杀菌作用。杀菌谱广、作用快、其余氯毒性低、价廉，但对金属制品有腐蚀作用。②氧化消毒剂：主要依靠其强大的氧化能力来杀灭病原体。如过氧乙酸，消毒浓度为0.2% ~ 0.5%，可通过喷雾、擦拭、或浸泡等方法进行地面、墙壁、家具、衣服及手的消毒。但遇热不稳定，对金属和橡胶制品有腐蚀作用，故应盛于塑料容器内，放在阴凉通风处，现用现配。其他氧化消毒剂有过氧化氢、高锰酸钾等。③醛类消毒剂：常用的有甲醛、戊二醛。甲醛有较强的杀菌作用，适用于皮毛、丝织品、人造纤维等的消毒。但穿透力差、刺激性大，故应有专用的密闭消毒室或消毒柜（箱），消毒物品应摊开。碱性戊二醛对金属器械、塑料等物品的腐蚀性较小，适用于精密仪器、内镜的消毒。酸性戊二醛消毒金属器械时需加 0.5% 亚硝酸钠防腐。④杂环类气体消毒剂：国内主要使用环氧乙烷。为无色透明液体，沸点 10.8 ℃，故常温下为气体，是一种广谱高效消毒剂，通过干扰病原体酶的正常代谢而使其死亡，能杀灭芽胞。常用于医学器械、精密仪器及皮毛类消毒。⑤碘类、醇类消毒剂：2.5% 碘酊、0.5% 碘伏、75% 乙醇及异丙醇等。碘通过角化作用，干扰蛋白质代谢，具有广谱、快速的杀菌作用。碘附是碘和表面活性剂的不定型结合物，刺激性和腐蚀性小。用于皮肤、食具和医疗器械的应急消毒。75% 乙醇可迅速杀灭细菌繁殖体，对肝炎病毒的作用弱，对芽胞无作用。异丙醇作用大于乙醇，可代乙醇用于皮肤消毒。⑥其他消毒剂：如新洁尔灭、石炭酸、来苏儿、洗比泰等，可用于手、皮肤、医疗器械等消毒。

2）根据化学消毒剂消毒性能可分为三大类：①高效消毒剂：能杀灭包括细菌芽胞、真菌孢子在内的各种病原微生物。如 2.5% 碘酊、戊二醛、过氧乙酸、环氧乙烷等，含氯消毒剂和碘附居高、中效消毒性能之间。②中效消毒剂：能杀灭除细菌芽胞以外的各种病原微生物，如乙醇、部分含氯制剂、氧化剂等。③低效消毒剂：只能杀灭细菌繁殖体和亲脂类病毒，对真菌也有一定作用，如汞、洗必泰、新洁尔灭等。

各种物品常用消毒方法，见表 1－1。

表 1－1　传染病污染物品的消毒方法

物品名称	消毒方法	备注
病室空气	1. 福尔马林熏蒸，12.52～5 mL/m^3，作用 12 h（加热法） 2. 过氧乙酸熏蒸，1 g/m^3、20 ℃、1 h 3. 紫外线照射，30 W 功率，轮流照射，每方位 30 min	先除尘，后照射，有效距离 2 m
门窗、家具、地面、墙壁	1. 3%5～% 来苏儿溶液擦洗 2. 0.5% 过氧乙酸溶液擦洗 3. 0.5%～1.5% 漂白粉澄清液擦洗（肝炎用 3% 漂白粉）	
门把套	1. 0.2%～0.4% 过氧乙酸溶液浸湿 2. 强力杀菌液（84 消毒液）浸湿 3. 3%～5% 来苏儿溶液浸湿	每日多次，保持湿润
衣服、被单	1. 高压蒸汽，压力 15 lb/in^2，30 min 后洗净 2. 在肥皂水内煮沸 15～30 min 后洗净 3. 0.4% 过氧乙酸溶液浸泡 20 min 后洗净 4. 福尔马林 80 mL/m^3 熏蒸 6 h，或 125 mL/m^3 熏蒸 3 h 5. 环氧乙烷熏蒸 400～1 000 g/m^3	
褥垫、棉絮、枕芯、绒毯	1. 日光暴晒 6 h 2. 环氧乙烷 400 g/m^3 熏蒸 12 h 3. 福尔马林 80 mL/m^3 熏蒸 6 h	物品敞开，定期翻动，如有呕吐物、排泄物，应以过氧乙酸刷净后再熏蒸

续表

<table>
<tr><th colspan="2">物品名称</th><th>消毒方法</th><th>备注</th></tr>
<tr><td colspan="2">敷料</td><td>1. 煮沸 30 min
2. 高压蒸汽
3. 焚烧</td><td></td></tr>
<tr><td rowspan="3">医疗用具</td><td>玻璃搪瓷类物品</td><td>1. 高压蒸汽
2. 煮沸 15 min
3. 搪瓷类用 0.2% 过氧乙酸溶液或 84 消毒液浸泡 1 ~ 2 h 后清洗消毒备用</td><td>先用消毒液浸泡，刷净后再煮沸和高压蒸汽消毒</td></tr>
<tr><td>金属类物品</td><td>1. 0.1% ~0.5% 新洁尔灭溶液浸泡 30 min
2. 环氧乙烷熏蒸
3. 高压蒸汽或煮沸</td><td>加亚硝酸钠以防锈</td></tr>
<tr><td>血压计、手电筒、听诊器、热水袋、冰袋</td><td>1. 环氧乙烷熏蒸
2. 福尔马林熏蒸
3. 0.1% 新洁尔灭溶液或 0.5% 过氧乙酸溶液擦拭
4. 84 消毒液或强力杀菌液擦拭</td><td></td></tr>
<tr><td colspan="2">体温计</td><td>1. 0.5% 过氧乙酸溶液浸泡 30 min
2. 75% 乙醇浸泡 30 min
3. 0.1% 新洁尔灭溶液浸泡 30 min</td><td>使用前擦干药液，患者使用后应先擦干净再放置消毒液中</td></tr>
<tr><td rowspan="5">日常用物</td><td>食具、药杯、茶壶、漱口杯</td><td>1. 0.5% 优氯净浸泡 30 ~ 60 min 后洗净
2. 84 消毒液或强力杀菌液浸泡 30 min 后洗净
3. 0.2% ~0.5% 过氧乙酸溶液浸泡 30 min 后洗净
4. 煮沸 15 ~ 30 min
5. 高压蒸汽</td><td>餐具去残渣，水冲净后再浸泡</td></tr>
<tr><td>压舌板</td><td>1. 84 消毒液（或强力杀菌液）浸泡 30 min
2. 0.1% ~0.2% 过氧乙酸溶液浸泡或擦拭
3. 1% 漂白粉澄清液浸泡 30 min
4. 环氧乙烷熏蒸
5. 煮沸 15 min</td><td></td></tr>
<tr><td>书信、杂志、报纸、钱币、饭菜票</td><td>1. 直射阳光消毒 6 h
2. 高压蒸汽
3. 环氧乙烷熏蒸
4. 过氧乙酸熏蒸</td><td>作废者焚烧</td></tr>
<tr><td>痰盂、面盆、痰杯、便器</td><td>1. 3% 漂白粉澄清液浸泡 1 h
2. 1% ~3% 来苏儿溶液浸泡 1 h
3. 84 消毒液（或强力杀菌液）浸泡 30 min
4. 痰杯可煮沸 15 min 或高压蒸汽消毒，15 lb/in^2、15 ~ 30 min</td><td>正反面均须照射 30 min</td></tr>
<tr><td>平车、担架、轮椅</td><td>1. 0.2% ~0.4% 过氧乙酸溶液擦拭，作用 30 ~ 60 min
2. 3% 来苏儿溶液擦拭，作用 30 ~ 60 min</td><td></td></tr>
</table>

续表

物品名称		消毒方法	备注
排泄物	尿	尿 1 000 mL、漂白粉干粉 5～10 g 搅匀，加盖消毒 2 h	
	脓液、痰	1. 脓液或痰 1 份加干漂白粉 5 份搅匀置 2 h（加盖） 2. 脓液或痰加等量 0.5% 过氧乙酸搅匀，加盖消毒 30～60 min 3. 痰可盛入纸盒内焚烧	
	粪便	1 份粪便加 2 份 0.1%～0.2% 过氧乙酸溶液或 10%～20% 漂白粉乳剂搅匀，加盖静置 2 h	
皮肤（手或污染部位）		1. 0.2%～0.5% 过氧乙酸溶液浸泡 1～2 min 后流水冲净 2. 肥皂流动水洗刷 1～2 min 3. 0.2% 优氯净或强力杀菌液浸泡 2 min	
残余食物		煮沸 30 min 后倒入便池	

（三）杀虫

杀虫就是杀灭传播传染病的媒介节肢动物，如蚊、蝇、蚤、虱、白蛉等。采用药物等措施等进行防虫、杀虫、驱虫。

三、保护易感人群

保护易感人群主要是通过增强人体的特异性和非特异性免疫力，降低人群的易感性而预防传染病。

1. 增强非特异性免疫力　在病原体及其毒素的作用下，非特异性免疫力是产生特异性免疫力的基础。加强体育锻炼，改善营养，规律生活，养成良好的卫生习惯，建立良好的人际关系，保持心情愉快，改善居住环境等均有助于提高人体非特异性免疫力。

2. 增强特异性免疫力　人体可通过隐性感染、显性感染或预防接种获得对该传染病的特异性免疫力。其中起关健作用的是预防接种。预防接种又叫人工免疫，是将生物制品接种到人体内，使人体产生对传染病的抵抗力，按免疫性质不同，预防接种分为主动免疫和被动免疫两类。

（1）人工主动免疫：将减毒或灭活的病原体，纯化的抗原和类毒素制成菌（疫）苗接种到人体内，使人体于接种后 1～4 周产生抗体称为人工主动免疫。免疫力可保持数月至数年。人工主动免疫是控制以至最终消灭相应传染病的重要措施之一。

1）计划免疫和儿童基础免疫：根据国家和地方对消灭传染病的要求，结合有关流行病学资料和国内通用的免疫程序，在易感人群中有计划地进行各种生物制品的预防接种称为计划免疫。儿童基础免疫是计划免疫工作的重要环节。要求所有适龄儿童全部接种百白破混合制剂（DTP）、卡介苗（BCG）、脊髓灰质炎疫苗（OVP）、麻疹疫苗（MV）四种免疫制品，消灭六种传染病，现又增加乙肝疫苗，详见表 1－2。

表 1-2 常用预防接种表

制品名称	接种对象	初种剂量和方法	免疫期与复种	保存与有效期
卡介苗	新生儿及结核菌素试验（PPD）（-）者	出生后 24~48 h，皮内注射 0.1 mL	免疫期 5~10 年，每 3~4 年查 PPD，阴性复种	2~10 ℃保存，有效期液体疫苗 6 个月，冻干 1 年
百白破混合制剂	3 个月至 7 岁	3、4、5 个月各肌内注射 1 次，第 2 年 1 次，均为 0.5 mL	7 岁用百白破三联制剂加强	2~10 ℃保存，有效期 1.5 年
脊髓灰质炎糖丸活疫苗	2 个月至 4 岁	2、3、4 个月各口服 1 次，凉开水送服	免疫期 3~5 年，4 岁加强	2~10 ℃保存，有效期 5 个月
麻疹疫苗	8 个月以上易感者	三角肌附着处皮下注射 0.2 mL	免疫期 4~6 年，7 岁加强	2~10 ℃保存，有效期液体疫苗 2 个月，冻干 1 年，开封后 1 h 用完
乙型肝炎疫苗	新生儿及易感者	出生后 24 h、1、6 个月各肌内注射 10 μg	免疫期 5 年，每 5 年加强 1 次	2~10 ℃保存，有效期 2 年
甲型肝炎减毒活疫苗	1 岁以上儿童及成人	上臂皮下注射 1 mL	免疫期 5 年	2~10 ℃保存，有效期 3 个月
流行性乙型脑炎疫苗	6 个月至 10 岁儿童	皮下注射 2 次，每次间隔 7~10 d，6~12 个月每次 0.25 mL，1~6 岁每次 0.5 mL，7~15 岁，每次 1 mL，>15 岁每次 2 mL	免疫期 1 年，以后每年加强 1 次	2~10 ℃暗处保存，有效期液体疫苗 3 个月，冻干 1 年
流脑 A 群多糖菌苗	重点 6 个月至 15 岁、成人	皮下注射 2 次，间隔 3~4 周，分别为 0.5 mL、1 mL	免疫期 1 年，以后每年加强 1 次	2~10 ℃暗处保存，有效期 1 年
狂犬疫苗	狂犬病毒受染者	咬伤当日和 3、7、14、30 d 各注射 2 mL，（5 岁以下每次 1 mL，2 岁以下每次 0.5 mL）	免疫期 3 个月	2~10 ℃保存，有效期液体疫苗 6 个月，冻干 1 年

续表

制品名称	接种对象	初种剂量和方法	免疫期与复种	保存与有效期
人丙种球蛋白	丙种球蛋白缺乏症、麻疹、甲型肝炎密切接触者	丙种球蛋白缺乏症肌内注射 0.5 mL/kg，预防麻疹、甲型肝炎 0.05～0.1 mL/kg	免疫期 3 周	2～10 ℃保存，有效期 2 年

2）预防接种的实施：接种前要制订计划，确定接种对象、人数和时间，准备好物资和器械，并做好宣传工作。检查生物制品有无过期、变质、破损、凝块或异物。在接种前，应做详细体格检查，严格掌握禁忌证，凡发热、急性传染病、严重心血管疾病、活动性肺结核、月经期、妊娠 5 个月以上等，应禁忌或暂缓接种。接种方法应严格按要求进行，常用的接种方法有皮上划痕法、皮内注射法、皮下注射法和口服法四种。

3）预防接种的反应和处理：绝大多数人预防接种后反应轻微，个别人可出现严重反应。①局部反应：发生于接种后 24 h 左右，表现为注射部位出现红、肿、热、痛，红肿直径在 2.5 cm 以内者称弱反应，2.6～5 cm 者称中等反应，5 cm 以内者称强反应。强反应常伴局部淋巴结肿大。②全身反应：主要表现为发热、头痛、恶心、呕吐及全身不适等，体温低于 37.5 ℃者为弱反应，37.5～38.5 ℃者为中等反应，高于 38.5 ℃者为强反应。反应轻微者，一般不用处理，严重者可对症处理。③异常反应：主要为晕厥和过敏反应。晕厥是一种精神性反应，多在空腹、疲劳和精神紧张状态下发生，一般在接种时或接种后数分钟内出现。一旦发生晕厥，应立即平卧，保持安静，给予饮热糖水或温开水，片刻后即可恢复。如发现面色苍白、四肢厥冷、血压下降、恶心呕吐等过敏性休克表现时，应立即报告医生，同时皮下注射 1∶1 000 肾上腺素 0.5～1 mL。

（2）人工被动免疫：将制备好的含抗体的血清或抗毒素注入易感者体内，使机体迅速获得免疫力的方法，称人工被动免疫。免疫持续时间一般为 2～3 周。常用制剂有抗毒血清、胎盘或丙种球蛋白和特异性高价免疫球蛋白等。用于治疗，也用于易感者的预防。

（3）药物预防：某些传染病可通过服药的方法来防止发病。例如，口服磺胺药预防流行性脑脊髓膜炎，乙胺嘧啶预防疟疾，金刚烷胺预防甲型流感等。许多中草药在预防传染病中也具有一定效果，可酌情采用。

第五节　传染病科的护理管理

护理管理就是应用科学的理论和方法对护理工作进行管理，以提高护理质量，更好地为患者服务。传染病科护理管理与内科、儿科有许多相同之处，又有其特点，这是由于传染病的特点所决定的。

一、抓好消毒隔离是传染病科护理管理的重点

传染病科是传染病患者集中的场所。由于传染病的传染性决定了传染科必须有严格的隔离措施，严防传染病向院外传播以及发生交叉感染。因此，要求护理人员必须了解各种传染病病原体的性质、流行过程，掌握各种隔离技术和消毒方法，在工作中严格执行消毒隔离制度。

（一）传染病的隔离

1. 隔离的定义　将处于传染期的传染病患者或病原携带者安置在指定的地方，使其与健康人和非传染患者分开，便于集中治疗和护理，以防止传播和扩散。

2. 隔离的种类　隔离可分为 A 系统和 B 系统。A 系统是以类别为特点的隔离方法，将许多不同疾病归纳在 7 个类目中，同一类目措施相同。B 系统是以疾病分类的隔离方法，即针对每个疾病制定的隔离措施。目前我国大多数医院实行 A 系统隔离法。

（1）呼吸道隔离（蓝色标志）：适用于各种呼吸道传染病，如麻疹、猩红热、流行性脑脊髓膜炎等。隔离要求：①相同病种可住同一病房，床与床之间距离为 2 m；②接近患者时应戴口罩，必要时穿隔离衣；③患者的口咽分泌物应先消毒后弃去，与分泌物接触过的用物应进行消毒；④患者一般不能外出，如到其他科室检查时应戴口罩；⑤病室空气每日紫外线消毒两次，室内保持适宜的温、湿度。

（2）消化道隔离（棕色标志）：适用于消化道传染病，如伤寒、痢疾、传染性腹泻。隔离要求：①不同病种患者最好分室居住，若条件不允许，也可住同一病室，但患者之间必须实施床边隔离，挂隔离标记；②接触患者时要穿隔离衣，护理不同患者要更换隔离衣，护理完患者要严格消毒双手；③患者的生活用具应专用，用后应消毒；④患者的呕吐物、排泄物随时消毒后弃去；⑤室内保持无蝇、无蟑螂。

（3）严密隔离（黄色标志）：适用于甲类传染病和某些传染性强的传染病，如炭疽等。隔离要求：①患者应住单人病房，门窗关闭并禁止随意开放，门上应有“严密隔离”标记，门口设置消毒液浇洒过的脚垫，门把手包以消毒液浸湿的布套；②病房内物品固定、专用，室内物品须经严密消毒处理后方可拿出室外；③工作人员进入严密隔离病房必须戴帽子、口罩，穿隔离衣，换隔离鞋，戴手套等；④患者的分泌物、排泄物均需进行严密消毒；⑤患者禁止出病房、禁止探视和陪护；⑥病房应每日消毒，患者出院或死亡后，应进行终末消毒。

（4）接触隔离（橙色标志）：适用于病原体直接或间接接触皮肤或黏膜而引起的传染病，如破伤风、狂犬病。隔离要求：①接触患者时要戴口罩、手套，穿隔离衣，如有皮肤破损者不应接触此类患者；②污染的用具和敷料应严密消毒或焚烧；③患者出院或死亡，病室应进行终末消毒。

（5）血液/体液隔离（红色标志）：适用于由血液、体液、血制品传播的传染病，如乙型肝炎、丙型肝炎、艾滋病。隔离要求：①接触患者或其血液体液时要戴手套、穿隔离衣，必要时戴护目镜，若手沾染其血液（体液）后要立即清洗；②接触患者的医疗器械，应进行严格消毒，有条件者使用一次性物品，工作中应注意避免损伤皮肤；③污染物品装袋，并做好标记送出，进行彻底的消毒处理或焚烧；④物体表面被血液污染

时，要立即用次氯酸钠溶液清洗消毒。

（6）脓液/分泌物隔离（绿色标志）：适用于轻型伤口感染、脓肿、小面积烧伤感染等，防止因直接或间接接触感染部位脓液或分泌物引起感染。隔离要求：①给患者换药时要戴口罩、穿隔离衣、戴手套；②接触患者或污染物后及护理下一个患者之前要洗手；③污染物品要装袋、贴标签、送消毒处理后弃去。

（7）结核菌隔离（灰色标志）：适用于活动性肺结核患者。隔离要求：①隔离室有特别通风设备，门窗关闭，同疗程者可住同一室；②医护人员接触患者时应戴口罩，必要时穿隔离衣，患者咳嗽时应戴口罩；③接触患者或污染物品后，护理下一个患者之前要洗手；④污染物品要彻底消毒后清洗或弃去。

3. 隔离管理制度

（1）病区应有合理的布局，划分为清洁区、半污染区、污染区。工作人员和患者通道要分开，清洁物与污染物的运送通道也要分开。

（2）隔离单位应有标记，病房门口挂隔离衣，走廊应设有消毒液及洗手设备。

（3）工作人员进入隔离单位必须戴口罩、帽子，穿隔离衣。穿隔离衣后只能在指定范围内活动，不得进入清洁区。不得在病室内坐、卧、吸烟、进食，双手接触患者或污染后必须消毒双手。

（4）按不同病种，分别使用医疗器械，如血压计、听诊器、体温计等，用后必须消毒。

（5）患者不得擅自离开病区，不同病种患者不得串门接触，患者的用物如票证、报纸、信件等经消毒后方可送出。

（6）家属应按规定探视、陪护。

（7）患者痊愈出院时应进行卫生处置（沐浴、更衣），病床、被褥、家具等须经彻底清洗、消毒后，方可让他人使用。

（二）保护性隔离

保护性隔离指为防止易感者受周围环境中的微生物感染而设计的隔离。主要适用于抵抗力低或极易感染的患者。具体措施为：

（1）严格控制探视人员，禁止患有传播性疾病尤其是上呼吸道感染者前来探视。

（2）进入病房的医护人员或家属需戴口罩，必要时戴帽子，穿隔离衣、鞋套。

（3）病房内物品摆放尽量简单，不摆放鲜花、植物等易携带细菌的物品。

（4）患者的餐具、防义齿的杯子等必须专用，并做好清洗、消毒和保洁工作。

（5）注意饮食卫生，未经严格消毒的食物和水不能饮用。

（6）患者勤换内衣裤，切实做好皮肤护理和定期擦浴等基础护理。

（7）与患者接触前做到用肥皂液和流动水洗手或使用手快速消毒剂。

（8）患者的治疗操作尽量集中进行，以避免过多的人员流动而把细菌带入病室。

（9）严格执行无菌操作规程。

（10）医护人员患有或怀疑患有呼吸道疾病或咽部带菌者，应避免接触患者。做好空气及物体表面常规清洁与消毒。

（三）传染病的消毒

见第四节。

二、抓好疫情报告防止疫情扩散

加强护理人员对《中华人民共和国传染病防治法》和传染病诊断标准以及搜集传染病信息和填报传染病报告卡方法的培训，提高护理人员对传染病疫情报告重要性的认识，把传染病疫情报告管理工作作为一项重要工作，并定期督促检查。护理人员作为责任疫情报告人之一，应按照传染病报告制度，在规定时间内向防疫部门报告疫情，以利于卫生防疫部门正确估计和预测疫情，采取有效措施，防止疫情扩大。

三、强化护士自我防护意识

护士因其职业特点，与患者接触频繁，因此加强护士自我防护意识与加强护士医院感染管理，消毒隔离，技能培训等同样重要。可采取集体培训，重点指导，印发各种宣传材料，考试等方式，促使护士对自我防护的态度发生根本的转变，最终达到行为的改变，从而减少医院感染的发生和扩散，保障患者的医疗安全和护理人员的自身安全。

四、开展健康教育是搞好传染病管理的重要环节

护理人员应积极开展健康教育工作，针对传染病的流行特点，通过交谈、墙报、宣传画等方式宣传传染病及其预防知识，消毒隔离措施，指导患者及其家属遵守隔离探视制度。同时护理人员并配合政府面向街道、社区的广大人民群众开展传染病的卫生咨询工作，增强人民群众的防病知识和防病意识，发动社会力量参与传染病的防治工作，做到群防群治，为保障全社会人群的健康起积极的推动作用。

第六节　传染病患者的护理

应用护理程序对传染病患者实施整体护理是做好传染病患者护理的基础。传染病具有传染性，在一定条件下可造成流行，因此，要求护理人员要掌握传染病护理的基本理论和操作技术，对工作要有高度的责任心和同情心，做到严密、细致地观察病情，及时发现病情变化，迅速、准确地配合抢救，同时做好消毒隔离、传染病的疫情报告、健康教育、心理护理等工作。

【护理评估】

（一）健康史

询问患者起病时间、方式、诱因、主要症状及其特点，有无毒血症状、伴随症状及并发症；既往检查、治疗情况；一般情况，如饮食、睡眠、体重、排便习惯有无改变。了解患者是否具有传染病所具有的基本特征，应根据传染病的流行特征收集资料，包括年龄、职业、籍贯、居住和旅游地区、接触史、家庭或集体发病情况、发病季节、既往传染病史、预防接种等。

（二）身体状况

评估患者的生命体征，有无发热及热度、热型、热程，皮疹出现的时间、形态、分布、有无痒感，皮肤黏膜有无黄疸及黄疸的部位和程度，患者有无毒血症状，有无肝、脾、淋巴结肿大，有无腹水及神经系统体征，有无神志改变，营养状况如何。

（三）心理社会状况

（1）评估患者对所患传染病的认识程度，如对该传染病的有关知识、隔离的重要性、治疗护理配合的了解程度。患病后的心理反应，是否因高热、黄疸、大出血等严重病情导致患者出现焦虑、抑郁、恐惧等心理。

（2）了解患者对住院及隔离的认识，是否有被约束感、孤独感和被遗弃感。

（3）评估患病对患者学习、工作、家庭、婚姻、经济、日常生活等的影响及心理反应。如患病后影响升学工作、恋爱中断、子女或父母无人照顾、经济负担过重等均可引起焦虑。

（4）评估社会、家庭成员对患者的关心程度，所在的社区医疗保健条件能否对患者出院后的继续治疗提供条件等。

（四）辅助检查

1. 实验室检查　包括血、尿、粪常规检查和生化检查。

（1）血液一般检查：白细胞总数增多，见于革兰阳性菌感染，特别是化脓性细菌感染；革兰阴性菌感染时白细胞计数升高不明显或减少；病毒感染时白细胞计数减少或正常，分类淋巴细胞增高；嗜酸性粒细胞增多见于寄生虫病，减少见于伤寒、流行性脑脊髓膜炎；中性粒细胞百分比增高而白细胞总数不高提示感染严重。

（2）尿液一般检查：尿中出现蛋白、细胞及管型，多见于流行性出血热。

（3）粪便一般检查：对蠕虫感染、感染性腹泻的诊断有意义，可见红细胞、白细胞、脓细胞、虫卵。

（4）血生化检查：肝功能检查是诊断病毒性肝炎的重要依据。

2. 病原学检查　许多传染病可通过肉眼或显微镜检出病原体而确诊。应在使用抗生素前，取新鲜标本立即送验，以提高阳性率。根据不同的病种和不同时期采集血液、脑脊液、痰液、骨髓、尿液和粪便等样本，可以直接检查或培养分离等方法查出病原体。

3. 免疫学检查　是目前最常用的诊断检测技术。

（1）特异性抗体检测：在传染病早期，血液中不出现特异性抗体或滴度低，而在恢复期抗体滴度明显升高，在急性期及恢复期，采双份血清检测其抗体，由阴性转阳性或滴度升高 4 倍以上有重要意义。

（2）特异性抗原检测：较抗体检测更可靠，如要检出乙型肝炎病毒 e 抗原，是乙型肝炎病毒感染及活动复制的证据。

（3）其他检测：T 细胞亚群检测常用于艾滋病诊断；皮肤试验常用于血吸虫病的流行病学调查。

4. 其他检查　根据需要可进行 X 线、超声波、内镜、活体组织检查等。

【护理诊断/问题】

1. 体温过高　与病原体感染后释放致热源有关。

2. 组织完整性受损 与病原体和（或）代谢产物引起皮肤黏膜发疹有关。

3. 焦虑/恐惧 与患病对健康的威胁或担心预后有关。

【护理目标】

（1）体温得到控制并维持在正常范围。

（2）受损组织恢复正常。

（3）患者焦虑/恐惧感减轻或消失。

【护理措施】

1. 缓解躯体不适

（1）休息：急性期应卧床休息，以减少体力消耗，取舒适体位，患者应穿棉质柔软内衣，避免衣被过厚影响散热，寒战时保暖，保持环境整洁、空气新鲜、温湿度适宜。

（2）对症护理：

1）高热：高热时可采取物理降温，如温水擦浴、乙醇擦浴、冷敷等。高热而四肢冰冷者提示循环不良，禁用乙醇擦浴，可用比体温低2 ℃的温水擦浴；有皮疹时，禁用擦浴法。一般每4 h测体温1次，物理或药物降温后约30 min测1次并记录。降温后大汗者应注意虚脱并及时更换衣服，降温过程中严密观察病情变化。

2）皮疹：保持皮肤清洁，每日用温水洗浴，禁用肥皂水，保持衣被清洁、柔软、干燥；勤翻身，避免压疮、损伤；应剪指甲，避免直接搔抓；剧烈瘙痒者，可用炉甘石洗剂涂擦；脱皮时，可用消毒剪刀修剪，避免强行撕脱。

3）口腔护理：每日用温盐水漱口2~3次；合并口腔溃疡时局部用3%过氧化氢清洗后涂以冰硼散；昏迷患者口腔护理，2次/d，口唇干裂者涂液体石蜡。

2. 饮食护理 传染病患者大多有高热、食欲减退，应给予高热量、高纤维素、易消化、营养丰富的流质或半流质饮食。多饮水，成人每日2 000 mL以上，不能进食者静脉补液，昏迷患者应鼻饲，避免辛辣刺激性食物。

3. 心理护理 由于传染病起病急，症状明显，又具有传染性，住院后需隔离治疗，易产生孤独、紧张、焦虑、恐惧等心理反应。因此，护理人员要主动与患者交谈，态度和蔼，鼓励患者说出内心的感受，提供控制焦虑的方法，向患者讲解疾病的病因、治疗情况、护理方法，隔离的重要性等，对恢复期患者应鼓励其适量活动，保持良好的情绪，促进疾病康复。

【评价】

（1）患者及其家属了解发热的相关知识，能积极配合治疗护理，体温正常。

（2）受损组织恢复正常，患者及其家属学会皮疹的护理方法。

（3）患者焦虑/恐惧感消失。

知识链接…

传染病的报告时限

责任报告单位和责任疫情报告人发现甲类传染病和乙类传染病中的肺炭疽、传染性非典型肺炎、脊髓灰质炎、人感染高致病性禽流感的患者或疑似患者时，知识链接…

或发现其他传染病和不明原因疾病暴发时，应于2 h内将传染病报告卡通过网络报告；未实行网络直报的责任报告单位应于2 h内以最快的通讯方式（电话、传真）向当地县级疾病预防控制机构报告，并于2 h内寄送出传染病报告卡。

对其他乙、丙类传染病患者、疑似患者和规定报告的传染病病原携带者在诊断后，实行网络直报的责任报告单位应于24 h内进行网络报告；未实行网络直报的责任报告单位应于24 h内寄送出传染病报告卡。县级疾病预防控制机构收到无网络直报条件责任报告单位报送的传染病报告卡后，应于2 h内通过网络直报。

其他符合突发公共卫生事件报告标准的传染病暴发疫情，按《突发公共卫生事件信息报告管理规范》要求报告。

练习题

1. 解释显性感染、传染期、传染源等名词。
2. 传染病的流行病学特征表现在哪些方面？
3. 简述传染病的护理特点。
4. 简述传染病患者的护理措施。

（张　孟）

第二章　病毒性疾病患者的护理

★学习目标

本章主要学习病毒性肝炎、流行性乙型脑炎、流行性出血热、脊髓灰质炎、麻疹、水痘、流行性腮腺炎、风疹、狂犬病、艾滋病、传染性非典型性肺炎、流行性感冒患者的护理。

掌握： 病毒性肝炎、流行性乙型脑炎、流行性出血热、脊髓灰质炎、麻疹、水痘、流行性腮腺炎、风疹、狂犬病、艾滋病、传染性非典型性肺炎、流行性感冒患者的临床表现、护理诊断和护理措施。

熟悉： 病毒性肝炎、流行性乙型脑炎、流行性出血热、脊髓灰质炎、麻疹、水痘、流行性腮腺炎、风疹、狂犬病、艾滋病、传染性非典型性肺炎、流行性感冒的病原学、流行病学、治疗原则和健康教育。

了解： 病毒性肝炎、流行性乙型脑炎、流行性出血热、脊髓灰质炎、麻疹、水痘、流行性腮腺炎、风疹、狂犬病、艾滋病、传染性非典型性肺炎、流行性感冒的发病机制、辅助检查和预防措施。

案　例

患者女性，16 岁，因发热 4 日后皮肤巩膜黄染 7 d，于 2010 年 3 月 15 日扶行入院。

患者于 3 月 4 日受凉后发热，体温 39 ℃左右，伴有头痛、咽痛、身痛、乏力、食欲减退、恶心、上腹部胀痛及右上腹隐痛，曾诊断为“上感”及“胃病”，给以银翘片及胃舒平（复方氢氧化铝）治疗，4 日后热退，精神、食欲稍好转，但旁人发现皮肤黄染，病后大便稀，无黏液，无明显里急后重，2 日前大便呈黄白色，现已呈黄色，病后尿呈黄色，渐变为浓茶样，量中等，无皮肤瘙痒及咳嗽吐痰等症状，无出血倾向。

既往体健，其母 HBsAg（+），无长期服药史，未到过湖区，同学中有类似患者多人。

体检：体温 37 ℃，脉搏 70 次/min，呼吸 20 次/min，血压 100/70 mmHg，发育营养可，皮肤巩膜明显黄染，皮肤未见出血点，肝掌及蜘蛛痣，全身表浅淋巴结不大，颈软，心肺正常，腹软，肝在肋下 1.5 cm 质软，压痛，表面光滑，脾可及 0.5 cm，质软，压痛，胆囊区无压痛，肾区无叩痛，膝反射存在，病理征（－）。

案 例

实验室检查：血常规：血红蛋白 124 g/L，白细胞 5.8×10^9/L，中性粒细胞 0.62，淋巴细胞 0.3；尿常规：尿蛋白（-），镜检正常，胆红素（+），尿胆原（+）；粪常规正常。

问题：（1）此例患者最可能的诊断及诊断依据是什么？

（2）请提出正确治疗意见。

（3）该患者主要的护理诊断及护理措施？

案 例

某女，31 岁，因畏寒、发热、头痛和身痛 3 d，于 2011 年 12 月 22 日急诊抬送入院。

患者于 12 月 19 日突起畏寒、发热，体温 38.5～39.5 ℃，伴有全身疼痛，腰痛，当地医院按上感治疗，服用 APC 和银翘解毒丸病情无好转，22 日上厕所时昏倒 1 次，病后食量减少，卧床休息，大便稀水样，未见黏液，2～4 次/d，伴脐周隐痛，无里急后重，小便量减少。

病前健康，当地有类似患者。

体检：体温 38.5 ℃，脉搏 98 次/min，呼吸 20 次/min，血压 60/50 mmHg，急性病容，神清，球结合膜充血，颈软，腋下皮肤可见数个出血点，咽部充血，心律齐，98 次/min，未闻及杂音，肺（-），腹软，肝脾未扪及，脐周轻压痛，克、布氏征（-），膝腱反射正常。

实验室检查：血常规：血红蛋白 156 g/L，白细胞 12.0×10^9/L，中性粒细胞 0.80，淋巴细胞 0.20，血小板 70×10^9/L；尿常规：（++++）镜检正常；粪常规：黄稀便，镜检 WBC：0～1/HP。

问题：（1）请写出本例最可能的诊断。

（2）提出循环衰竭的护理措施。

第一节 病毒性肝炎患者的护理

病毒性肝炎（viral hepatitis）简称肝炎，是由多种肝炎病毒引起的，以肝脏损害为主的一组全身性传染病。目前按病原学明确分类的有甲型、乙型、丙型、戊型五种类型病毒性肝炎。各型病毒肝炎临床表现相似，均以乏力、食欲减退、厌油、肝脏肿大、肝功能异常为主要临床特征，部分病例出现黄疸。

甲型和戊型经粪-口途径传播，主要表现为急性感染；乙型、丙型、丁型多呈慢性感染，少数病例可发展为肝硬化或肝细胞癌，主要经血液、体液等途径传播。最近还发现庚型肝炎病毒（HGV）和经血传播病毒（TTV），但对肝的致病性尚不明确。

【疾病概要】

（一）病原学

1. 甲型肝炎病毒（HAV）

（1）为微小 RNA 病毒科中的嗜肝 RNA 病毒属，为单股正链 RNA 病毒。只有一个血清型和一个抗原抗体系统。IgM 型抗体仅存在于病后 6 个月之内，IgG 型抗体可保存多年。

（2）HAV 对外界抵抗力较强，耐酸碱、耐低温，在贝壳类动物、污水、粪便中能存活数月。煮沸 5 min，余氯 1.5～2.5 mg/L 处理 15 min，紫外线照射 1 h 可灭活。

2. 乙型肝炎病毒（HBV）

（1）HBV 为嗜肝 DNA 病毒科中正类嗜肝 DNA 病毒属的一员。完整的 HBV 颗粒又名戴恩（Dane）颗粒，由包膜和核心两部分组成，包膜中含有乙型肝炎表面抗原（HBsAg）、前 S1 抗原及前 S2 抗原，HBsAg 本身并无传染性，但有抗原性，是制备乙肝疫苗的成分；核心部分含有环状双股 DNA、DNA 聚合酶（DNAP）、核心抗原（HBcAg）和 e 抗原（HBeAg），是病毒复制的主体。此外，在 HBV 感染者的血清中还可见许多小球形颗粒和管型颗粒，其为过剩的病毒外壳，本身无传染性。HBV 的抗原抗体系统包括：

1）HBsAg 与抗 - HBs：人体感染 HBV 后最早 1～2 周、最迟 11～12 周血中首先出现 HBsAg，其阳性提示机体受 HBV 感染。在急性患者中大多持续 1～6 周，最长持续 20 周，在无症状携带者和慢性患者中可持续存在多年，甚至终身。在急性感染后期，HBsAg 转阴后一段时间血中出现抗 - HBs，并在 6～12 个月逐步上升至高峰，在体内可保持多年，抗 - HBs 是一种保护性抗体，阳性表示对 HBV 有免疫力，见于乙型肝炎恢复期、过去感染、乙肝疫苗接种后。

2）HBeAg 与抗 - HBe：HBeAg 一般略晚于 HBsAg 出现，在病变极期后消失，如果 HBeAg 持续存在提示病变趋向慢性，是 HBV 活动性复制和传染性强的标志。抗 - HBe 在 HBeAg 消失后出现，表示 HBV 复制减少和传染性减低，一般持续 1～2 年。

3）HBcAg 与抗 - HBc：血液中 HBcAg 主要存在于 Dane 颗粒的核心，肝组织中 HBcAg 主要存在于受感染的肝细胞核内，游离 HBcAg 在血清中含量极少，常规方法不能检出。血清中抗 - HBc 出现于 HBsAg 出现后 3～5 周，抗 - HBc IgM 型较早出现，绝大多数出现在发病第一周，多数在 6 个月内消失，其阳性提示 HBV 近期感染或慢性乙肝急性发作。抗 - HBc IgG 出现较迟，但可保持多年甚至终身，其阳性提示 HBV 既往感染或近期低水平病毒复制。

4）$PreS_1$ 与抗 $PreS_1$：$PreS_1$ 常紧接着 HBsAg 出现于血液中，若很快转阴提示病毒清除和病情好转，若持续阳性则提示感染慢性化。抗 $PreS_1$ 被认为是一种保护性抗体。$PreS_1$ 与抗 $PreS_1$ 目前尚未成为临床常规诊断指标。

5）$PreS_2$ 与抗 $PreS_2$：$PreS_2$ 亦紧接着 HBsAg 出现，可作为判断 HBV 复制的指标。抗 $PreS_2$ 在急性患者恢复早期出现，具有保护性，也能作为乙肝疫苗效果的观察指标。

HBV 的 DNA 检测，是 HBV 复制的最直接、最特异指标。

（2）HBV 抵抗力很强，对热、低温、干燥、紫外线及一般浓度消毒剂均能耐受，在血清中 30～32℃可保存6个月。煮沸 10 min、高压蒸汽消毒可被灭活，对0.5%过氧乙酸、2%戊二醛和含氯消毒剂敏感。

3. 丙型肝炎病毒（HCV）

（1）为黄病毒科丙型肝炎病毒属，是单股正链 RNA 病毒。人感染后可检测血清中 HCV Ag，有助于早期诊断；检测抗－HCV，抗－HCV 不是保护性抗体，是 HCV 感染的标志，分为 IgM 型和 IgG，IgM 型在发病后即可检测到，一般持续 1～3 个月，若持续阳性则提示病毒持续复制，易转为慢性；可从血清或肝组织中检测 HCV RNA，其阳性是病毒感染和复制的直接标志。

（2）煮沸、紫外线等可使 HCV 灭活，血清经 60 ℃、10 h 或 1∶1 000 甲醛 37 ℃处理 6 h 后可使 HCV 传染性丧失，血制品可用干热 80 ℃、72 h 或加变性剂使 HCV 灭活。

4. 丁型肝炎病毒（HDV） 是一种缺陷病毒，必须有 HBV 或其他嗜肝 DNA 病毒的辅助才能复制、表达抗原及引起肝损害。HDV 可与 HBV 同时感染人体，但大部分情况下是在 HBV 感染的基础上引起重叠感染，当 HBV 感染结束时，HDV 感染也随之结束。感染后可检测 HDVAg，其后分别出现抗－HDV IgM 和抗－HDV IgG，三者不同时存在，抗－HDV 不是保护性抗体，是 HCV 感染的标志。血清中 HDV RNA 检出是感染最直接证据。

5. 戊型肝炎病毒（HEV） 为无包膜球形 RNA 病毒，主要在肝细胞内复制，随胆汁经肠道排出，血液中检测不到 HEVAg，抗－HEV IgM 在发病初期产生，大多数在 3 个月内阴转，而抗－HEV IgG 持续时间在不同病例差异较大，多数于发病后 6～12 个月阴转，但亦有持续几年甚至十多年者。抗－HEV IgM 及抗－HEV IgG 阳性提示 HEV 感染。早期患者的粪便和血液中可检测到 HEV RNA，但持续时间不长。

（二）流行病学

1. 传染源

（1）甲型肝炎的传染源是急性患者和亚临床感染者，且后者的人数远较前者为多，排毒期在起病前 2 周至血清丙氨酸转氨酶高峰期后 1 周，当血清抗－HAV 出现时，粪便排毒基本停止。戊型肝炎的传染源与甲型肝炎相似，但隐性感染多见。

（2）乙肝的传染源主要是急、慢性患者和病原携带者。其中，急性患者在潜伏期末及急性期有传染性，但不超过 6 个月；而慢性患者和病毒携带者病程长，不易控制，作为传染源更重要，其传染性大小与病毒复制和体液中 HBV DNA 含量成正比关系。丙型、丁型肝炎的传染源与乙型肝炎相似。

2. 传播途径

（1）甲型、戊型肝炎患者粪便中排出病原体，粪－口为主要传播途径，其中，日常生活接触传播是散发性发病的主要方式，水源和食物污染、特别是水生贝类如毛蚶等是暴发流行的主要传播方式。

（2）乙型、丙型、丁型肝炎则是因含 HBV 的体液或血液及其污染物品经破损的皮肤和黏膜进入机体而感染，具体方式有①血液、体液传播：如输血及血制品、注射、手术、针刺、剃刀、共用牙刷、血液透析、器官移植等均可传播。HCV 感染主要通过输血途径，占输血后肝炎的 70% 以上。②母婴传播：包括宫内感染，围生期传播、分娩后传播。宫内感染主要是经胎盘获得的。围生期或分娩过程中传播是因婴儿破损的皮肤或黏膜接触到母血、羊水、阴道分泌物而传染，这是母婴传播的主要方式。分娩后传播主要是因母婴间密切接触而感染。③日常生活密切接触、性接触也是可能途径，多为散发性发病。

3. 易感人群与免疫力　人对各型肝炎病毒普遍易感，感染后可产生一定程度的免疫力，各型间无交叉免疫。具体易感人群与免疫力如下：

（1）甲肝以儿童最易感，以隐性感染者为主，感染后可获持久免疫力。

（2）乙肝多发生于婴幼儿及青少年，随着年龄增长，通过隐性感染获得免疫的比例随之增加，高危人群有 HBsAg 阳性母亲的新生儿、HBsAg 阳性者的家属、反复输血及血制品者、血液透析患者、多个性伴侣者、静脉药瘾者、接触血液的医务工作者等。

4. 流行特征

（1）我国甲肝全年均可发病，但有有明显季节性，秋、冬季为高峰，病后免疫一般可维持终身。戊型肝炎流行与夏秋季节，多见于雨水、洪水后，呈地方性流行。

（2）乙肝、丙肝、丁肝均以散发为主，无明显季节性。我国为高度流行区，HBsAg 阳性率为 9.75%，乡村高于城市，南部高于北部，西部高于东部，男性高于女性，且有家族聚集现象。近年来随着乙肝疫苗的普遍接种，HBV 感染率已明显降低。

（三）临床表现

病毒性肝炎潜伏期：甲肝为 15～45 d，平均 30 d，乙肝为 30～180 d，平均 70 d，肝炎按临床经过分为以下四型：

1. 急性肝炎

（1）急性黄疸型肝炎，典型病例表现如下：

1）黄疸前期：甲肝、戊肝起病急；乙肝、丙肝、丁肝起病多缓慢，常见症状有乏力、食欲减退、厌油、恶心、呕吐、腹痛、肝区痛、腹泻、尿色逐渐加深，至本期末呈浓茶状。少数病例以上呼吸道感染症状为主要表现。急性乙型肝炎患者 20%～30% 有皮疹、关节痛等血清病样表现。本期平均持续 5～7 d。

2）黄疸期：自觉症状可有所好转，但尿色继续加深，巩膜、皮肤出现黄染，肝大，一般肋下 1～3 cm，有压痛及叩击痛，部分病例轻度脾肿大。病程约于 2 周内达高峰，持续 2～6 周。

3）恢复期：黄疸逐渐消退，症状减轻至消失，肝脾缩小，肝功能恢复正常。本期持续 2 周～4 个月，平均 1 个月。

（2）急性无黄疸型肝炎：症状轻，整个病程中无黄疸，仅表现为乏力、食欲减退、腹胀、肝区痛等症状，肝脏多肿大，肝功能呈轻、中度异常，病程长短不一，多数在 3 个月内恢复。由于无黄疸而不易诊断，且发病率远高于黄疸型，其作为传染源的意义更重要。

2. 慢性肝炎　是指肝炎病程超过半年未愈者，仅见于乙型、丙型、丁型肝炎。

（1）轻度：反复有乏力、头晕、消化道症状、肝区不适、肝脏轻度肿大，可有轻度脾大，肝功能轻度异常。病情轻，病程迁延可达数年，多数逐渐好转以至痊愈，少数转为中度。

（2）中度：症状明显，肝大，质地中等以下，可伴有蜘蛛痣、肝掌、毛细血管扩张、肝病面容，脾脏常进行性肿大，肝功能持续异常，血浆蛋白常异常。

（3）重度：除有明显或持续的肝炎表现外，还有早期肝硬化的病理改变，临床可有代偿期肝硬化的表现，此外，可同时出现肝外器官损害表现。

3. 重型肝炎　发病率低，但病死率高。所有肝炎病毒均可引起重型肝炎，甲型、丙型少见。常因劳累、营养不良、酗酒、服用损害肝的药物、妊娠、精神刺激和合并其他感染等而诱发。

（1）急性重型肝炎：亦称暴发型肝炎，以急性黄疸型肝炎起病，病情进展急骤，10 d 内出现黄疸迅速加深，胆酶分离，肝脏进行性缩小，有出血倾向、中毒性鼓肠、腹水，早期出现肝性脑病、肝肾综合征等严重并发症。病程不超过 3 周。

（2）亚急性重型肝炎：亦称亚急性肝坏死。以急性黄疸型肝炎起病，起病 10 d 后出现上述严重病情，肝性脑病发生较迟。病程较长，可达数月，存活者易发展为坏死后肝硬化。

（3）慢性重型肝炎：亦称慢性肝炎亚急性肝坏死。有慢性肝炎或肝硬化病史，表现同亚急性重型肝炎。

4. 淤胆型肝炎　亦称毛细胆管炎型肝炎。自觉症状常较轻，主要表现为较长期（2～4 个月或更长）肝内梗阻性黄疸，如皮肤瘙痒、粪便颜色变浅、肝肿大和梗阻性黄疸。大多数患者可顺利恢复，极少数可发展为肝硬化。

（四）治疗原则

目前治疗病毒性肝炎尚无特效药物，应结合病情适当选择。原则则以休息、营养为主；辅以药物治疗；避免饮酒、过度劳累、使用损害肝脏的药物及精神刺激等综合性治疗方法。

【护理评估】

（一）健康史（流行病学资料）

应注意询问饮食卫生情况；有否与肝炎患者接触史；有否输血及血制品、注射史；有否肝炎疫苗接种史。

（二）身心状况

1. 症状和体征　应询问有无乏力、食欲缺乏、厌油、发热等症状，评估肝脏大小，黄疸及出血体征，尽早观察肝性脑病等严重并发症的征象。

2. 心理社会状况　注意评估患者对疾病的心理反应，对疾病知识的了解及应对能力，以及家庭、社会支持情况。病毒性肝炎患者常因疾病的传染性，被隔离而产生自卑、孤独感，因影响工作、学习、家庭易焦虑不安，或病情严重而紧张、恐惧。

（三）辅助检查

1. 肝功能检查

（1）血清酶的检测：血清丙氨酸转氨酶（ALT）是最常用的反映肝细胞损害的非特异性指标，急性肝炎黄疸出现前 3 周，ALT 即开始升高，直至黄疸消退后 2～4 周才恢复正常；慢性肝炎时 ALT 可持续或反复升高；重型肝炎时黄疸迅速加深的同时 ALT 反而下降，呈“酶－胆”分离现象，表明肝细胞大量坏死。天门冬氨酸转氨酶（AST）

意义和 ALT 相同，但特异性较低，因 80% 的 AST 存在于肝细胞线粒体中，一般当肝炎病变持久且较严重时，线粒体中 AST 释放入血，其值可明显升高。

（2）血清蛋白的检测：急性肝炎时血清蛋白质和量可在正常范围内。慢性肝炎中度以上、肝硬化、重型肝炎时常有血清蛋白（A）下降，球蛋白（G）升高，A/G 比值下降甚至倒置。

（3）胆红素检测：黄疸型肝炎患者血清直接和间接胆红素均升高。一般情况下，胆红素含量与肝脏损害程度呈正相关。

（4）其他检测：可有凝血酶原时间延长、凝血酶原活动度小于40%，常表示病情严重。肝性脑病时常有血氨升高。

2. 肝炎病毒标记物检测

（1）甲型肝炎：可检测出血清中抗 - HAV IgM 和抗 - HAV IgG 阳性。抗 - HAV 的 IgM 在发病后数天即可阳性，3 ~6 个月转阴，是早期诊断甲型肝炎最简便而可靠的标志。抗 - HAV 的 IgG 出现稍晚，于 2 ~3 个月达到高峰，持续多年或终身，是保护性抗体，是机体具有免疫力的标志。

（2）乙型肝炎：

1）HBsAg 与抗 - HBs：HBsAg 阳性表明存在现症感染，抗 - HBs 阳性提示可能通过预防接种或过去感染产生对 HBV 的保护性免疫，抗 - HBs 阴性说明对 HBV 易感，需要注射疫苗。

2）HBeAg 与抗 - HBe：HBeAg 持续阳性，表明存在 HBV 活动性复制，提示传染性较大，容易转为慢性；抗 - HBe 阳性提示感染时间较久，病毒复制减弱，传染性减低。

3）HBcAg 与抗 - HBc：HBcAg 阳性意义同 HBeAg，但一般方法不能在血液中检出；抗 - HBc 阳性提示为过去感染或现在的低水平感染，高滴度抗 - HBc IgM 阳性则提示病毒有活动性复制。

4）血清 HBV DNA 是病毒复制和传染性的直接标志，其定量检测对于判断病毒复制程度、传染性大小、抗病毒药物疗效等有重要意义。

（3）丙型肝炎：可检测出血清中抗 - HCV IgM、抗 - HCV IgG 阳性。抗 - HCV 不是保护性抗体，是 HCV 感染的标志。抗 - HCV IgM 的检测受较多因素影响而不稳定，目前国内多检测抗 - HCV IgG。抗 - HCV IgG 低滴度提示病毒处于静止状态，高滴度提示病毒复制活跃。检测 HCV RNA 阳性是病毒感染和复制的直接标志，但因影响因素较多及技术要求较高，易产生假阳性和假阴性，所以分析结果时应结合临床作出正确判断。

（4）丁型肝炎：在病程早期可检测出 HDVAg 阳性，持续时间平均为 21 d，是 HDV 感染的直接证据。抗 - HDV IgM 阳性是现症感染的标志，高滴度抗 - HDV IgG 提示感染的持续存在，低滴度提示感染静止或终止。血清或肝组织中 HDV RNA 阳性是诊断 HDV 感染的最直接证据。

（5）戊型肝炎：可检测出血清中抗 - HEV IgM、抗 - HEV IgG 阳性。抗 - HEV IgM 阳性是近期感染的标志，抗 - HEV IgG 在急性期滴度较高，在恢复期明显下降。但少数戊型肝炎患者始终不产生抗 - HEV IgM、抗 - HEV IgG，两者均阴性并不能完全排除戊型肝炎。另外，还可检测到 HEV RNA。

3. 血象检查　急性肝炎初期白细胞总数正常或略高，黄疸期白细胞总数正常或稍低，淋巴细胞相对增多。重型肝炎时白细胞可升高，红细胞及血红蛋白下降。

4. 尿液检查　黄疸患者尿液可呈深黄色，尿胆红素及尿胆原均增加。淤胆型肝炎时尿胆红素增加，而尿胆原减少或呈阴性。

5. 其他检查　重型肝炎患者可有血电解质异常如低 K^+、低 Cl^-、低 Na^+，血糖及血浆胆固醇下降等。

6. 超声检查　B 型超声检查可观察肝、脾大小、形态、实质回声等。

7. 肝活体组织检查（肝活检）　肝活检病理组织学检查能准确判断慢性肝炎患者所处的病变阶段及判断预后。

【护理诊断及合作性问题】

（1）活动无耐力：与肝细胞受损有关。

（2）营养失调：低于机体需要量，与摄入不足、呕吐、腹泻有关。

（3）有皮肤完整性受损的危险：与胆盐沉积皮肤引起瘙痒有关。

（4）焦虑：与不了解疾病知识或病情较严重有关。

（5）有传染的危险：与病毒性肝炎有传染性有关。

（6）潜在并发症：肝性脑病、出血、肾功能衰竭、感染：与病情严重有大量肝细胞坏死或慢性肝炎长期肝细胞损伤、大量纤维组织增生有关。

【护理目标】

（1）体力增强，能进行适量体力活动。

（2）食欲好转，体重增加。

（3）皮肤无破损，情绪稳定。

（4）严格遵守隔离与消毒措施，未传播他人。

（5）无并发症发生或并发症症状减轻。

【护理措施】

1. 一般护理

（1）休息：应保持病室环境清洁、安静、空气新鲜、舒适，以保证患者有效休息。卧床休息可增加肝脏血流量，降低机体代谢率，有利于炎症的恢复，因此休息是肝炎治疗的重要措施，应结合病情指导患者合理休息，急性肝炎、慢性肝炎活动期和 ALT 升高者应卧床休息，适当做床上运动，待症状好转、黄疸消失、肝功能改善后，可逐渐增加活动量，以不感疲劳为度。肝功能正常 1～3 个月后恢复日常活动及工作，6 个月内应避免过劳及重体力活动；慢性肝炎病情轻者，从事力所能及的工作，但应避免过劳，以利康复；重症肝炎患者应绝对卧床休息，做好口腔、皮肤的护理。

（2）饮食护理：合理饮食可以改善患者的营养状况，促进肝细胞再生和修复，有利于肝功能恢复。应结合病情，指导患者合理饮食。

1）急性患者给予清淡易消化食物，保证足够热量，每日碳水化合物需 250～400 g，如摄食不足可喝糖水、果汁或静脉补充 10% 葡萄糖液；蛋白质应保证摄入 1.0～1.5 g/kg；并多食水果蔬菜等含维生素丰富的食物；恢复期患者逐渐过渡至普通饮食，但应避免暴饮暴食及体重增长过快，以防止诱发脂肪肝及糖尿病。

2）慢性患者应注意长期保证蛋白质摄入量，每日 1.5～2.0 g/kg，以优质蛋白为主，如牛奶、鸡蛋、瘦肉、鱼虾等，并注意补充大豆及豆制品等植物蛋白，但不必过量，以免加重肝脏负担。热量以能维持标准体重为宜，勿过多食糖。多吃新鲜水果和蔬菜。

3）重症患者适宜低脂、低盐、高糖、高维生素、清淡易消化的流质或半流质，限制蛋白质摄入量，每日蛋白质摄入量应小于 0.5 g/kg 体重，进食不足者应输入 10%～15% 葡萄糖加适量胰岛素，总液量以 1 500 mL/d 为宜。有并发症者应及时调整饮食，如有肝性脑病早期征象，应暂停蛋白质饮食；消化道出血较重者可暂禁食；并发肝肾综合征时应严格控制入液量、减少蛋白质摄入、禁止含钾饮食。

4）饮食中宜少量多餐，应避免食入刺激性强的食物，严格戒烟、戒酒。

2. 对症护理　发热患者可给予物理降温；呕吐、腹泻后及时清理污物，给患者漱口或口腔护理；每日用温水或 1∶5 000 高锰酸钾溶液坐浴，然后用消毒凡士林油膏涂抹肛周皮肤。

3. 用药护理　急性甲型肝炎一般不采用抗病毒治疗，可辅以对症和恢复肝功能药物，但不宜滥用药物，以免加重肝脏负担。慢性患者宜适当选择保肝、对症、调节免疫和抗病毒药物。重症肝炎患者可适当输注新鲜血浆、白蛋白或免疫球蛋白以加强支持治疗。常用药物有：

（1）非特异性护肝药：维生素（B 族维生素、维生素 C 等）、细胞色素 C、肝泰乐（葡醛内酯）、ATP 等。

（2）降酶药：如五味子类、山豆根类、垂盆草等，药物显效后，宜逐渐减量至停药，以免 ALT 出现反跳。

（3）免疫调节剂：如胸腺肽或胸腺素、转移因子、特异性免疫核糖核酸。

（4）抗病毒药物：如干扰素 α（IFN－α）、拉米呋啶等。应严格遵医嘱用药，注意观察药物的疗效和不良反应，发现异常及时报告医生并配合处理，如干扰素可致类流感综合征、骨髓抑制、神经精神症状、皮疹、脱发、自身免疫性疾病等，可对症处理，但若出现白细胞计数小于 3.0×10^9/L、精神症状、自身免疫性疾病时应停药。

4. 心理护理　多劝慰和开导患者，多与患者沟通；耐心向患者讲解疾病知识，解答患者疑问；及时解除患者躯体不适，以消除患者紧张、焦虑、忧郁情绪，能安心养病；告诉患者勿乱投医，并自觉接受和遵守有关隔离制度和措施。

5. 病情观察

（1）并发症的预防及护理：密切观察病情变化，尤其是重症患者，以尽早发现并发症，及时报告医生，并做好相应处理，应重点观察生命体征、神志及精神状态、黄疸程度、出血征象、肝脏大小、有无腹水等指标，严格记录 24 h 出入液量，检测尿常规、血尿素氮。

（2）肝性脑病的观察及防护：

1）重症肝炎患者应注意避免不恰当使用利尿剂、高蛋白饮食、并发消化道大出血、大量放腹水等容易诱发肝性脑病的因素。

2）密切观察患者有无肝性脑病早期表现，如发现患者情绪异常、性格改变、定向力障碍等先兆症状，或出现嗜睡、烦躁不安、精神异常、扑翼样震颤等神经精神症状。

3）发现以上征象，应及时汇报医生处理，并做好安全防护相应护理（护理措施可参考内科护理学）。

（3）出血的观察及防护：

1）观察有无牙龈出血、鼻、皮肤淤斑、呕血、便血及注射部位出血等，判断出血程度。

2）及时取血标本查血型、血小板及凝血功能，并配血备用。

3）指导患者不要用手指挖鼻、用牙签剔牙、不用硬毛牙刷刷牙，刷牙后有出血者可改用棉棒擦洗或用水漱口。注射局部至少压迫 10 ~ 15 min，以避免出血。

4）若发生出血时，根据不同出血部位给以相应护理（护理措施可参考内科护理学）。

（4）肝肾综合征的观察及防护：

1）严格记录出入液量，及时检查尿常规、尿比重、血尿素氮、肌酐、血清钾、钠、氯等，发现异常及时报告医生。

2）有肾衰竭征象时，应严格“量出为入”，控制入液量，减少蛋白质摄入、禁止含钾饮食，禁用肾毒性的抗菌药物（护理措施可参考内科护理学）。

（5）继发感染的观察及防护：

1）注意观察体温变化、血象，常见感染部位如口腔、肺部、腹腔、肠道的相应症状及体征。

2）加强对感染的预防。如做好病室环境消毒，保持病室空气流通，每日对地面、家具、空气消毒 2 ~ 3 次，减少探视，防止交叉感染；做好口腔护理，定时翻身，清除呼吸道分泌物，防止口腔及肺部感染；注意饮食卫生及餐具的清洁和消毒，防止肠道感染；患者的衣服、被褥保持清洁，防止皮肤感染。必要时遵医嘱应用抗菌药物。

（6）皮肤护理：

1）黄疸型肝炎患者由于胆盐沉积刺激皮肤神经末梢，可以引起瘙痒，搔抓后可导致皮肤损伤及感染。应指导患者进行皮肤自我护理，减轻瘙痒，如穿棉质柔软、宽松内衣裤，勤换洗，保持床单清洁、干燥，清洗皮肤不用有刺激性的肥皂及化妆品。瘙痒重者可给以局部涂擦止痒剂，也可口服抗组胺药。及时修剪指甲，避免抓破皮肤，如有破损可涂甲紫，保持局部干燥，预防感染。还可指导患者用转移注意力的方法减轻皮肤瘙痒。

2）昏迷或腹水患者，应经常更换体位，对易受压的骨突部位及水肿部位进行按摩，局部垫棉圈，防止压疮形成。

【护理评价】

（1）体力是否增强，能否进行适量体力活动。

（2）食欲有无改善，体重是否增加。

（3）皮肤有无破损，情绪是否稳定。

（4）是否严格遵守隔离与消毒措施，未传播他人。

（5）是否无并发症发生或并发症症状减轻。

（6）是否能了解疾病有关知识，积极配合治疗。

【健康教育】

1. 对患者的指导

（1）讲解早期隔离的重要性，介绍隔离方法和措施，以取得配合，防止疾病传播。

（2）说明急性肝炎彻底治愈的重要性，指导患者坚持复查，一般急性肝炎患者出院后第1个月每半月复查1次，以后每1～2个月复查1次，半年后每3个月复查1次，定期复查1～2年。一般甲型肝炎、戊型肝炎不会发展为慢性，乙型肝炎、丙型肝炎多呈慢性经过，少数病例可发展为肝硬化或肝癌。

（3）出院后仍应注意适当休息、加强营养、保持稳定情绪，保持规律的作息制度，制订合适的体育锻炼计划、遵医嘱合理用药，避免滥用药物，注意药物不良反应，如有不适及时就诊。

2. 预防疾病指导

（1）控制传染源：耐心向患者说明传染病隔离的重要性，使患者能自觉接受并遵守隔离要求。甲型肝炎及戊型肝炎患者应执行消化道隔离措施，隔离期为3周；乙型肝炎、丙型肝炎及丁型肝炎患者应执行血液或体液隔离措施，乙型肝炎患者急性期最好隔离至HBsAg阴性，恢复期仍不转阴者按HBsAg携带者处理；慢性患者及携带者应实施适当的家庭隔离措施如餐具、牙刷、剃须刀单独使用，并定期消毒。

（2）切断传播途径：甲型、戊型肝炎主要是加强粪便、水源管理，做好食品卫生、食具消毒工作，养成良好个人卫生习惯等；乙型、丙型、丁型肝炎主要在于防止通过血液/体液传播。如严格检测献血员，HBsAg阳性者不得献血，严格检测血液制品，生物制剂、移植器官等，被污染者不得使用，提倡使用一次性注射用具，各种医疗器械及用具实行一用一消毒制度，接触患者的血液、体液和污染物后应立即用肥皂和流动水洗手，生活用品易被污染的理发、美容、洗浴等用具应按规定进行消毒处理。

（3）保护易感人群：主要措施是预防接种。甲型肝炎可接种甲型肝炎减毒活疫苗获得主动免疫，主要接种对象是幼儿、学龄前儿童及其他高危人群；对近期有与甲型肝炎患者密切接触的易感者，可尽早注射人丙种球蛋白获得被动免疫。接种乙型肝炎疫苗尤其是儿童计划免疫是我国预防和控制乙型肝炎流行的最关键措施。凡新生儿在出生后24 h内应接种乙肝疫苗，按照0个月、1个月、6个月的接种程序间隔注射3次。暴露于HBV的易感者还可注射乙型肝炎免疫球蛋白获得被动免疫。目前对丙型、戊型肝炎尚缺乏特异性保护易感人群的措施。其他方面，凡病毒性肝炎患者及携带者有传染性应禁止从事食品加工、餐饮服务、托幼保育等工作，医护人员进行医护操作时（如口腔科医师）必要时戴手套等，亦是保护易感人群的必要措施。

知识链接…

病毒性肝炎的预防措施

1. 控制传染源　包括对患者和病毒携带者的隔离、治疗和管理，以及观察接触者和管理献血员。患者从起病后可隔离3周，以控制传染源。

知识链接…

2. 切断传播途径　具体措施是：①推行健康教育制度；②加强血源管理，提倡使用一次性注射器，对医疗器械实行“一人一用一消毒制”等。③搞好饮食、饮水及个人卫生，搞好粪便管理、食具消毒等。

3. 保护易感人群

（1）主动免疫：

1）甲型肝炎：甲型肝炎疫苗有减毒活疫苗和灭活疫苗两种苗；

2）乙型肝炎：应用基因工程重组酵母乙肝疫苗，高危人群可每次10～20 μg，0个月、1个月、6个月注射；新生儿在首次接种（必须在出生后24 h内完成）后1个月和6个月再分别接种1次疫苗，健康母亲的新生儿和儿童用10 μg/mL；20 μg/mL用于阻断乙型肝炎的病毒围生期母婴的传播。

（2）被动免疫：

1）在暴露于病毒之前或在潜伏期的最初两周内，肌肉注射正常人免疫球蛋白，可防止甲型肝炎早期发病，或减轻临床症状免疫，但对戊型肝炎无效。

2）对各种原因已暴露于HBV的易感者，包括HBsAg阳性母亲所分娩的新生儿，可用高效价乙型肝炎免疫球蛋白（HBIG），使用剂量为新生儿100 IU，成人500 IU，一次肌肉注射，免疫力可维持3周。

第二节　流行性乙型脑炎患者的护理

流行性乙型脑炎（epidemic encephalitis B）简称乙脑，是由乙型脑炎病毒引起的以脑实质炎症为主要病变的中枢神经系统急性传染病。本病以蚊虫为媒介传播，流行于夏秋季，儿童多见。临床上以出现高热、意识障碍、抽搐、病理反射及脑膜刺激征为特征，重症者常因呼吸衰竭而死亡，幸存者常留有神经系统后遗症。目前尚无特效的抗病毒药物治疗，以对症和支持治疗及护理为主。

【疾病概要】

（一）病原学

乙型脑炎病毒（encephalitis B virus）简称乙脑病毒，属黄病毒科，黄病毒属。呈球形，为RNA病毒，病毒的抗原性较稳定，人和动物感染乙脑病毒后，可产生补体结合抗体、中和抗体和血凝抑制抗体，这些特异性抗体的检测有助于临床诊断和流行病学调查。病毒抵抗力不强，易为常用消毒剂杀灭，加热100 ℃、2 min或56 ℃、30 min可灭活。但耐低温和干燥。

（二）流行病学

1. 传染源　被感染的人和动物均可发生病毒血症，成为传染源。其中猪的饲养面广，更新率快，易感率高，感染后血中乙脑病毒含量高而传染性强，成为最主要的传染源。人感染乙脑病毒后病毒血症期短暂，且血中病毒数量较少，故患者及隐性感染者作为传染源的意义不如动物重要。

2. 传播途径　主要通过蚊虫叮咬而传播，三带喙库蚊为主要传播媒介。蚊虫叮咬血中带乙脑病毒的人或动物，病毒先在肠道中繁殖，然后移至唾液腺，再叮咬健康的人和动物而传播疾病，被感染的动物又可感染更多蚊虫。蚊虫感染病毒后，可带病毒越冬并经卵传代，病毒可长期存在于蚊体内。

3. 人群易感性　人对乙脑病毒易感，以10岁以下儿童易感，其中2~6岁发病率最高。但近年来因儿童计划免疫的实施，发病年龄有上升趋势。人群感染后多呈隐性感染，发病者占0.5‰~1.0‰，感染后均可获持久免疫力。

4. 流行特征　在我国，乙脑呈严格季节性发病，80%~90%的病例集中在7~9月。乙脑集中暴发少见，家庭成员中少有同时发病者，呈高度散发性。乙脑在我国流行广泛，仅东北北部、青海、新疆及西藏等地未见本病报告。

（三）发病机制

人被带乙脑病毒的蚊虫叮咬后，乙脑病毒进入人体，先在单核-巨噬细胞内繁殖，随后进入血流，引起病毒血症，当机体抵抗力降低或感染病毒量大、毒力强时，病毒通过血脑屏障进入中枢神经系统，引起脑炎。乙脑实质广泛性炎症为乙脑的主要病理变化，其病变范围广，脑及脊髓均可受累，尤以大脑皮质、丘脑和中脑最为严重。

（四）临床表现及临床类型

1. 临床表现　潜伏期4~21 d，一般为10~14 d。典型临床经过分为四期。

（1）初期：一般持续1~3 d，起病急，体温迅速上升至39~40 ℃，伴头痛、恶心、呕吐，常有嗜睡或神情倦怠，部分患者出现颈强直及抽搐。小儿可有呼吸道症状或腹泻。

（2）极期：病程第4~10日，主要表现为脑实质受损症状。

1）高热：是乙脑必有的症状。体温常高达40 ℃以上，持续7~10 d，重者可达2~3周，热度越高，热程越长，则病情越重。

2）意识障碍：是乙脑的主要症状。表现为程度不等的嗜睡、昏睡、谵妄或昏迷等。一般持续1周左右，重者可达4周以上。意识障碍程度越重，持续时间越长，则病情越重。

3）惊厥或抽搐：是乙脑严重症状之一。多见于病程第2~5日，先见于面部、眼肌、口唇的小抽搐，随后呈肢体阵发性痉挛，重者出现全身抽搐、强直性痉挛，历时数分钟至数十分钟不等，均伴有意识障碍。频繁抽搐可致发绀，甚至呼吸暂停。惊厥或抽搐常是病情严重的表现。惊厥或抽搐的原因主要是高热、脑实质炎症、脑水肿、痰阻或舌根后坠引起缺氧等。

4）其他神经系统症状和体征：常有浅反射消失或减弱，深反射先亢进后消失，病理反射及脑膜刺激征阳性（颈项强直、克氏征阳性、布氏征阳性）。并发脑疝时可有喷射性呕吐、反复或持续惊厥、昏迷加重、瞳孔大小不等及对光反射迟钝、呼吸异常，小儿可表现为前囟膨隆，视乳头水肿。其他依病变部分和程度不同还可出现吞咽困难、瘫痪、大小便失禁、语言障碍等。

5）呼吸衰竭：是乙脑最严重表现和主要的死亡原因，多发生于重症病例。主要是因脑实质炎症，尤其是延脑呼吸中枢损害、脑水肿、脑疝和低钠性脑病等原因致中枢性呼吸衰竭，表现为呼吸表浅、双吸气、叹息样呼吸、潮式呼吸，最后呼吸停止；有时也可因呼吸肌麻痹、痰阻和并发肺部感染等原因致外周性呼吸衰竭，表现为呼吸先快后慢，胸式或腹式呼吸减弱、发绀，但呼吸节律整齐。或中枢性呼吸衰竭和外周性呼吸衰竭合并存在。

高热、抽搐和呼吸衰竭是乙脑极期的严重病情，尤以呼吸衰竭是乙脑最严重症状及最主要死亡原因，三者相互影响，互为因果。

（3）恢复期：多数患者于8～11日后进入恢复期，体温逐渐下降，神志逐渐转清，语言、运动及神经反射逐日好转，一般于2周左右完全恢复。少数重症患者可有神志迟钝、痴呆、失语、肢体瘫痪以及精神失常等，经积极治疗后大多数于6个月内恢复。

（4）后遗症期：患病6个月后仍留有精神神经症状称为后遗症。轻型和普通型患者无后遗症，有5%～20%重症患者可有后遗症，仍可经积极治疗而有不同程度的恢复。

2. 临床类型

（1）轻型：发热38～39 ℃，神志清楚，无抽搐，脑膜刺激征不明显。病程5～7 d。

（2）普通型：发热39～40 ℃，嗜睡或浅昏迷，偶有抽搐及病理反射阳性，脑膜刺激征较明显。病程7～10 d，一般能完全恢复。

（3）重型：发热40 ℃以上，昏迷，反复或持续抽搐，颅内压增高，脑膜刺激征明显。可有呼吸衰竭，恢复期常有精神异常、瘫痪、失语等症状，病程多在2周以上，少数患者留有后遗症。

（4）极重型（又称暴发型）：起病急骤，体温于1～2 d内升至41 ℃以上，反复或持续强烈抽搐，伴深昏迷，迅速出现中枢性呼吸衰竭及脑疝等，多在极期中死亡，幸存者常有严重后遗症。

（五）治疗原则

目前尚无特效抗病毒药；主要是采取对症治疗。重点把好高热、惊厥和呼吸衰竭三关，是抢救患者的关键。

【护理评估】

（一）健康史（流行病学资料）

询问既往的健康状况及有无类似疾患、个人的健康状况、生活习惯、工作环境和工作条件、既往有无接种史等，重点评估居住环境的蚊虫密度，流行季节当地有无疫情报告等。

（二）身心状况

1. 症状和体征　主要评估体温、呼吸频率、节律、意识、瞳孔、脑膜刺激征等症状、体征。

2. 并发症　评估患者有无痴呆、瘫痪、扭转痉挛和精神失常等精神神经症状。

3. 心理社会状况　常因起病急，进展迅速，症状重，甚至有生命危险，重者症状恢复时间长，或遗留后遗症，患者易产生紧张恐惧、悲观失望等情绪反应。刚清醒的患者思维能力及接受外界刺激的能力均较差，易受刺激，感情脆弱。

（三）实验室及其他检查

1. 血常规　白细胞总数常在（10～20）$\times 10^9$/L，开始中性粒细胞在80%以上，随后淋巴细胞增多。部分患者血象始终正常。

2. 脑脊液　压力增高，外观无色透明或微混，白细胞计数多在（50～500）$\times 10^6$/L，分类早期以中性粒细胞稍多，氯化物正常，糖正常或偏高。少数患者于病初脑脊液检查可正常。

3. 血清学检查　特异性IgM抗体一般在病后3～4日即可出现，两周内达高峰，可作早期诊断。乙脑病毒IgG抗体出现较迟，主要用于回顾性诊断或流行病学调查。

4. 病毒分离　病程第1周内死亡病例的脑组织中可分离到乙脑病毒，用于回顾性诊断。

【护理诊断及合作性问题】

1. 体温过高　与乙脑病毒感染有关。
2. 意识障碍　与乙脑病毒感染致脑组织炎症有关。
3. 有窒息与受伤的危险　与乙脑患者惊厥有关。
4. 气体交换受损　与中枢性或外周性呼吸衰竭有关。
5. 潜在并发症　支气管肺炎、呼吸衰竭等。

【护理目标】

（1）体温降至正常范围。

（2）神志清楚，情绪稳定。

（3）气道保持通畅，呼吸平稳，无发绀。

（4）无并发症发生或并发症及时得到控制。

【护理措施】

1. 一般护理

（1）休息：应严格卧床休息。将患者安置于安静、光线柔和的房间内，防止声音、强光刺激。昏迷患者应取头高足低位，呈15°～30°，头偏向一侧。

（2）饮食护理：应根据不同病期病情表现给予不同饮食，保证营养和热量需要。初期和极期患者可给予清淡的流质饮食，如西瓜汁、绿豆汤、菜汤、牛奶等。昏迷和吞咽困难患者可给予鼻饲，或静脉输液，每日入量1 500～2 000 mL，以保持水及电解质平衡。恢复期患者应逐渐增加高热量、高蛋白质、高维生素饮食。

2. 对症护理　精心、细致的对症护理对提高患者治愈率、降低病死率和防止后遗症的发生，具有重要的作用。

（1）高热的护理：密切观察和记录体温，乙脑患者体温不易下降，应采用综合措施。具体如下：①采用室内地面洒水、放冰块、应用电风扇或空调等方法控制室温在25 ℃左右。②采用乙醇擦浴、冰盐水灌肠或在大血管处放置冰袋、头部戴冰帽等物理降温措施，尽快将体温控制在38 ℃左右，要注意防止局部冻伤或坏死。③可辅以解热药，注意用量不宜过大。高热伴抽搐者可用亚冬眠疗法，以氯丙嗪、异丙嗪每次各

0.5～1.0 mg/kg肌注，疗程3～5 d。

（2）惊厥或抽搐的护理：具体措施包括：①患者应放置在光线暗、环境安静的病室内，尽量减少声、光刺激。各种检查、护理、治疗操作集中进行。②注意保持呼吸道通畅，立即使患者取仰卧位，头侧向一边，及时清除口咽部分泌物，松解衣服和领口，如有义齿应取下。用舌钳夹住舌向外牵拉，以防舌后坠阻塞呼吸道。用缠纱布的压舌板置于上下牙齿间，以防咬伤舌头。③病床应设床档，防止坠床，必要时用约束带约束患者，但切勿用力牵拉或按压患者肢体，以防引起骨折。④应分析原因，针对引起抽搐的不同原因分别处理如：如高热惊厥者以降温为主；脑水肿所致者应及时应用脱水剂，可用20%甘露醇静脉滴注或推注（20～30 min内完成），每次1～2 g/kg，每4～6 h可重复应用；呼吸道痰阻致脑组织缺氧所致者，应以吸痰、给氧为主，必要时行气管切开；脑实质炎症所致惊厥应遵医嘱使用抗惊厥药物，常首选地西泮，给药时要注意给药途径、作用时间及副作用，特别应注意观察抗惊厥药对呼吸的抑制作用。

（3）呼吸衰竭的护理：具体措施是：①保持呼吸道通畅，乙脑患者呼吸衰竭时缺乏有效的咳嗽反射和吞咽反射，痰多、黏稠时，吸痰是解除呼吸道梗阻的有力措施。保持患者头侧向一边，定时翻身、拍背，痰黏稠者进行雾化吸入，也有助于排痰。②在保持呼吸道通畅的基础上采用鼻导管法、鼻塞法吸氧。③以上处理无效时，应及时协助医生进行气管插管、气管切开或应用人工呼吸器维持呼吸功能。④并遵医嘱使用脱水剂、呼吸兴奋剂、血管扩张剂等药物，注意药物副作用，尤其是应用较大剂量呼吸兴奋剂时可诱发惊厥。

（4）意识障碍的护理：主要是调整体位、保持呼吸道通畅等（具体参见有关章节）。

3. 心理护理　对意识刚恢复的患者，注意避免不良刺激，增加患者的舒适感。对恢复期仍有失语、瘫痪、吞咽困难等功能障碍的患者，应鼓励其具有康复的信心，指导患者坚持康复训练，帮助其尽快康复。

4. 病情观察

（1）观察生命体征，尤其应注意体温变化，每1～2 h测体温1次，注意呼吸频率、节律，以判断有无呼吸衰竭。

（2）观察意识状态，注意意识障碍是否继续加重。

（3）观察惊厥发作的先兆、发作次数、每次发作持续时间、发作范围及方式等。

（4）观察颅内压增高及脑疝的先兆，重点观察瞳孔大小、形状、对光反应、两侧是否对称。

【护理评价】

（1）体温是否降至正常范围。

（2）神志是否转清楚，情绪是否稳定。

（3）气道是否保持通畅，呼吸是否平稳，有无发绀。

（4）有无并发症发生或并发症是否得到控制。

【健康教育】

1. 对患者的指导

（1）指导执行虫媒隔离的措施。

（2）向患者及其家属讲解有关疾病知识，如乙脑的发病原因、主要症状特点、治疗方法、病程及预后，告之本病目前尚无特效治疗，应采用中西医结合的综合措施。病情轻者约2周可完全恢复，重症者病死率较高，存活者可留下不同程度的后遗症，使患者及家属能了解此病，以便患者及其家属能积极配合医护人员进行治疗。

（3）对恢复期遗留有精神、神经症状者，应向患者及其家属说明尽早坚持康复训练有较好疗效，并指导患者及家属进行按摩、针灸、热疗等康复治疗的基本操作方法，尽可能使患者的功能障碍于6个月内恢复，以防成为不可逆性后遗症。功能障碍恢复较慢的患者，还应加强患者家属的心理疏导及援助，减轻家属的心理负担，以免影响患者的康复信心。

2. 预防疾病的指导　防蚊、灭蚊和进行疫苗接种是预防乙脑的重要措施：①可采用纱窗、蚊帐、驱蚊剂防蚊叮咬，并要消灭越冬蚊和早春蚊，消灭蚊虫滋生地。②要搞好家禽、家畜饲养场所的环境卫生，人畜居地分开，流行季节前对主要传染源猪，特别是幼猪进行疫苗接种，减少猪群中的病毒血症，能有效地控制乙脑在人群中的流行。③另外，主要是通过疫苗的预防接种提高人群的特异性免疫力。乙脑灭活疫苗人群接种的主要对象是6～12个月的婴幼儿，初种2次，每次0.5mL，两次间隔1～2周，接种后2年和6～10周岁时分别加强注射一次，接种时间是在乙脑流行开始前1个月完成。近年来，乙脑减毒活疫苗已被广泛应用，在安全和效果上都优于灭活疫苗。疫苗接种时应注意过敏等不良反应，且不能与伤寒三联菌苗同时注射，有中枢神经系统疾患和慢性乙醇中毒者禁用。

第三节　流行性出血热患者的护理

流行性出血热（epidemic hemorrhagic fever）又称肾综合征出血热（hemorrhagic fever with renal syndrome），是由汉坦病毒引起的自然疫源性传染病。鼠类为主要传染源。临床上以发热、充血、出血、休克和急性肾衰竭为主要表现。广泛流行于亚欧等许多国家，我国为重疫区。近年来，通过早期诊断和治疗措施的改进，病死率已由10%降到3%～5%。

【疾病概要】

（一）病原学

流行性出血热病毒属布尼亚病毒科的汉坦病毒属，为负性、单链RNA病毒。根据血清学检查，汉坦病毒至少可分为16型，我国所流行的主要是Ⅰ型和Ⅱ型病毒，而一般认为Ⅰ型病毒感染者病情重于Ⅱ型病毒感染者，这可能与病毒毒力大小有关。该病毒不耐热、不耐酸，对乙醚、氯仿和去氧胆酸盐等脂溶剂敏感，对紫外线、乙醇和碘酒等消毒剂亦敏感。

（二）流行病学

1. 传染源　鼠类为本病的最主要传染源。据国内外不完全统计，有170种脊椎动物可自然感染汉坦病毒，我国发现53种动物携带本病毒，主要动物是啮齿动物，其他动物包括家兔、猫、犬、猪等。在我国黑线姬鼠和褐家鼠是主要宿主动物和传染源，林区则主要是大林姬鼠。患者不是主要传染源。

2. 传播途径　本病的传播途径尚未完全阐明，一般认为主要有以下五种。

（1）接触传播：被鼠类咬伤或人体破损的皮肤黏膜接触携带病毒的鼠类血液、排泄物等而感染。

（2）消化道传播：鼠类偷食食物时，带病毒的排泄物污染的食物，被人进食时经口腔、胃肠道黏膜感染。

（3）呼吸道传播：鼠类带病毒的排泄物如尿、粪、唾液等污染尘埃后形成的气溶胶，被人吸入呼吸道而感染。

（4）母婴传播：孕妇感染本病后，可经胎盘感染胎儿。

（5）虫媒传播：有报告称寄生于鼠类身上的革螨或恙螨能传播本病。

3. 人群易感性　人群普遍易感，病后可获得较稳固的免疫力。

4. 流行特征

（1）地区性：本病主要分布于亚洲，其次是欧洲和非洲，美洲病例较少。我国疫情最重，内地除青海和新疆外，均有病例报告，而且疫区仍在扩大。目前，我国的流行趋势是由北向南，由农村向城市扩展；老疫区病例逐渐减少，新疫区不断增加。

（2）季节性：本病全年均可发病，但有明显的高峰季节，其中黑线姬鼠传播的发病高峰在11月至第二年1月，次高峰在5~7月；褐家鼠传播的发病高峰在3~5月；大林姬鼠传播的发病高峰在夏季。

（3）人群分布：以男性青壮年农民和野外作业者发病较多。不同人群发病的多少与接触传染源的机会多少有关。

（三）发病机制

本病的发病机制尚未完全阐明，多数研究认为是病毒直接作用于病毒感染诱发免疫损伤，以致被感染细胞结构受损、功能改变。关于本病发生休克、出血、急性肾衰竭的机制是：

1. 休克　在病程的3~7 d常发生低血压休克称为原发性休克，原因主要是血管通透性增加，血浆外渗到疏松组织，使血容量下降，由于血浆外渗而使血液浓缩，血液黏稠度增加和DIC的发生，使血液循环淤滞，进一步降低了有效血容量。在病程的少尿期以后发生的休克称为继发性休克，主要原因是大出血、继发感染和多尿期水与电解质补充不足，导致有效血容量下降。

2. 出血　原因有血管壁的损伤，血小板的减少和功能障碍，肝素样物质增多，DIC所致的凝血机制异常等。

3. 急性肾衰竭　其原因包括肾血流不足，肾小球和肾小管基底膜的免疫损害，肾间质水肿和出血，肾小球微血栓形成和缺血性坏死，肾素－血管紧张素的激活，以及肾小管管腔被蛋白、管型所阻塞等。

（四）临床表现

潜伏期4～46 d，一般7～14 d。典型病例经过5期，轻型患者可有越期现象，重型患者前3期可互相重叠。

1. 发热期　病程第1～3日。多数患者起病急，体温常在39～40 ℃之间，以稽留热型多见。热程多数为3～7 d，一般体温越高，热程越长，病情越重。除发热外，还有全身中毒症状、毛细血管损伤和肾损伤的表现。

（1）全身中毒症状：表现为全身乏力、肌肉酸痛、头痛、腰痛，少数患者出现眼眶痛。头痛、腰痛、眼眶痛，一般称为“三痛”。与血管扩张、组织充血、水肿有关。多数患者有食欲缺乏、恶心、呕吐或腹痛、腹泻等胃肠道症状，腹痛剧烈者腹部有压痛和反跳痛，是因肠系膜局部极度充血和水肿所致。腹泻时粪便可有黏液和血而易误诊为痢疾或肠炎。部分患者出现嗜睡、烦躁、谵妄或抽搐等神经精神症状，出现中毒性神经精神症状者多数发展为重型。

（2）毛细血管损害：表现为充血、出血和渗出水肿。颜面、颈、胸等皮肤充血潮红，称为“皮肤三红”，重者呈酒醉貌；黏膜充血见于眼结膜、软腭和咽部，称“黏膜三红”。皮肤出血多见于腋下和胸背部，常呈条索点状或搔抓样淤点，黏膜出血常见于软腭呈针尖样出血点、眼结膜呈片状出血，少数患者有鼻出血、咯血、黑便或血尿，如病程4～6 d在腰、臀部或注射部位出现大片淤斑和腔道大出血，可能为DIC。渗出水肿表现为眼睑、球结膜水肿，轻者眼球转动时结膜有漪涟波，重者球结膜呈水泡样，部分患者有腹水。渗出水肿征越重，病情也越重。

（3）肾脏损害：主要表现蛋白尿和尿镜检发现管型等。

2. 低血压休克期　一般在病程第4～6日。多在发热末期或热退同时出现血压下降，少数在热退后发生。一般血压开始下降时四肢尚温暖，血容量继续下降而出现脸色苍白、四肢厥冷、脉搏细弱或不能触及、尿量减少、意识障碍等休克征象。轻型患者可不发生低血压或休克，而少数顽固性休克患者，由于长期组织灌注不良可出现发绀，并促进DIC、脑水肿、急性呼吸窘迫综合征和急性肾衰竭的发生。

3. 少尿期　一般在病程第5～8日。随休克改善而尿量明显减少，出现氮质血症、酸中毒及水、电解质紊乱。表现可有厌食、恶心、呕吐、腹胀、腹泻、顽固性呃逆，严重者可有头晕、头痛、嗜睡甚至昏迷。酸中毒表现为呼吸增快或Kussmaul呼吸；电解质紊乱如低血钠、高血钾时可出现心律失常或脑水肿；水、钠潴留加重组织水肿，可出现腹水，严重者可出现高血容量综合征的表现，如血压升高、脉压增大、颈静脉怒张、充血性心力衰竭、脑水肿、肺水肿等；出血加重表现为皮肤淤斑增加、鼻出血、呕血、便血、咯血、血尿，甚至颅内出血等。

4. 多尿期　一般在病程第9～14日。每日尿量由500 mL逐渐增加至3 000 mL，少数可高达10 000 mL以上，此期若水和电解质补充不足，易发生低血容量性休克、低钠血症、低钾血症等。而且，由于机体抵抗力下降，易继发感染，从而加重休克。

5. 恢复期　一般从病程第3～4周起，尿量逐渐减少至2 000 mL以下。精神、食欲基本恢复正常，一般体力尚需1～3个月才能完全恢复，少数患者可遗留高血压、肾功能障碍、心肌劳损和垂体功能减退等症状。

（五）治疗原则

尚无特效治疗。“三早一就地”仍为本病的治疗原则，即早期发现，早期休息，早期治疗和就近治疗。治疗以综合疗法为主，早期应用抗病毒治疗，中晚期则针对病理生理进行对症治疗和护理。治疗中要注意休克、肾衰竭和出血的防治。

【护理评估】

（一）健康史（流行病学资料）

询问既往的健康状况及有无类似疾患、生活习惯、工作环境和工作条件等。主要询问患者发病前是否到过疫区。或有与鼠类及其他宿主动物接触史。

（二）身心状况

1. 症状和体征

（1）早期三种主要表现。发热及全身中毒症状，毛细血管损伤征（充血、出血、渗出水肿）和肾损害。

（2）病程五期。

2. 并发症　应评估有无内脏出血；肺水肿、急性呼吸窘迫综合征；脑水肿、颅内出血、脑炎和脑膜炎等。

3. 心理社会状况　注意结合病情程度、患者对疾病的认识程度，评估患者是否有紧张、焦虑、恐惧等心理反应。

（三）辅助检查

1. 血常规检查　白细胞计数第 3 ~4 日病程起逐渐升高可达（15 ~30）$\times 10^9$/L，初期中性粒细胞增多，第 4 ~5 日病程后淋巴细胞增多，并有较多的异性淋巴细胞。血小板从第 2 日病程起可减少，并可见异型血小板。因血液浓缩，血红蛋白、红细胞可明显升高。

2. 尿常规检查　病程第 2 日可出现尿蛋白，随病情加重而增加，少尿期达高峰。部分患者尿中出现膜状物。尿镜检尚可发现管型和红细胞。

3. 血液生化检查　血尿素氮和肌酐多数患者在低血压休克期开始上升，少数在发热期开始上升，血气分析在发热期常表现呼吸性碱中毒，在休克期和少尿期常表现代谢性酸中毒；血钠、氯、钙在各期中多数降低，但血钾在发热期和休克期降低，少尿期升高，多尿期又降低。

4. 特异性抗原、抗体检查　早期患者的外周血细胞及尿沉渣细胞中均可检出病毒抗原；病后 1 ~2 日血清 IgM 抗体即可检出，1∶20 为阳性，IgG 抗体出现较晚，1∶40 为阳性，若 1 周后滴度升高 4 倍意义更大。

【护理诊断及合作性问题】

1. 体温过高　与流行性出血热病毒感染有关。
2. 组织灌注量改变　与血管壁损伤造成血浆大量外渗有关。
3. 体液过多　与血管通透性增加及肾功能损害后水、钠潴留有关。
4. 皮肤完整性受损　与血管壁损伤引起出血有关。
5. 焦虑、恐惧　与病情严重，预后不良或对疾病知识不了解等有关。
6. 潜在并发症　感染、颅内出血、肺水肿、电解质紊乱、DIC 和脑水肿等。

【护理目标】

（1）体温下降至恢复正常，不适感减轻。

（2）血压平稳，意识清醒，手足温暖。

（3）维持体液正常，水肿消退，尿量恢复正常。

（4）减轻皮肤出血，保持皮肤完整性。

（5）焦虑、紧张情绪缓解，保持积极情绪，主动配合医护人员。

（6）无并发症发生或并发症症状好转。

【护理措施】

1. 一般护理

（1）休息：发病后即应绝对卧床休息，不宜过多搬动。至恢复期可逐渐增加活动量，但出院后仍应注意休息 1～2 个月，避免劳累和重体力劳动。

（2）饮食护理：应给予清淡、易消化、高热量、高维生素的流质或半流质饮食。发热期应适当补充液体量；少尿期应限制液体量、钠盐和蛋白质摄入，严格遵守“量出为入，宁少勿多”的原则。多尿期应注意补充液体量及钾盐，指导患者多食含钾丰富的食物如橘子、香蕉。消化道出血时应暂禁食。

2. 对症护理

（1）高热的护理：以物理降温为宜，采用冰袋、冰帽等方法。禁用乙醇擦浴，以防止皮下出血。慎用退热剂，以免出汗过多，加重或诱发低血压休克。

（2）低血压休克的护理：保持平卧位，注意保暖和吸氧，加速建立静脉通路，遵医嘱输入扩容液体，应用血管活性药物，注意调整滴速。做好交叉配血、备血准备工作。以达到迅速纠正休克。

（3）急性肾衰竭的护理：处理原则：“稳、促、导、透”，即稳定内环境、促进利尿、导泻、透析疗法。

1）稳定内环境：其中包括：①供给充分热量，减少蛋白质分解，控制氮质血症。②少尿时需严格限制液体入量，入液量应为前一天尿量和呕吐量加上 500～700 mL。液体入量必须严格遵守“量出为入，宁少勿多”的原则，口渴时可用温开水漱口或棉棒蘸水湿润口唇。一般应限制钠盐和钾盐摄入。

2）促进利尿：常用呋塞米（速尿），可从小剂量开始，逐步加大剂量至 100～300 mg/次，静脉注射。亦可用血管扩张剂如苄胺唑啉。密切观察患者用药后的反应。协助排尿，观察其颜色、性状及量，并及时做好记录。

3）导泻疗法：若无消化道出血可用甘露醇、硫酸镁，中药大黄、番泻叶等口服导泻。密切观察患者用药后的反应。协助排便，观察其颜色、性状及量，并及时做好记录。

4）透析疗法：持续无尿 1 d 或少尿 4 d，明显氮质血症、高血钾、高血容量综合征者，应尽早进行血液透析或腹膜透析。

（4）皮肤及黏膜的护理：注意观察皮肤及黏膜有无出血，减少对皮肤的不良刺激，防止感染。输液时注意保护血管，注射后适当延长针眼压迫时间，防止出血和血肿形成。做好口腔护理，保持口腔黏膜清洁、湿润，及时清除口腔分泌物。发热时保持床单位干燥平整，及时更换衣服。帮助患者取舒适体位，每 2 h 协助患者翻身 1 次。

3. 用药护理　早期应用抗病毒药物治疗如利巴韦林，中晚期则针对各期病理生理进行对症治疗。输注液体应晶胶结合，常用平衡盐液、葡萄糖盐水、低分子右旋糖酐、甘露醇、血浆等。药物可有糖皮质激素、血管活性药、5% 碳酸氢钠、利尿剂等。应遵医嘱及时、正确输入相应液体，使用相应药物时，注意观察用药后疗效及不良反应（具体内容可参考内科护理学）。

4. 心理护理　因病情重而复杂，并且多数患者缺乏疾病的有关知识，所以护士应尽量用通俗的语言，耐心的为患者讲解此病，消除其不良心理。对待患者态度要和蔼、热情，操作要认真、熟练、准确，树立患者战胜疾病的信心。

5. 病情观察　本病具有病情变化快、病情危重的特点，治疗护理的关键在于早发现、早处理。

（1）密切观察生命体征及意识状态的变化。若体温下降不能放松警惕，因患者可能会出现热退病情反而加重的情况。

（2）观察充血、出血及渗出水肿的表现。注意有无“皮肤三红”、“黏膜三红”的表现，观察皮肤淤斑的分布、范围及有无破溃出血等；注意有无咯血、呕血、便血，如出现剧烈头痛、视力模糊、血压增高等症状，应考虑有颅内出血的可能。

（3）严格记录 24 h 出入水量。观察尿量、颜色、性状及常规检查结果的变化。注意有无便血、腹泻。

（4）监测检查结果。定期监测血尿素氮、肌酐、凝血功能、电解质等实验室检查指标。

【护理评价】

（1）体温是否下降至恢复正常。

（2）血压是否平稳、意识清醒、手足温暖。

（3）水肿是否消退，尿量是否恢复正常。

（4）是否减轻皮肤出血，保持皮肤完整性。

（5）焦虑、紧张情绪是否缓解、表情轻松。

（6）有无并发症发生或并发症症状是否好转。

【健康教育】

1. 对患者的指导　告之患者肾功能的完全恢复需要较长时间，出院后虽然症状已经消失，但仍需继续休息 1 ~3 个月才能恢复正常活动，避免过度劳累，加强营养，并定期复查肾功能，以了解肾功能恢复情况。

2. 预防疾病指导　强调防鼠、灭鼠是预防的关键，尤其在野外作业和生活者，应加强食物保管，尽量选择地势高而且干燥的地方住宿，工棚周围要挖防鼠沟，不用手接触鼠类及排泄物，尽量防止皮肤破损，有破损要及时处理。积极开展全国性爱国卫生运动，可采用机械、药物等各种方法灭鼠。对易感人群通过疫苗接种可获得较好的预防效果。

（孙美兰）

第四节　脊髓灰质炎患者的护理

脊髓灰质炎（poliomyelitis）是由脊髓灰质炎病毒引起的急性传染病。临床上以发热、咽痛、肢体疼痛，少数病例出现肢体弛缓性瘫痪为主要表现。主要累及中枢神经系统，多见于小儿，故俗称“小儿麻痹症”。1988 年世界卫生组织发起世界范围的消灭“脊髓灰质炎”运动，此目标已基本得以实现。我国于 2000 年向全世界宣布在全国范围内消灭了脊髓灰质炎。但 2011 年 9 月 1 日在新疆维吾尔自治区和田地区，在四名幼童中分离到野生 1 型脊髓灰质炎病毒（WPV1）。

一、疾病概要

（一）病原学

脊髓灰质炎病毒属于微小核糖核酸病毒科、肠道病毒属。在电镜下呈球形颗粒，直径为 20～30 nm，中心含单股 RNA，无包膜。按其抗原性的不同，可分为Ⅰ、Ⅱ、Ⅲ共 3 个血清型，各型间很少有交叉免疫。

脊髓灰质炎病毒抵抗力较强，在污水、粪便和牛奶中可存活数月。耐低温、耐乙醚和乙醇，在酸性溶液中较稳定，不易被胃酸和胆汁灭活，但对热、干燥、紫外线及各种氧化剂敏感。56 ℃、30 min 或煮沸即被灭活，2% 碘酊、高锰酸钾、过氧化氢溶液和漂白粉等含氯消毒剂均可使其灭活。

（二）流行病学

1. 传染源　人是脊髓灰质炎病毒唯一的自然宿主，患者、隐性感染者和无症状病毒携带者，均是传染源。患者自潜伏期末即从鼻咽分泌物中排毒，粪便的排毒期自发病前 10 日至病后 4 周，少数可达 4 月。由于无症状感染者可以 50～500 倍于有症状者，因而无症状病毒携带者是最重要的传染源。

2. 传播途径　主要通过粪－口途径传播。日常生活接触也是主要传播方式，被污染的手、食物、用品、衣物、玩具都可传播本病。感染初期鼻咽部也排出病毒，故亦可以飞沫方式通过呼吸道传播，但为时短暂。

3. 人群易感性　人群普遍易感，多见于 6 个月至 5 岁的儿童，成人少见。抗体可通过胎盘及母乳传给新生儿，故 6 个月以下幼儿很少发病。感染后可获得对同型病毒株的持久免疫力。隐性感染率高达 90% 以上。

4. 流行特征　本病遍及全球，终年可见，以夏秋季为多。在热带和亚热带地区则无明显季节性。

（三）发病机制与病理

脊髓灰质炎病毒经口进入人体后，即侵入咽部和肠道的淋巴组织，在其中繁殖后并向局部排出，若此时人体产生特异性中和抗体，将病毒清除，即形成隐性感染；若抗体低下则病毒进入血循环，引起病毒血症，侵犯呼吸道、消化道、心、肾等非神经组织，引起前驱症状。此时若血中有足量的抗体将病毒中和，则疾病终止，形成顿挫型感染；

少数患者因入侵病毒数量多且致病力强或机体免疫功能差，血中抗体不能将其中和，病毒则通过血脑屏障或外周神经侵入中枢神经系统，以脊髓前角损害最常见，并以颈段和腰段，尤其腰段脊髓前角运动细胞受损最严重，脑干受累次之，病变轻者不发生瘫痪，重者出现瘫痪。也可引起脑膜炎或脑炎，严重者累及脑干的呼吸中枢和血管运动中枢，以及脑神经运动神经元而出现相应症状。病变很少累及感觉神经。引起瘫痪的高危因素包括过度疲劳、剧烈运动、肌肉注射、扁桃体摘除术和遗传因素等。

主要病理变化在中枢神经系统，病灶有散在、多发和不对称的特点。基本病变是神经细胞受损。早期可见胞质染色体溶解，尼氏小体消失，出现嗜酸性包涵体，伴有周围组织充血、水肿和血管周围细胞浸润。此时病变可逆。后期病变进一步发展，胞核浓缩，细胞坏死，最后被吞噬细胞清除，则导致持久性瘫痪。除神经系统外，亦可有淋巴结和肠道淋巴组织的增生和炎症。

（四）临床表现

本病潜伏期为3～35 d，一般为5～14 d。按症状轻重分为无症状型（隐性感染）、顿挫型，无瘫痪型及瘫痪型四型。其中无症状型最多见，占90%以上；顿挫型占4%～8%；瘫痪型仅占0.1%。无瘫痪型与顿挫型相比，主要区别为脑膜刺激征的出现，全身症状也较顿挫型为重。瘫痪型是本病的典型表现，常有以下几期：

1. 前驱期　多数患者有发热（38～39 ℃）、乏力、多汗、咽痛、咳嗽、食欲缺乏、恶心、呕吐、腹痛、腹泻等症状。持续约1～4 d，多数患者可自愈，此即“顿挫型”。部分患者发热不退进入瘫痪前期。

2. 瘫痪前期　患者可无前驱期而直接出现此期症状。少数在热退4～7日后出现此期症状。多数患者在前驱期后进入此期，体温升高，除有顿挫型症状外，尚出现剧烈头痛、多汗、呕吐、同时全身肌肉疼痛，肢体强直灼痛，皮肤感觉过敏，活动或变换体位时加重，常被迫采取固定体位。病儿拒抱、烦躁不安、动之即哭或嗜睡，脑膜刺激征可阳性，腱反射先亢进，后期深、浅反射可减退或消失，但无瘫痪。脑脊液检查结果符合无菌性脑膜炎改变。持续3～4 d后热退，症状消失痊愈，即为“无瘫痪型”。少数患者进入瘫痪期。

3. 瘫痪期　通常于起病后3～10日出现肢体瘫痪，多于体温开始下降时出现，以后逐渐加重，无感觉障碍，通常在48 h内达高峰。但在体温正常后瘫痪停止进展。根据病变部位，瘫痪可分以下几型：

（1）脊髓型：最常见，为下运动神经元弛缓性瘫痪，肌张力减退，腱反射减弱或消失，多无感觉障碍。瘫痪多不对称，最常见于下肢，其次上肢。儿童多表现为单瘫，成人以截瘫、四肢瘫和呼吸肌瘫痪较多见。近端大肌群瘫痪较远端小肌群出现早而重。躯干肌群瘫痪时不能竖头、坐起和翻身。肋间肌和膈肌瘫痪时导致呼吸困难、咳嗽无力，体检见胸廓扩张受限，吸气时上腹内凹。腹肌瘫痪时腹壁局部隆起。膀胱肌瘫痪时出现尿潴留或尿失禁。

（2）延髓型：即球麻痹型，系延髓和脑桥受损所致，病情大多严重。常出现面瘫、吞咽困难，饮水呛咳和声音嘶哑等。甚至发生窒息或吸入性肺炎。病变损及延髓呼吸中枢和血管运动中枢时，可因呼吸衰竭和循环衰竭导致死亡。

（3）脑型：少见，表现为高热、抽搐、意识障碍等症状。

（4）混合型：以上几型同时存在为混合型。

4. 恢复期 体温正常，一般症状消失，瘫痪不再进展，即进入恢复期。肢体功能一般从远端小肌群开始恢复，继之近端大肌群和躯干肌群，肌力逐渐增加，腱反射随之出现。脑神经受损所致的肌肉瘫痪多能恢复，轻者经 1 ~3 个月恢复，重症常需 6 ~18 个月，甚至更长时间才能恢复。

5. 后遗症期 因运动神经元严重受损而发生的瘫痪和肌肉萎缩，在 1 ~2 年内仍不能恢复者则为后遗症，引起肢体或躯干畸形，如足内翻、足外翻、足下垂、脊柱前凸、侧凸等，导致跛行或不能站立行走，并影响小儿的生长发育。部分瘫痪型病例在感染后数十年，发生进行性神经肌肉软弱、肌肉萎缩、疼痛，受累肢体瘫痪加重，称为“脊髓灰质炎后肌肉萎缩综合征”。

（五）治疗要点

本病尚无特效治疗，主要是对症治疗，预防及处理并发症和康复治疗。卧床休息并至少隔离至病后 40 日。高热者给予物理降温，肌痛处给予局部热敷，必要时给予止痛剂应用。瘫痪前期可试用丙种球蛋白和干扰素，重症患者可短期应用肾上腺皮质激素。瘫痪肢体保持功能位，有呼吸障碍者，保持呼吸道通畅，防止继发细菌感染，维持水、电解质和酸碱平衡。瘫痪停止进展后，应用加兰他敏及地巴唑，以促进神经肌肉的兴奋传导。恢复期及后遗症期采用针灸、按摩及理疗，必要时手术矫正畸形。

二、护理评估

（一）健康史（流行病学资料）

询问既往的健康状况及有无类似疾患、预防接种史及个人的健康状况、生活习惯、工作环境和工作条件等，重点评估本地区有无流行、流行季节，有无确切接触史及服用脊髓灰质炎疫苗情况等。

（二）身心状况

1. 症状和体征 主要评估患者有无发热、上呼吸道症状、肢体感觉过敏、肢体疼痛、不对称肢体瘫痪等症状、体征。

2. 并发症 评估患者有无水、电解质紊乱，心肌炎，肺水肿，肺不张与肺炎，高血压，泌尿道感染，急性胃扩张、结肠扩张，消化道穿孔与出血等。

3. 心理社会状况 常因起病急，进展迅速，症状重，甚至有生命危险，重者症状恢复时间长，或遗留后遗症，患者易产生紧张恐惧、悲观失望等情绪反应。

（三）实验室及其他检查

1. 血常规 白细胞总数及中性粒细胞百分比大多正常，少数患者白细胞及中性粒细胞轻度增多，血沉增速。

2. 脑脊液检查 顿挫型患者脑脊液一般正常，无瘫痪型或瘫痪型患者瘫痪前期脑脊液呈病毒性脑膜炎改变。白细胞轻度增多，一般为（0.05 ~0.5）$\times 10^9$/L，早期以中性粒细胞为主，后期以淋巴细胞为主。蛋白轻度增加，糖和氯化物正常。热退后白细胞迅速恢复正常，但蛋白仍持续升高，可达 4 ~10 周，呈蛋白 - 细胞分离现象。

3. 病毒分离　起病一周内可从咽部及粪便内分离出病毒，也可从血液或脑脊液中分离病毒，多次送检可增加阳性率。

4. 血清学检查　可用中和试验、补体结合试验及酶标等方法检测特异抗体，其中以中和试验最常用，阳性率及特异性均较高。

5. 分子生物学检测　用反转录聚合酶链反应（RT－PCR）检测血液或脑脊液中的病毒核酸，具有快速、敏感、特异和简便的特点。

【护理诊断及合作性问题】

1. 体温过高　与病毒血症有关。

2. 疼痛　与病毒侵犯神经组织有关。

3. 躯体移动障碍　与脊髓受损有关。

4. 清理呼吸道无效　与咽部肌肉及呼吸肌瘫痪、呼吸中枢受损有关。

5. 有传播感染的可能　与病毒排出有关。

6. 焦虑　与疾病预后有关。

【护理目标】

（1）患者体温下降至正常，不适感减轻。

（2）疼痛缓解或完全消失。

（3）能够自行活动并活动正常。

（4）咳嗽排痰、能清除呼吸道的分泌物，保持呼吸道通畅。

（5）能严格执行隔离措施，没有造成感染扩大。

（6）能了解疾病有关知识，积极配合治疗。

【护理措施】

1. 一般护理

（1）休息：保持室内安静、环境整洁、空气清新。绝对卧床休息直至热退、瘫痪停止进展。妥善安排好治疗护理，避免不必要的刺激，如注射、反复查体等，防止促发或加重瘫痪的发生。

（2）饮食护理：注意饮食护理，发热期间给予营养丰富、高蛋白、高脂肪、高维生素的流质或半流质食物，热退后改用易消化软食。耐心喂养，对有吞咽困难及食后呛咳者，采用拍背、体位引流法防止窒息。严重病例鼻饲，每周更换1次鼻饲管。还可静脉供给营养。做好口腔护理。待吞咽功能恢复时，先试喂少量开水，再慢慢增加食品数量及种类，以训练患儿的吞咽功能。

2. 对症护理

（1）皮肤护理：患儿多汗，长期卧床，须保持皮肤清洁，定时更换体位，动作轻柔，以免加重疼痛。受压部位及骨突处应用50%乙醇每日按摩2次，改善局部血循环，必要时使用气圈或海绵垫，防止压疮及坠积性肺炎。

（2）止痛、保持关节功能位：注意监测瘫痪肢体情况，应避免刺激和受压，睡硬板床，盖被轻暖，卧床时保持身体成一直线，膝部略弯曲，髋部及脊柱用板或重物使之挺直，踝关节成90°，可用热敷法改善肌肉疼痛与痉挛，必要时遵医嘱给予止痛剂。疼痛消失后应积极做主动和被动锻炼，以防止骨骼肌肉萎缩、畸形。

（3）气道护理：保持呼吸道通畅，翻身拍背促痰排出或抬高床脚及侧卧进行体位引流。指导患儿咳嗽排痰、或用吸痰器清除呼吸道的分泌物，吸氧，必要时用气管插管、气管切开、人工呼吸等。

3. 用药护理　遵医嘱给予促进神经传导药地巴唑治疗时，注意药物用法及使用后患者肢体瘫痪有无改善及加重，有无头痛、多汗及热感等。

4. 心理护理　患儿身体不适，情绪造成很大影响，工作人员应以满腔的热情对待患儿，及时解除不适，尽量满足日常生活需要。及时进行沟通，让患者及其家属了解病情、病程及可能发生的并发症，鼓励患儿树立战胜疾病的信心，积极配合医护工作，让患者早日康复。

5. 病情观察　监测生命体征，检测体温，观察热型。密切观察呼吸，有无痰液聚积、咳嗽无力、呼吸频率及节律改变、发绀、吸气时上腹内凹的反常现象。观察患儿大小便情况，有尿潴留时可定时压迫膀胱协助排尿。及时清理排出的大小便，保持臀部清洁干燥。监测瘫痪肢体情况。观察有无水、电解质紊乱，心肌炎，肺水肿，肺不张，肺炎，高血压，泌尿道感染，急性胃扩张，结肠扩张及消化道穿孔与出血等并发症的发生。

【护理评价】

（1）患者体温是否下降至正常，不适感减轻。

（2）疼痛是否缓解或完全消失。

（3）是否能够自行活动并活动正常。

（4）是否能咳嗽排痰、能清除呼吸道的分泌物，保持呼吸道通畅。

（5）是否能严格执行隔离措施，没有造成感染扩大。

（6）是否能了解疾病有关知识，积极配合治疗。

【健康教育】

（1）脊髓灰质炎是脊髓灰质炎病毒引起的急性传染病。主要通过消化道传播，发病早期还可通过呼吸道传播。对患儿采用消化道隔离，第 1 周还需呼吸道隔离，至少隔离至病后 40 日。患儿的分泌物、排泄物用漂白粉消毒，用具及地面用次氯酸钠溶液消毒。被褥日光曝晒。

（2）普遍接种疫苗是降低发病率以至消灭本病的主要措施。我国现行口服疫苗接种程序为 2 月龄、3 月龄、4 月龄、1 岁、4 岁各服 1 次，共 5 次。必要时加服。

（3）对瘫痪肢体尚未完全恢复的患儿，应使家长有长久的思想准备，树立战胜疾病的信心。耐心协助患儿做瘫痪肢体的被动运动，推拿与按摩。有条件还可进行温水浴、蜡疗或针刺疗法。指导家长做好日常生活护理，注意安全，防跌伤。对后遗症患儿做好自我保健指导，要有健康的心理，做到人残志坚。坚持残肢的主动与被动锻炼、注意安全，防意外事故发生。坚持与社会的正常交往，以获得更广泛的支持与帮助。

第五节　麻疹患者的护理

麻疹（measles，rubeola）是由麻疹病毒引起的急性呼吸道传染病。临床上以发热、咳嗽、流涕、眼结膜充血、口腔黏膜有科普利克斑（Koplik spots）及皮肤出现斑丘疹为主要表现。主要发生于儿童，冬春季节较多。传染性极强，病后有持久免疫力。

一、疾病概要

（一）病原学

麻疹病毒属副黏液病毒科。病毒颗粒呈球形，直径 100 ~ 150 nm，有包膜，核酸为单股负链 RNA。麻疹病毒可在人胚肾、猴肾及人羊膜细胞中增殖，经组织培养连续传代后，失去致病性，但保持免疫性，故依此制备减毒活疫苗。

麻疹病毒外界抵抗力不强，易被紫外线及一般消毒剂灭活。耐寒、耐干燥、不耐热，－70℃ ~ －15 ℃可存活数月至数年，56 ℃、30 min 即被破坏。在空气飞沫中保持传染性不超过 2 h，在空气流通或日光下 30 min 即失去活力。

（二）流行病学

1. 传染源　患者为唯一传染源，潜伏期末至出疹后 5 日均有传染性。眼结膜分泌物、口、鼻、咽、气管的分泌物中均含有病毒，具传染性。恢复期不带病毒。

2. 传播途径　主要经飞沫传播，间接传播者少见。

3. 人群易感性　人群普遍易感，6 个月至 5 岁小儿发病率较高。易感者接触患者后 90% 以上发病，病后有较持久的免疫力。6 个月内的婴儿可受到母体抗体的保护，很少患病。自麻疹疫苗接种以来，发病率已显著下降，发病年龄有增大趋势。

4. 流行特征　冬春季多见。但全年均可有病例发生。

（三）发病机制与病理

麻疹病毒侵入上呼吸道和眼结膜上皮细胞内复制繁殖，通过局部淋巴组织进入血流（第一次病毒血症），病毒被单核－巨噬细胞系统吞噬，并在其中广泛增殖后再次侵入血流，形成第二次病毒血症，出现高热和出疹，病毒血症持续至出疹后第 2 日。目前认为麻疹发病机制：一是麻疹病毒侵入细胞直接引起细胞病变；二是全身性迟发型超敏性细胞免疫反应在麻疹的发病机制中起了非常重要的作用。

病理变化特点：病毒侵袭的组织出现单核细胞浸润及形成多核巨细胞。因病毒或免疫复合物在皮肤真皮表浅血管，使真皮充血水肿，血管内皮细胞肿胀、增生，单核细胞浸润并渗出而形成麻疹皮疹和黏膜疹。

（四）临床表现

潜伏期 6 ~ 18 d，平均为 10 d。曾接受被动或主动免疫者，可长达 3 ~ 4 周。

1. 典型麻疹

（1）前驱期：从发热到出疹一般 3 ~ 4 d。起病急，主要表现为上呼吸道和眼结膜炎症。有发热、咳嗽、流涕、喷嚏、眼畏光、流泪、结膜充血、眼睑水肿等。发热 2 ~

3 d 约 90% 的患者在口腔两侧，近第一臼齿的颊黏膜上出现约 0.5 ~ 1 mm 大小灰白色小点，周围绕以红晕，称麻疹黏膜斑（Koplik spots）。此斑具有早期诊断价值，一般在 2 ~ 3 d 内消失。

（2）出疹期：发热 3 ~ 4 日后，自耳后发际出现皮疹，渐及前额、面、颈、躯干与四肢，最后达手掌及足底，3 ~ 5 d 出齐。皮疹初为淡红色斑丘疹，大小不等，高出皮肤，呈充血性皮疹，压之退色，初发时稀疏，色较淡，以后部分融合成暗红色，少数病例可呈出血性皮疹，疹间皮肤正常。出疹高峰时全身毒血症状加重，体温高达 40 ℃，精神委靡、嗜睡，重者可有谵妄、抽搐、频繁咳嗽。常有全身表浅淋巴结及肝、脾轻度肿大。肺部可闻及湿啰音，胸部 X 线检查，可见轻重不等弥漫性肺部浸润性病变。病程 3 ~ 5 d。

（3）恢复期：皮疹出齐后，中毒症状明显缓解，体温下降，呼吸道炎症迅速减轻，皮疹按出疹顺序消退，并留浅褐色色素斑，伴糠麸样脱屑，历时 1 ~ 2 周。无并发症者病程为 10 ~ 14 d。成人麻疹全身症状多较小儿重，并发症较少。

2. 非典型麻疹

（1）轻型麻疹：潜伏期长，上呼吸道症状轻，麻疹黏膜斑不典型，皮疹少而色淡，病程 3 ~ 5 d，并发症少。多见于曾经疫苗接种者，或婴儿体内有来自母体的抗体。

（2）重型麻疹：见于营养差、免疫力低或继发严重细菌感染的儿童。病情较重，病死率较高。

1）中毒性麻疹：体温高达 40 ℃ 以上，中毒症状重，早期出现大量紫蓝色融合性皮疹，呼吸、脉搏增快，发绀、谵妄、抽搐及昏迷。

2）休克性麻疹：皮疹未出齐而骤然隐退，或皮疹稀少、色淡而迟迟不能诱发，面色苍白，唇指（趾）发绀，四肢厥冷，脉细弱，心率快，第一心音低钝，血压下降等循环衰竭表现。

3）出血性麻疹：有高热，常伴有黏膜、内脏出血和严重中毒症状。

4）疱疹性麻疹：疱疹位于真皮内，内含澄清液，周围有红晕，疱疹有时融合成大疱。发热高，中毒症状严重。

3. 并发症

（1）支气管肺炎：最常见，多见于 5 岁以下小儿。占麻疹患儿死因的 90% 以上。由麻疹病毒引起的肺炎多不严重，主要为继发肺部感染。

（2）心肌炎：多见于 2 岁以下重型麻疹或并发肺炎和营养不良的小儿，致心肌缺氧，心力衰竭。表现为气促、烦躁、面色苍白、发绀、心音低钝、心率快。皮疹不能透发或突然隐退。

（3）喉炎：2 ~ 3 岁小儿多见，因小儿喉腔狭小，并发细菌感染时喉部组织水肿，分泌物增多，极易造成喉梗阻，表现为声嘶、犬吠样咳嗽、呼吸困难等，严重时需作气管切开。

（4）脑炎及亚急性硬化性全脑炎：

1）脑炎：多发生于出疹后 2 ~ 6 日，也可发生于出疹后 3 周内。与麻疹病情轻重无关。临床表现与其他病毒性脑炎相似。病死率约 15%，多数可恢复，部分患者有智力减退，强直性瘫痪、癫痫等后遗症。

2）亚急性硬化性全脑炎：是麻疹病毒所致的远期并发症，属亚急性进行性脑炎，罕见。患者多患过麻疹，其潜伏期为2～17年。表现为进行性智力减退，性格改变，肌痉挛，视听障碍，脑脊液麻疹抗体持续强阳性。病情发展，最后因昏迷、强直性瘫痪死亡。

（五）治疗要点

治疗要点主要是对症治疗，加强护理和防治并发症。高热时可用小剂量退热剂；咳嗽用祛痰止咳药；烦躁不安可用镇静剂。并发支气管肺炎时，根据药敏结果选用抗菌药物。并发心肌炎有心衰者宜及早静脉注射毒毛花苷K或毛花苷C。重症者可同时用肾上腺皮质激素保护心肌。并发喉炎者应尽量使患儿安静，给予雾化吸入稀释痰液。重症者加用肾上腺皮质激素以缓解喉部水肿。出现喉梗阻者及早行气管切开。

二、护理评估

（一）健康史（流行病学资料）

询问既往的健康状况及有无类似疾病史，麻疹疫苗接种史、当地流行情况、有无疫情发生等。

（二）身心状况

1. 症状和体征　主要评估患者有无上呼吸道炎及眼结膜炎症状，如发热，咳嗽、流涕、喷嚏、畏光流泪，结膜充血、眼睑水肿等。有无皮疹出现及皮疹形态、出现部位、时间、顺序等。

2. 并发症　评估患者有无肺炎、喉炎、心血管功能不全。

3. 心理社会状况　常因起病急，进展迅速，症状重，患者易产生焦虑、紧张恐惧等情绪反应。当前额、面颈、躯干与四肢出现皮疹患者易产生害羞，患者常因疾病的传染性，被隔离而产生自卑、孤独感。

（三）实验室及其他检查

1. 血常规　白细胞总数减少，淋巴细胞相对增高。

2. 病原学诊断　取发病初期患者的眼、鼻咽分泌物、血和尿接种原代人胚肾或羊膜细胞，分离麻疹病毒；或通过间接免疫荧光法检测涂片中细胞内麻疹病毒抗原。

3. 多核巨细胞　取初期患者鼻咽分泌物、痰和尿沉渣涂片，用瑞氏染色查多核巨细胞。多核巨细胞以出疹前2日至出疹后1日阳性率最高。

4. 血清抗体检测　用ELISA法检测血清中特异性IgM和IgG抗体，出疹后3日IgM多呈阳性，2周时IgM达高峰。但成人麻疹约7.9% IgM抗体始终阴性。

【护理诊断及合作性问题】

1. 体温升高　与病毒感染有关。

2. 皮肤完整性受损　与皮肤血管受损有关。

3. 潜在并发症　支气管肺炎与病毒侵犯呼吸道、继发细菌感染有关。

4. 有传播感染的可能　与病原体播散有关。

【护理目标】

(1) 患者体温下降至正常，不适感减轻。

(2) 组织损害情况改善，表现为红肿减退，皮疹消退、皮肤无感染。

(3) 不发生继发感染，如支气管肺炎。

(4) 能严格执行隔离措施。

【护理措施】

1. 一般护理

(1) 休息：急性期多休息，做好一切生活护理，并保持室内环境整洁、安静、空气清新流通、调节适宜的温度和湿度。

(2) 饮食护理：给予易消化营养丰富的流质或半流质饮食，摄入足够的水、盐和维生素，维持水、电解质平衡。

2. 对症护理

(1) 高热的护理：可采用空调、室内放冰块等方法控制室温在 30 ℃以下，禁用乙醇擦浴，以免刺激皮肤影响皮疹透发及体温骤降引起末梢循环障碍。遵医嘱辅以解热药，注意观察患者用药后的疗效。

(2) 皮肤、眼、鼻、口腔的护理：用温热水洗脸，3% 硼酸水或生理盐水清洁眼睛后，滴 0.25% 氯霉素眼药水，每日 2 ~4 次，角膜溃疡者可用鱼肝油滴眼。随时清除鼻腔分泌物，保持鼻腔通畅。每次进食后用温盐水漱口，保持口腔清洁、湿润。

(3) 呼吸道的护理：体位采取半卧位，并帮助患者翻身，拍背，每日 2 ~3 次，以助痰液排出，咳喘重者遵医嘱给予吸入氧气，抗生素及止咳祛痰药物应用或雾化吸入等。

3. 用药护理　遵医嘱使用止咳、退热药，用药期间注意观察药物的疗效及副反应。

4. 心理护理　态度和蔼，语言温柔，娴熟的护理操作，可以使患者及家属配合，顺利完成各种治疗，可以使学龄前儿童、学龄儿童摆脱紧张、恐惧心理，为患者创造一个最佳的治疗环境，患者良好的心理状态可以促进早日康复。

5. 病情观察　监测生命体征，注意体温与出疹的关系、是否透疹，有无皮疹隐退等。体温低于 39 ℃可不予处理，体温过高者应遵医嘱给予小剂量退热剂以防惊厥，并观察记录降温效果。加强巡视，如患者出现高热、呼吸困难、发绀或出疹不顺利，立即与医生联系。观察患者有无咳嗽、咳痰、呼吸困难等现象。

【护理评价】

(1) 患者体温是否下降至正常，不适感是否减轻。

(2) 组织损害情况是否改善，表现为红肿是否减退，皮疹是否消退、皮肤是否无感染。

(3) 是否不发生继发感染，如支气管肺炎。

(4) 是否能严格执行隔离措施。

【健康教育】

麻疹是由麻疹病毒引起的急性呼吸道传染病，传染性很强。患者为唯一传染源，经空气飞沫传播，多发生于冬春两季。在麻疹流行期间易感人群应少到公共场所。麻疹患者停留过的房间应开窗通风。8 个月以上未患过麻疹者均应接种麻疹减毒活疫苗，足 8 月龄接种疫苗后，1.5 ~2 岁再加强免疫。如已接触麻疹患者，没有注射过麻疹疫苗的，在 2 d 内若接种疫苗仍可防止发病或减轻病情；或在 5 d 内注射人血丙种球蛋白也可减轻症状。

知识链接…

麻疹与维生素 A 缺乏

维生素 A 缺乏延迟麻疹病例康复，以及增加麻疹并发症的危险。另外，麻疹病毒感染可导致急性维生素 A 缺乏症和干眼症。因此，麻疹在非洲可能是儿童失明的主要原因。已经证实，麻疹治疗时采用两剂次维生素 A 有利于麻疹的康复。WHO 现有的麻疹策略提倡给重症病例注射维生素 A。建议诊断后立即注射大剂量的维生素 A，并于次日再注射一次。根据年龄不同，推荐小于 6 月龄婴儿剂量是 5 万 IU（国际单位）/d，6 ~11 月龄婴儿是 10 万 IU/d，大于等于 12 月龄儿童是 20 万 IU/d。如儿童有维生素 A 缺乏的临床症状（如此脱斑），则应在 4 ~6 周后注射第三剂。即使在麻疹不严重的国家，也应给所有麻疹严重病例注射维生素 A。

第六节　水痘患者的护理

水痘（varicella，chickenpox）由水痘 - 带状疱疹病毒所引起的急性传染病。临床上以皮肤黏膜分批出现斑疹、丘疹、疱疹及结痂和全身症状轻微为特征。冬春季多见，传染性很强。原发感染为水痘，多见于儿童，潜伏再发表现为带状疱疹。

一、疾病概要

（一）病原学

水痘 - 带状疱疹病毒属疱疹病毒科，呈球形，分包膜和核心两部分。为线性双股 DNA。仅有一个血清型，人是该病毒唯一已知自然宿主。

本病毒抵抗力较弱，不耐酸，不耐热，不能在痂皮中存活，但在疱疹液中 -65℃可长期存活。易被消毒剂灭活。

（二）流行病学

1. 传染源　患者是唯一的传染源，出疹前 1 日至皮疹干燥结痂时，均有传染性。易感儿童接触带状疱疹患者，也可发生水痘，但少见。

2. 传播途径　主要通过直接接触水痘疱疹液和空气飞沫传播，也可通过污染的用具传播。孕妇分娩前 6 日患水痘可感染胎儿，出生后 10 ~13 日内发病。

3. 人群易感性　人群普遍易感。水痘主要见于儿童，20 岁以后发病者小于 2%。病后获得持久免疫，一般不会再发生水痘，但体内高效价抗体不能清除潜伏的病毒，故多年后仍可发生带状疱疹。

4. 流行特征 全年均可发生，冬春季多见，散发为主。本病传染性很强，易感者接触患者后约90%发病。

（三）发病机制与病理

病毒经直接接触或经呼吸道侵入，在局部皮肤黏膜及淋巴结内复制，然后进入血流和淋巴液，在单核－巨噬细胞系统内再次增殖后释放入血流，形成短期病毒血症，病毒散布全身各组织器官，引起病变。皮疹分批出现与病毒间歇性播散有关。发病后2～5日特异性抗体出现，病毒血症消失，症状好转。若免疫缺陷者发生播散型水痘时，病变可累及内脏。

水痘的皮肤病变主要是棘细胞层细胞水肿变性，液化后形成单房性水疱，内含大量病毒，由于疱疹内炎性细胞和组织残片增多，疱液变浊，病毒数量减少，最后结痂，下层表皮细胞再生。病灶周边和基底部血管扩张，单核细胞和多核巨细胞浸润形成红晕，浸润的多核巨细胞内有嗜酸性病毒包涵体。由于特异性抗体存在，受染细胞表面靶抗原消失，逃避致敏T细胞免疫识别，病毒可潜伏于脊髓后根神经节或颅神经的感觉神经节内，在机体免疫力下降时病毒被激活，复制后沿感觉神经离心传播至该神经支配的皮肤细胞内增殖，引起相应皮肤节段发生带状疱疹。

（四）临床表现

本病潜伏期为7～21 d，平均14 d。

临床可分为前驱期和出疹期，婴幼儿常无前驱期。前驱期可无症状或症状轻微，如低、中度发热、头痛、全身不适、乏力、食欲缺乏、咽痛、咳嗽等，持续1～2 d即迅速进入出疹期。皮疹特点：①先出现于躯干和头部，初为红斑疹，迅速发展为丘疹，数小时后又形成疱疹，1～2日后疱疹从中心开始干枯结痂，周围红晕消失，再经数日痂皮脱落，一般不留瘢痕。若继发感染则脱痂时间延长，甚至可能留有疤痕。②疱疹常呈椭圆形，3～5 mm大小，壁薄易破，周围有红晕。疱液透明，数小时后变为混浊，若继发化脓性感染可呈脓疱，常因瘙痒使患者烦躁不安。③皮疹呈向心性分布，躯干最多，其次为头面部及四肢近端。数目由数个至数百个不等。数目愈多，则全身症状愈重。④皮疹分批出现，同一部位可见斑疹、丘疹、疱疹和结痂同时存在。最后一批皮疹可在斑丘疹停止发展而消退。⑤口腔、外阴、眼结合膜等处黏膜可发生浅表疱疹，易破溃形成浅表性溃疡，有疼痛。

水痘为自限性疾病，一般10 d左右自愈。婴幼儿易并发水痘肺炎，免疫低下者易形成播散型水痘。妊娠早期感染水痘能引起胎儿畸形。重症水痘可并发细菌感染、水痘肺炎、水痘脑炎等，一般于出疹后1周左右发生。

（五）治疗要点

治疗主要是一般与对症治疗。发热期注意休息和水分、营养的补充。加强皮肤护理，避免抓伤而继发细菌感染。皮肤瘙痒可用含0.25%冰片的炉甘石洗剂局部涂擦，破裂可涂抗生素软膏防止继发感染。一般禁用激素，病前已用激素者应尽快减量或停用。对免疫缺陷及免疫抑制的患者，应及早使用抗病毒药物，如干扰素、阿糖腺苷、阿昔洛韦等。

二、护理评估

（一）健康史（流行病学资料）

询问既往的健康状况以及有无类似疾病史，有无明确接触史及预防接种史等，重点评估是否流行季节及当地有无疫情发生等。

（二）身心状况

1. 症状和体征　重点评估体温、皮疹形态及皮疹出现的部位、时间、顺序等。

2. 并发症　应评估有无继发皮肤细菌感染、继发性肺炎、水痘脑炎等并发症的发生。

3. 心理社会状况　了解患者对疾病的认知程度，评估患者是否有紧张、焦虑、恐惧等心理反应。

（三）实验室及其他检查

1. 血常规　白细胞总数正常或稍增高。

2. 疱疹刮片　新鲜疱疹基底组织刮片，瑞士染色见多核巨细胞或苏木素伊红染色见细胞核内包涵体。

3. 免疫学检测　补体结合抗体高滴度或双份血清抗体滴度升高4倍以上可诊断为近期感染。取疱疹基底组织刮片或疱疹液，直接荧光抗体染色查病毒抗原，阳性可诊断。

【护理诊断及合作性问题】

1. 体温升高　与水痘－带状疱疹病毒感染、病毒血症有关。

2. 皮肤完整性受损　与水痘病毒和继发细菌感染有关。

3. 有传播感染的危险　与呼吸道及疱液排出病毒有关。

【护理目标】

（1）体温降至正常范围。

（2）组织损害情况改善，表现为红肿减退，皮疹消退、皮肤无感染。

（3）能严格执行隔离措施。

【护理措施】

1. 一般护理

（1）休息：发热期嘱患者注意休息，保持室内空气清新，温度适宜。

（2）饮食护理：给予易消化及营养丰富的流质半流质饮食，忌油腻、辣椒等刺激性食物，多饮水。若口腔疱疹溃疡影响进食，应予补液。

2. 对症护理

（1）发热的护理：中、低度发热的患者，可不用降温药物，通过控制室温、多饮水、卧床休息至体温正常。高热者可遵医嘱给予退热处理。

（2）皮肤的护理：保持室内温度适宜，衣服宽大柔软，被褥整洁、勤晒、勤换洗，以免造成患者不适，增加痒感。保持口腔、皮肤及手的清洁，剪短指甲，婴幼儿可戴布手套，以免抓伤皮疹致继发感染。皮肤瘙痒者，设法分散其注意力，可用温水洗浴、局部涂0.25%冰片炉甘石洗剂或5%碳酸氢钠溶液，或遵医嘱口服抗组胺药物。疱疹破溃时涂甲紫溶液，继发感染者局部用抗生素软膏，或口服抗生素控制感染。

3. 用药护理　遵医嘱使用药物治疗时，注意观察药物的疗效及副反应。避免使用肾上腺皮质激素类药物（包括激素类软膏），因可使病毒在体内增殖和扩散，使病情恶化。应用激素治疗其他疾病的患儿一旦发生水痘，应争取在短期内递减，逐渐停药。

4. 心理护理　多与患者沟通，耐心向患者讲解病情，及时了解患者心理感受。向患者及其家属宣教有关水痘的疾病知识，以利患者配合治疗与护理尽快恢复。

5. 病情观察　观察患者的精神状态、体温、食欲及皮疹发展情况，如皮疹出现的顺序、分布和皮疹形态，有无出血及继发感染等。并注意观察有无并发症，及早发现并予以相应的治疗及护理。

【护理评价】

（1）体温是否降至正常范围。

（2）组织损害情况是否改善，表现为红肿减退，皮疹消退、皮肤无感染。

（3）是否能严格执行隔离措施。

【健康教育】

水痘传染性很强，多由空气飞沫传播，患者为唯一传染源，易感者接触后90%发病。在水痘流行期间，易感人群尽量少去公共场所，避免与水痘患儿接触。接触水痘患者后，可在12 h内应用水痘－带状疱疹免疫球蛋白2～5 mL或丙种球蛋白0.4～0.6 mL/kg，可降低水痘的发病率或减轻症状。易感者可进行主动免疫，接种水痘减毒活疫苗。

知识链接…

合理使用皮质激素类药物

皮质激素类药物能抑制人体网状内皮系统的吞噬功能，减少抗体生成，降低机体免疫力，不但不能抑制和杀灭病毒，反而能阻止溶酶体的破裂，使之不能释放出核酸酶去破坏病毒核酸。故而在对水痘进行早期治疗的过程中，若应用激素，就有激活水痘病毒的可能，从而导致病情恶化。但病程后期水痘已结痂，若并发重症肺炎或脑炎，中毒症状重，病情危重时可酌情应用。

第七节　流行性腮腺炎患者的护理

流行性腮腺炎（mumps）是由腮腺炎病毒所引起的急性呼吸道传染病。临床上以腮腺非化脓性肿胀疼痛，发热伴咀嚼受阻为主要表现。主要发生于儿童和青少年。冬、春季多见。腮腺炎病毒除侵犯腮腺外，尚能引起脑膜炎、脑膜脑炎、睾丸炎、卵巢炎和胰腺炎等。

一、疾病概要

（一）病原学

腮腺炎病毒属副黏液病毒科，呈球形，有包膜，是单股RNA病毒。只有一个血清型。人是腮腺炎病毒唯一的宿主。腮腺炎病毒抵抗力弱，紫外线照射可迅速灭活，耐低温，在4 ℃仍有活力。加热60 ℃、20 min可灭活。

（二）流行病学

1. 传染源　早期患者和隐性感染者。腮腺肿大前7日至肿大后9日可自患者唾液中分离出病毒，有高度传染性。

2. 传播途径　主要通过飞沫传播。

3. 人群易感性　普遍易感。90%病例发生在5～15岁，无免疫力的成人亦可发病。病后可获持久免疫力。

4. 流行特征　全年均可发病，但以冬、春季节多见。

（三）发病机制与病理

腮腺炎病毒从呼吸道侵入人体后，在局部黏膜上皮细胞和局部淋巴结中复制并进入血流，播散至腮腺和中枢神经系统引起炎症并在此进一步复制后再次侵入血流，侵犯其他未受累的器官，因此临床上出现不同器官的相继病变。

腮腺炎的病理特征是非化脓性炎症。腮腺导管的壁细胞肿胀，导管周围和腺体壁有淋巴细胞浸润，间质水肿等病变可造成腮腺导管阻塞、扩张和淀粉酶潴留。淀粉酶排出受阻，经淋巴管进入血流，使血、尿中淀粉酶增高。睾丸、卵巢和胰腺等受累时可出现淋巴细胞浸润和水肿等病变。

（四）临床表现

本病潜伏期为14～25 d，平均18 d。多数以耳下部肿胀为首发症状。部分患者有发热、畏寒、头痛、食欲缺乏等前驱症状。1～2日后腮腺逐渐肿大，发热38～40 ℃不等。腮腺肿大通常先由一侧开始，2～4日后累及对侧，双侧肿胀者约占75%。腮腺肿胀最具特征性。一般以耳垂为中心，向前、后、下发展，填充于下颌骨和乳突之间，边缘不清，状如梨形，有坚韧感及压痛。局部皮肤张紧发亮，触之坚韧有弹性，有轻触痛。腮腺肿胀大多于2～3 d达高峰，持续4～5日后逐渐消退。腮腺管口早期可有红肿，挤压无脓性分泌物。咀嚼（尤其进酸性饮食）时疼痛加剧。颌下腺或舌下腺可同时被累及，也可单独受累。颌下腺肿大，表现为颈前下颌处肿胀并可触及肿大的腺体。舌下腺肿大可见舌下及颈前下颌肿胀，并出现吞咽困难。整个病程10～14 d。

（五）并发症

1. 神经系统并发症　有脑膜炎、脑膜脑炎等。一般发生于腮腺炎发病后4～5日，也有早于腮腺炎者。患者表现为头痛、嗜睡和脑膜刺激征等。脑脊液检查呈病毒性脑炎或脑膜炎的改变。一般预后良好，个别重者可致死亡。

2. 生殖系统并发症　腮腺炎病毒多侵犯成熟生殖腺体，故多见于青春期后的成人。睾丸炎常见于腮腺肿大后一周左右开始消退时，突起高热、睾丸肿大、疼痛。病变常为单侧，很少导致不育症。卵巢炎主要表现为下腹疼痛，月经周期失调等。一般不影响生育能力。

3. 胰腺炎　常发生于腮腺肿胀数日后，可有恶心、呕吐、中上腹疼痛和压痛等。发生率低于10%。

（六）治疗要点

目前尚无特效疗法，主要为对症治疗。患者应隔离至腮腺肿胀消退。给予流质、软食，避免酸性食物摄入。高热、头痛、腮腺肿痛较重时，可给镇静剂及小量退热药。中药可用紫金锭或青黛散醋调外敷。抗生素对本病无效。发病早期可应用利巴韦林，成人 1 g/d，儿童 15 mg/（kg·d），疗程 5～7 d。睾丸胀痛可用丁字带托起，局部冷敷。发生脑膜脑炎时加强支持疗法，用脱水剂降颅压，可短期使用肾上腺皮质激素。

二、护理评估

（一）健康史（流行病学资料）

询问既往的健康状况及有无类似病史，有无类似患者接触史及是否接种过流行性腮腺炎疫苗等，重点评估当地是否流行季节及有无疫情报告等。

（二）身心状况

1. 症状和体征　重点评估腮腺肿胀的大小、颜色、弹性，单侧还是双侧，腮腺管口有无脓液渗出。

2. 并发症　应评估有无脑膜脑炎、睾丸炎、胰腺炎等并发症。

3. 心理社会状况　注意评估患者对疾病的心理反应，对疾病知识的了解及应对能力。因疾病的传染性被隔离，是否产生孤独感，有无紧张、焦虑、恐惧等心理反应。

（三）实验室及其他检查

1. 血常规　白细胞计数一般正常，有睾丸炎者白细胞可以增高。

2. 血清和尿淀粉酶测定　90% 患者发病早期有血清和尿淀粉酶增高，无腮腺肿大的脑膜炎患者，血和尿中淀粉酶也可升高，故测定淀粉酶可与其他原因的腮腺肿大或其他病毒性脑膜炎相鉴别。血清脂肪酶增高，有助于胰腺炎的诊断。

3. 血清学检查　酶联免疫吸附法检测血清中特异性 IgM 抗体，或用单克隆抗体检测腮腺炎病毒抗原，有助于早期诊断。

4. 病毒分离　应用早期患者的唾液、尿、或脑膜炎患者的脑脊液，接种于原代猴肾中可分离到病毒。

【护理诊断及合作性问题】

1. 疼痛　与腮腺炎症肿胀有关。
2. 体温过高　与病毒感染有关。
3. 潜在并发症　脑膜脑炎与病毒侵入脑组织有关。
4. 有传播感染的可能　与病原体排出有关。

【护理目标】

（1）患者的疼痛减轻、局部肿胀减轻。

（2）患者体温保持在正常范围，不适感减轻。

（3）未发生脑膜脑炎、早期发现脑膜脑炎并及时处理。

（4）能严格执行隔离措施，没有造成感染扩大。

【护理措施】

1. 一般护理

（1）休息：急性期应卧床休息，并保持室内安静、环境整洁、空气清新、温度适宜。

（2）饮食护理：多饮水，保持口腔清洁。给予营养丰富的流质、半流质、软食，避免酸性食物摄入，以免加剧腮腺的疼痛。

2. 对症护理

（1）发热的护理：监测患者的体温，高热时可采用温水或乙醇擦浴进行物理降温，必要时遵医嘱使用药物降温，并观察记录降温效果。退热时患者常出汗，要及时擦干汗液，更换衣物。

（2）腮腺肿痛的护理：向患者解释疼痛的原因，保持口腔清洁，经常用温盐水漱口，做好饮食护理，腮腺局部给予青黛散醋调外敷，必要时遵医嘱给予镇痛剂应用。

3. 用药护理　遵医嘱给予药物治疗时，注意观察药物的疗效和不良反应。

4. 心理护理　耐心向患者及其家属讲解流行性腮腺炎的相关知识，积极与患者沟通，及时了解患者的心理活动，解决患者的疑问，避免其出现焦虑及紧张。

5. 病情观察　密切观察患者的体温、脉搏、呼吸、神志的变化，一旦出现持续高热、剧烈头痛、呕吐、嗜睡等严重症状，立即报告医生，遵医嘱给予相应处理。

【护理评价】

（1）患者的疼痛是否减轻、局部肿胀是否减轻。

（2）患者体温是否保持在正常范围，不适感是否减轻。

（3）是否未发生脑膜脑炎、早期发现脑膜脑炎是否给予及时处理。

（4）是否能严格执行隔离措施，没有造成感染扩大。

【健康教育】

流行性腮腺炎是腮腺炎病毒引起的急性呼吸道传染病。主要通过飞沫传染，引起腮腺肿胀。单纯腮腺炎患者可在家隔离治疗护理，呼吸道隔离至腮腺肿大完全消退。指导家属做好隔离、用药、饮食、退热等护理，禁止患者在腮腺肿胀期间去公共场所。多饮水，避免酸、辣等刺激性食物，保持口腔卫生，每日用温盐水漱口。定期测量体温，并学会观察病情，一旦出现高热、头痛、呕吐等症状，立即就诊。

积极宣传流行性腮腺炎的相关知识以及预防接种的重要性，特别是要做好儿童的预防接种工作。在流行期间易感人群尽量少去公共场所，并接种腮腺炎减毒活疫苗，进行主动预防。

知识链接…

腮腺炎治疗验方

（1）鲜仙人掌去除表面绒毛芒刺，洗净捣烂外敷，每日2次。（2）鲜鱼腥草连根洗净捣烂外敷，每日2次，共2～3 d。（3）用柳、榆、桑、桃树在春天发芽嫩枝各30 g，加水一起煎煮2次，在把2次煎汁一起浓缩成膏外敷，每日一次，共3～4次。

第八节　风疹患者的护理

风疹（rubella）是由风疹病毒感染引起的一种急性呼吸道传染病，临床以发热、皮疹和耳后、枕部淋巴结肿大为主要特点。全身症状轻，病程短。冬春季较多见。

一、疾病概要

（一）病原学

风疹病毒属披膜病毒科，只有一个血清型，核心为单股正链 RNA。病毒对外界环境抵抗力较弱，不耐热，能被紫外线、氯仿、乙醚、甲醛等灭活，但耐寒、耐干燥。

（二）流行病学

1. 传染源　人为风疹自然感染的唯一宿主，故患者、无症状带病毒者是传染源。出疹前 5 日至出疹后 2 日均有传染性，患者鼻咽部分泌物、血、尿及粪中均含病毒。

2. 传播途径　主要由飞沫经呼吸道传播，人与人之间密切接触也可传染。风疹病毒还可经胎盘发生宫内感染，在胎儿体内不断增殖，导致各种先天畸形或引起流产、死产、早产。

3. 易感人群　多见于 1 ~5 岁儿童，成人多数有抗体，但偶可发病，育龄妇女对风疹较易感，病后有较持久的免疫力。6 个月以内幼儿因有来自母体的抗体，故很少患病。

4. 流行特征　一年四季均可发生，多见于冬春季。

（三）发病机制与病理

风疹病毒主要侵犯上呼吸道黏膜、颈淋巴结，引起上呼吸道炎症，并侵入耳后、枕部、颈部等浅表淋巴结，进一步发展为病毒血症，引起低热、上呼吸道感染、皮疹、淋巴结肿大、疼痛等临床表现。

孕妇在妊娠早期感染风疹病毒时，病毒可经胎盘感染胎儿，影响胎儿的生长发育，引起流产、早产、死胎、胎儿畸形等。妊娠初 3 个月内感染风疹病毒，可引起宫内发育迟缓，引起胎儿先天性器官畸形，包括白内障、视网膜病变、心脏及大血管畸形、听力损害等，亦可出现活动性肝炎、紫癜、贫血、脑膜炎等并发症。其长期影响还包括精神发育障碍、糖尿病等严重后果。

（四）临床表现

本病潜伏期一般为 14 ~21 d，平均 18 d。

1. 前驱期　时间 1 ~2 d，症状轻，可被忽略，有低热或中度发热，伴轻咳、咽痛、流涕等，耳后、颈后部及枕部淋巴结肿大，单个分散伴有轻度压痛，口腔无黏膜斑。

2. 发疹期　发热 1 ~2 日后出疹，首先见于面部，24 h 内波及全身，面部和四肢较少，手掌、足底无疹，躯干、背部皮疹较多，呈红色充血性斑丘疹，直径 2 ~3 mm，也可呈大片皮肤发红或针尖状猩红热样皮疹。可出现全身淋巴结肿大，耳后、颈后部及枕部淋巴结肿大更显著，脾轻度肿大。皮疹一般经 2 ~3 d 消退，不遗留色素沉着。出疹期间全身症状轻微。

先天性风疹可表现为多样。严重可致流产、死胎、先天畸形，如心血管畸形，白内障、小头畸形、智力障碍，骨发育不良等多见。或于出生后表现为肝炎综合征、间质性肺炎、脑炎等。

（五）治疗要点

目前尚无特效的抗风疹病毒药物。主要是对症治疗及护理，防止并发症产生。孕妇怀孕早期感染风疹，明确诊断后应考虑终止妊娠。

二、护理评估

（一）健康史（流行病学资料）

询问既往的健康状况及有无类似病史，有无类似患者接触史及是否接种过风疹疫苗等，重点评估当地是否流行季节及有无疫情报告等。

（二）身心状况

1. 症状和体征　重点评估患者是否有发热、轻度咽炎、结膜炎、全身皮疹等，有无耳后、枕部淋巴结肿大。

2. 并发症　风疹一般症状多轻，并发症少。仅少数患者可并发中耳炎、咽炎、支气管炎、肺炎或心肌炎等。

3. 心理社会状况　本病虽然症状轻微，但伴有浅表淋巴结肿大，也可引起心理紧张。特别是孕妇患风疹，影响胎儿发育，更给患者带来心理压力。因此，应耐心解释指导。

（三）实验室及其他检查

1. 血常规　白细胞总数减少，淋巴细胞增多，并可出现异型淋巴细胞及浆细胞。

2. 血凝抑制试验或补体结合试验　检测患者血清中抗风疹病毒抗体，如滴度显著升高或前后两次效价升高 4 倍以上，有助于临床诊断。

3. 确诊　分离出风疹病毒即可确诊。

【护理诊断及合作性问题】

1. 体温升高　与病毒感染有关。

2. 皮肤完整性受损　与风疹病毒和继发细菌感染有关。

3. 焦虑　与疾病知识缺乏有关。

【护理目标】

（1）患者体温下降至正常，不适感减轻。

（2）组织损伤情况改善，皮疹消退、皮肤无感染。

（3）患者能了解疾病有关知识，积极配合治疗。

【护理措施】

1. 一般护理

（1）休息卧床休息，保持室内空气流通、空气新鲜，隔离期至出疹后 5 日。

（2）饮食护理给予易消化、清淡、高热量、营养丰富的流质或半流质饮食。

2. 对症护理

（1）发热：如出现高热可用温水擦浴、头枕冰袋或遵医嘱服用小剂量退热药。

（2）皮疹：具体措施见第一章第五节中“麻疹”。

（3）先天性风疹：指导患儿及其家长加强智力与肢体功能锻炼，克服先天缺陷。

3. 用药护理　目前无病原特效药，遵医嘱对症用药后注意观察疗效及副作用。

4. 心理护理　对风疹患者要耐心解释风疹疾病相关知识，特别是对孕妇风疹患者、先天性风疹患儿，要给予积极的建议与指导。

5. 病情观察　注意发热情况，观察皮疹的颜色、大小、分布及数量，淋巴结肿大的程度、部位，疼痛等，以及全身状况如精神状态、食欲等。

【护理评价】

（1）患者体温是否下降至正常，不适感是否减轻。

（2）组织损伤情况是否改善，皮疹是否消退、皮肤有无感染。

（3）患者是否了解疾病有关知识，积极配合治疗。

【健康教育】

指导风疹患者要注意呼吸道隔离，对确有风疹病毒感染早期孕妇，建议终止妊娠。对先天性风疹患儿及其家属，要给予积极的教育指导。

风疹的传染性很强，因此，妇女最好避免在风疹流行期怀孕，或在怀孕前进行全程风疹减毒活疫苗接种，可有效预防疾病。未进行风疹疫苗接种已怀孕的妇女，在风疹流行期要尽可能避免与风疹患者接触，同时少去车站、码头、舞厅、剧场等人口密集的场所，以减少感染风疹病毒的机会。

孕妇早期注射丙种球蛋白能减轻风疹症状，但不能避免胎儿受感染。应用风疹减毒活疫苗能有效地保护儿童、育龄妇女，特别是对育龄妇女更具有重要意义。

（曹雪霞）

第九节　狂犬病患者的护理

狂犬病（rabies）又名恐水症（hydrophobia），是由狂犬病毒引起的一种以侵犯中枢神经系统为主的急性人兽共患的急性传染病。人多因被病兽咬伤而感染发病，且可相互传染。表现为急性、进行性、几乎不可逆转的脑脊髓炎，临床出现为特有的恐水、怕风、兴奋、咽肌痉挛、流涎、进行性瘫痪，最后因呼吸、循环衰竭而死亡。迄今狂犬病尚无有效的治疗方法，死亡率几乎 100%。

【病原学】

狂犬病毒是一种神经病毒，为单股负链 RNA，属弹状病毒科拉沙病毒属，形似子弹，大小约 75 nm×180 nm，外绕以蛋白衣壳，表面有脂蛋白包膜，包膜上有及糖蛋白 G 组成的刺突，具有免疫性，刺激机体能产生中和抗体，对狂犬病毒的攻击。狂犬病毒易被紫外线、甲醛、50% ~70% 乙醇、升汞和季胺类化合物（如新洁尔灭）或加热等灭活。对酚有高度抵抗力，且耐低温与干燥，在冰冻干燥下可保存数年。从自然条件下感染的人或动物体内分离到的病毒称野毒株或街毒株，特点为致病力强，侵入人体后，可进入脑组织和唾液腺内繁殖，引起狂犬病症状的发作。街毒株连续在家兔脑内多次传代获得的毒株成为固定毒株，其特点为毒力减弱，自然感染不能侵犯中枢神经系统，但仍保持其免疫原性，故可供制备疫苗之用。

【流行病学】

（一）传染源

带狂犬病毒的动物是本病的传染源，家畜中以病犬为主，其次为猫、猪、牛、马等家畜和野兽（如狼、狐狸、蝙蝠等）。近年来发现，人被某些“健康”的犬、猫咬伤后也可致狂犬病。患者唾液中含有少量的病毒，但人传人甚少见。

（二）传播途径

病毒主要通过被患病动物咬伤、抓伤传播，也可由带病毒的唾液经各种伤口或舔伤的皮肤黏膜甚至结膜而侵入人体。少数可在宰杀病犬、剥皮、切割等过程中被感染。偶尔因吸入蝙蝠群居洞穴中含病毒气溶胶而感染。患狂犬病病死的动物，被埋入地下，被野狗或其他动物扒出，将肉吃掉，经消化道感染而得病。

（三）人群易感性

人群普遍易感，兽医、动物饲养者与猎手尤易遭感染。被病犬咬伤而未预防接种者，发病率为15%～60%。如及时进行伤口处理和全程接种疫苗，其发病率可降低至0.2%～0.3%。5～14岁这段年龄的少年儿童，尤其男孩，表现好动，爱玩狗，逗狗，也爱寻衅，因此易被咬伤，这段年龄又称“事端年龄”，易患狂犬病。冬季发病率低于其他季节。

【发病机制与病理】

狂犬病毒自皮肤或黏膜破损处侵入人体后，对神经组织有强大的亲和力，感染过程可分三个阶段。

1. 组织内病毒小量增殖期　病毒自咬伤部位入侵后，先在伤口附近的肌细胞内小量繁殖，4～6 d或更久再侵入近处的末梢神经，此时患者无任何自觉症状。

2. 侵入中枢神经系统期　病毒沿周围神经的轴突向中枢神经作向心性扩展，以每小时3 mm速度，至脊髓的背根神经节再大量繁殖，入侵脊髓并很快到达脑部，主要侵犯脑干及小脑等处的神经细胞。

3. 向各器官扩散期　病毒自中枢神经系统再沿周围神经呈离心性扩散，侵入各组织与器官，以舌、唾液腺、嗅神经上皮量最多。

由于迷走、舌咽及舌下脑神经核受损害，致吞咽肌及呼吸肌痉挛，可出现恐水、吞咽和呼吸困难等症状。交感、迷走和心脏神经节的损害可引起心血管功能紊乱和猝死。

病理变化主要为急性脑脊髓膜炎。病毒在脑内感染海马回区、小脑、脑干乃至整个中枢神经系统，并在灰质大量复制，沿神经下行到达唾液腺、角膜、鼻黏膜、肺、皮肤等部位。脑实质充血、水肿、伴有脑组织和脑膜的点状出血，多数病例在肿胀或变性的神经细胞浆中，可见到一至数个圆形或卵圆形、直径约3～10 μm的嗜酸性包涵体，即内基小体。内基小体为病毒集落，是本病的特征且具有诊断价值的病变，但约20%的患者为阴性。

【临床表现】

本病潜伏期多数为1～3个月，短则5 d，最长者可达10年以上。典型临床表现分为三期。

1. 前驱期　常有头痛、低热、食欲缺乏、倦怠、烦躁，继之出现恐惧不安、烦躁失眠、并有喉头紧缩感，对声、光、风等刺激敏感并有窒息感。在伤口部位及其周围有麻木、发痒、刺痛或虫爬、蚁走等异样感。本期可持续2～4 d。

2. 兴奋期　患者进入高度兴奋状态，表现为极度恐惧，怕水、怕风、怕声、怕光、发作性咽肌痉挛并有喉部紧缩感。尤其是极端的恐水，甚至听到水的声音都会全身抽搐，所以狂犬病也叫恐水症。但并不是每一例都有。这是因为患者交感神经亢奋，喉头肌肉已痉挛，听到水声条件反射喝水而诱发全身神经兴奋、肌肉紧张。本期还表现心率加快，大汗淋漓，唾液大量分泌又不能咽下而从嘴角流出，喉舌肌肉痉挛痛苦发出呻吟声，有时像狗的呻叫声，再加之手指疼痛痉挛乱拍乱抓，类似狗一样。由于交感神经兴奋，患者出现大汗及流涎，加上呕吐及进食进水的障碍，很快即出现脱水。体温高达39～40 ℃。本期持续为1～3 d。

3. 麻痹期　患者痉挛逐渐停止，反应迟钝，进入全身弛缓性瘫痪，逐渐由安静进入昏迷，很快出现脑神经与四肢神经麻痹，终因呼吸循环衰竭而死亡。此期较短。本期持续6～18 h。

本病全程一般不超过6 d。

除上述狂躁型表现外，还有以脊髓或延髓受损为主的麻痹型（或称静型）狂犬病，该型患者无兴奋期和典型的恐水表现，常见高热，头痛，呕吐，腱反射消失，肢体软弱无力，共济失调，大、小便失禁，呈横断性脊髓炎或上行性麻痹等症状，最终因瘫痪而死亡。

【实验室检查】

1. 血象　白细胞总数（10～30）$\times 10^9$/L不等，中性粒细胞多在80%以上。

2. 脑脊液检查　可见蛋白质与细胞数稍增多，糖及氯化物正常。

3. 病原学检查　取动物或患者脑组织切片染色，镜检找内基小体，阳性即可确诊。

【治疗要点】目前无有效治疗方法，以综合治疗、减轻患者痛苦为主。

1. 一般处理　单间隔离患者，避免不必要的刺激。医护人员最好是经过免疫接种者，并应戴口罩和手套、以防感染。患者的分泌物和排泄物须严格消毒。

2. 对症治疗　补充热量，注意水、电解质及酸碱平衡；对烦躁、痉挛的患者予镇静剂，有脑水肿时给脱水剂。必要时作气管切开，间歇正压吸氧。有心动过速、心律失常、血压升高时，可应用β受体阻滞剂或强心剂。

3. 加强监护　患者常于出现症状后3～10日内死亡。致死原因主要为肺气体交换障碍、肺部继发感染；心肌损害及循环衰竭。因此，必须对呼吸、循环系统并发症加强监护。

知识链接…

病犬咬伤后伤口处理

应尽快用20%肥皂水或0.1%新洁尔灭反复、彻底冲洗至少30min（两者不可合用），尽量去除病犬的唾液，挤净污血；冲洗后反复用70%乙醇及2%碘町涂擦；伤口一般不予缝合或包扎，以便排血引流；用抗狂犬病免疫球蛋白或免疫血清在伤口底部和周围浸润注射。同时，及时按暴露后接种程序注射疫苗。

【预防】

1. 管理传染　源加强犬的管理是预防狂犬病最有效的方法。

2. 预防接种

（1）主动免疫：我国主要采用地鼠肾细胞疫苗

1）暴露前预防接种：我国为狂犬病流行地区，高危人群如兽医、山洞探险者、从事狂犬病毒研究人员和动物管理人员等应行暴露前疫苗接种，共接种3次，每次2 mL，分别于0 d、7 d、21 d肌内注射。

2）暴露后接种：凡被犬咬伤者，或被其他可疑动物咬伤、抓伤者，或医务人员皮肤破损处不慎被狂犬病患者唾液污染者均应及时行暴露后预防接种。共接种5次，每次2 mL，分别于0 d、3 d、7 d、14 d和30 d肌内注射，如严重咬伤，可全程注射10次，于受伤当日至第6日每日一针，随后分别10 d、14 d、30 d、90 d各注射一针。

（2）被动免疫：咬伤严重者或咬人动物有狂犬病可能者，须立即注射。用人抗狂犬病免疫血清（HRIG）20 IU/kg。一半剂量行伤口四周及底部浸润注射，另一半行臂部肌内注射。以上预防措施能明显减少人体被污染后的发病。

【护理诊断及合作性问题】

1. 气体交换不足　与呼吸肌痉挛有关。
2. 体液不足　与患者恐水，不能饮水、进食及大量出汗等有关。
3. 恐惧　与患者恐水、怕风、怕光、怕声及预感生命危险等有关。
4. 皮肤完整性受损　与动物咬伤、抓伤有关。
5. 有受伤的危险　与患者惊厥发作、兴奋躁动、精神症状等有关。

【护理目标】

（1）患者气道通畅，呼吸平稳，无发绀。

（2）患者维持体液、电解质平衡。

（3）患者自感恐惧感减轻或消失，表情平静。

（4）患者配合治疗，伤口愈合。

（5）患者无外伤发生。

【护理措施】

1. 一般护理

（1）休息：应放置在单人病房，专人护理，安置患者需绝对卧床休息，躁动不安的患者要注意保护安全，防止患者自伤或伤及他人，必要时给予镇静剂。

（2）饮食护理：因患者恐水及吞咽困难，应禁食、禁饮水，可予鼻饲高热量流质饮食，宜安排在痉挛发作的间歇期或应用镇静剂后缓缓注入，或给予静脉输液。

2. 病情观察　严密观察患者的病情及生命体征、痉挛发作情况，记出入液量，备好急救药品和器械。

3. 对症护理

（1）隔离和消毒：患者住单独病房，及时清理口腔分泌物，并严格消毒。

（2）减少肌肉痉挛的刺激：

1）减轻不良刺激，保持病房安静，挂上深色窗帘，避免一切不必要的刺激，如水、光、风、声等。不在病室内放水容器，不使患者闻及水声，不在患者面前提及“水”字，输液时将液体部分遮挡，操作过程中勿使液体触及患者。

2）各项检查、操作及护理应简化并集中进行，动作宜轻，以使患者安静休息。

3）遵医嘱给予镇静治疗。

（3）保持呼吸道通畅，维持呼吸功能：患者唾液分泌多，要及时清除口腔及呼吸道分泌物，及时给氧，必要时行气管切开。

4. 用药护理　注意观察药物效果、不良反应及进行疫苗接种。

5. 心理护理　因本病死亡率极高，且大多数患者（除后期昏迷者外）神志清醒，内心极度恐惧不安，故对待患者应倍加爱护和同情，关心体贴，语言谨慎，耐心安慰患者及其家属，尽可能使患者有安全感，以利于治疗顺利进行。

【护理评价】

（1）患者是否维持体液，电解质平衡。

（2）患者气道是否通畅、呼吸平稳，有无发绀。

（3）患者自感恐惧感是否减轻或消失，表情是否平静。

（4）患者有无外伤发生。

【健康教育】

1. 管理传染源　严格管理家犬、家猫，家庭慎养宠物，以家犬的管理为主，管理和免疫家犬及对进口动物检疫等措施，凡可疑病兽应立即杀死，并烧毁或深埋，在屠杀过程中注意避免被污染。积极捕杀野犬，病死动物应予焚毁或深埋处理。

2. 宣传狂犬病的危害和预防措施　说明本病缺乏特异性治疗。被病兽咬伤后立即、彻底进行伤口处理及预防接种。

第十节　艾滋病患者的护理

艾滋病是获得性免疫缺陷综合征（acquired immune defciency syndrome，AIDS）的简称，是由人免疫缺陷病毒（human immunodeficiency vires，HIV）引起的慢性传染病。HIV 主要侵犯、破坏辅助性 T 淋巴细胞，导致机体细胞免疫功能严重缺陷，最终并发各种机会性感染和恶性肿瘤，病死率极高。

【病原学】

目前已知 HIV 有两型，即 HIV－1 和 HIV－2，均为单链 RNA 病毒，分类上属反转录病毒科，慢病毒亚科。HIV－1 可分为即 A、B、C、D、E、F、G、H、I、J 和 O 等 11 个亚型；HIV－2 毒力相对较弱，临床上潜伏期较长，发展成 AIDS 所需时间亦较久。病毒抵抗力不强，对热敏感，56 ℃、30 min 即可灭活，25% 以上浓度的乙醇、0.2% 次氯酸钠及 1% 戊二醛等均能灭活病毒。但对紫外线和 γ 射线抵抗力较强。

成熟的 HIV 病毒形状为圆形或椭圆形，直径为 90～140 nm，外层为类脂包膜，表面有锯齿样突起，核心为圆柱状，由 RNA 反转录酶、DNA 多聚酶和结构蛋白等组成。病毒的包膜是糖蛋白 gp120 及 gp041，起协助 HIV 进入宿主细胞的作用。HIV 病毒既有嗜淋巴细胞性又有嗜神经性，主要感染 CD_4^+ T 淋巴细胞，也能感染单核/吞噬细胞、B 淋巴细胞和小神经胶质细胞、骨髓干细胞等。HIV 病毒侵入人体后虽然能刺激机体产生抗体，但中和抗体很少，且作用极弱。在血清中同时有抗体和病毒存在的情况下，此血清仍有传染性。

【流行病学】

1981 年在美国报告首例患者后，本病在全球迅速蔓延，我国 1985 年发现首例 AIDS 患者，近年来，在我国传播速度也明显加快，目前已有 150 个以上国家发生本病。由于本病严重危害人类健康，因此应加强控制和预防工作十分重要。

一、传染源

艾滋病患者和无症状 HIV 携带者是本病的传染源，特别是后者更具危险性。艾滋病病毒存在于感染者的体液和器官组织内，感染者的血、精液、唾液、阴道分泌液、乳汁、脑脊液、伤口渗出液中含有大量艾滋病病毒，具有很强的传染性。

二、传播途径

1. 性接触传播　是目前本病全球主要传播途径。全球大约 70%～80% 感染者是通过性接触感染上 HIV，包括同性、异性和双性性接触。发病率与性伴侣数量、性伴侣的感染阶段、性交方式和保护措施有关。

2. 血及血制品传播　主要是通过输入被艾滋病病毒污染的血液及血制品或使用了被艾滋病病毒污染而又未经严格消毒的注射器、针头而传播。也可以通过介入性各种操作感染。

3. 母婴传播　孕妇在怀孕、分娩过程通过血液或产后通过母乳将 HIV 传给下一代。已感染艾滋病病毒的妇女生育的孩子有 1/3 可能会从母体感染艾滋病病毒，是儿童感染艾滋病的主要途径。大部分带有艾滋病病毒的孩子会在 3 岁以前死亡。

4. 其他途径　包括应用病毒携带者的器官移植、人工授精等。此外偶有医护人员被污染的针头刺伤或破损皮肤受污染有可引起感染。

目前尚无证据表明艾滋病可经空气、食物、水、昆虫或生活接触传播。

三、人群易感性

人群对本病普遍易感。HIV 感染与人类的行为密切相关，男性同性恋或有多个性伴侣，静脉药物依赖者，血友病和多次输血者。发病年龄主要是 50 岁以下青壮年。

【发病机制与病理】

艾滋病的发病机制主要是 HIV 病毒侵入人体后，病毒表面的 gp120 与 CD_4^+T 淋巴细胞相融合，核心蛋白及 RNA 进入细胞质，两条 RNA 病毒链在反转录酶作用下，反转录成单链 DNA，然后以此 DNA 为模板在 DNA 多聚酶的作用下复制 DNA。经过 2～10 年的潜伏性感染阶段后，前病毒可被某种因素激活，再侵入其他细胞。病毒在细胞内大量复制而造成细胞功能受损和破坏，导致细胞免疫缺陷。因而促使并发各种严重的机会性感染和肿瘤的发生。

其主要病理变化表现出多样性与非特异性，主要表现在淋巴结和胸腺等免疫器官。淋巴结病变有两类，一类为反应性病变（包括滤泡增殖性淋巴结肿等），另一类为肿瘤性病变（如卡波济肉瘤和其他淋巴瘤）。胸腺可有萎缩性、退行性变或炎性病变。中枢神经系统病变包括神经胶质细胞的灶性坏死，血管周围炎性浸润和脱髓鞘改变等。

【临床表现】

本病潜伏期尚不完全清楚，短者数月，长者可达 10 余年。一般认为 2～10 年可以发展为艾滋病。本病依据临床经过可分为四期。

（一）急性感染（Ⅰ期）

原发性 HIV 感染 7～10 日后，小部分患者可以出现发热、全身不适、头痛、厌食、恶心、肌痛、关节痛和淋巴结肿大，类似血清病的症状，部分患者出现皮肤荨麻疹或斑丘疹，血液中可检出 HIV。CD_4/CD_8 的比例倒置，血小板减少。一般症状持续 3～14 日后自然消失。5 周左右抗 - HIV 才呈阳性。

（二）无症状感染（Ⅱ期）

又称为临床潜伏期。HIV 感染急性期后，症状消失发展到本期。此期临床上没有任何症状，但有传染性。而血清中能检出 HIV 以及 HIV 核心蛋白和包膜蛋白的抗体。此期可持续 2～10 年或更长。

（三）艾滋病期（Ⅳ期）

1. 与 HIV 相关症状　此期主要表现为无其他原因可以解释的淋巴结肿大。淋巴结肿大特点是除腹股沟淋巴结以外，全身其他部位另外两处及两处以上淋巴结肿大。淋巴结肿大直径在 1 cm 以上，质地柔韧，无压痛，无粘连，能自由活动，活检为淋巴结反应性增生。一般持续肿大 3 个月以上，部分患者淋巴结肿大可长达 1 年多后逐步消散，也可发生反复肿大。常伴有发热、疲乏、全身不适和体重减轻等。

2. 各种机会性感染　如卡氏肺孢子虫、疱疹病毒和 EB 病毒感染等。

（1）全身性症状：发热、乏力、不适、盗汗、厌食、体重下降、慢性腹泻、全身淋巴结肿大、肝脾肿大。

（2）呼吸系统：以卡氏肺孢子菌肺炎（PCP）最常见，也是引起患者死亡的主要原因。其临床表现主要是慢性咳嗽及短期发热，呼吸急促和发绀，动脉血氧分压降低。

仅少数患者肺部能闻及啰音。肺部 X 线征为间质性肺炎，但无特异性；诊断依靠肺泡灌洗液检查。

(3) 消化系统：75%的患者出现消化系统病变。波及消化系统各个器官。以口腔和食管的念珠菌病及疱疹病毒和巨细胞病毒感染较为常见，表现为口腔炎、食管炎或溃疡、肛周疱疹病毒感染和疱疹性直肠炎等。

(4) 神经系统：约30%出现症状，如脑弓形虫病、隐球菌脑膜炎、巨细胞病毒脑炎和格林－巴利综合征、无菌性脑膜炎等，可表现为头痛、癫痫、进行性痴呆等。

(5) 视觉系统：患者眼部受累较为广泛，常见的有巨细胞病毒性视网膜炎，弓形虫视网膜脉络膜炎，眼底棉絮状白斑等。

(6) 皮肤、黏膜：外阴疱疹、尖锐湿疣等。

3. 肿瘤　如卡波西肉瘤、非霍奇金淋巴瘤等。卡波西肉瘤主要是侵犯下肢皮肤和口腔黏膜表现为紫红色或深蓝色浸润斑或结节，可融合成大片状，表面出现溃疡并向四周扩散。

【实验室及其他检查】

1. 常规检查　白细胞计数减少，主要为淋巴细胞减少，可有不同程度的贫血和血小板减少，血沉加快；尿蛋白阳性。

2. 免疫学检查　可显示 T 细胞绝对计数下降，CD_4^+ T 淋巴细胞计数也下降，$CD_4/CD_8<1.0$（正常值 1.75～2.1），β_2 微球蛋白升高。

3. 血清学检查　可检出 HIV 抗体或 HIV 抗原阳性。

4. 病原学检查　患者血浆或脑脊液标本检测 HIV RNA，有助于诊断、判断疗效和预后。

5. 其他检查　B 超、内镜、CT、MRI 等。

【治疗要点】

目前尚无特殊有效的治疗方法，早期抗病毒治疗是关键，既能缓解病情，减少机会性感染和肿瘤的发生，又能预防或延缓艾滋病相关疾病的发生。

（一）抗病毒治疗

目前重要的治疗手段，常用的药物有：

1. 核苷类反转录酶抑制剂　叠氮脱氧胸苷（AZT，齐多夫定，ZDV），双脱氧胞苷。

2. 非核苷类反转录酶抑制剂　奈韦拉平、台拉维定。

3. 蛋白酶抑制剂　沙奎那韦、利杜那韦。

（二）免疫治疗

常用的有干扰素、异丙肌苷、基因重组 IL－2 等与抗病毒药物同时应用对改善免疫功能是有益的。

（三）支持及对症治疗

治疗包括输血及营养支持疗法，补充维生素特别是维生素 B_{12} 和叶酸。乙酸甲地孕酮能刺激患者食欲，可用于进行性消瘦者。

（四）并发症治疗

可根据机会性感染的病原及肿瘤的不同类型选择相应的治疗。如卡氏肺孢子虫肺炎可用喷他脒治疗。卡氏肉瘤肉瘤可用博来霉素、长春新碱治疗。

知识链接…

艾滋病的预防措施

艾滋病的预防措施如下：

（1）控制传染源：对高危人群进行筛选，及时发现HIV感染者，并按传染病防治要求向当地疾病预防控制中心报告。对HIV感染者严密检测和随访，符合抗病毒治疗者及时给予治疗。对患者及无症状带毒者的血液、分泌物、排泄物应进行严格消毒处理。

（2）切断传播途径：取缔娼妓，禁止性乱交，推广使用安全大套即安全性行为。严禁吸毒，特别是静脉吸毒；加强血液、血制品的管理，不接受HIV感染者捐献血液、血浆、器官、组织或是精液。推广一次性医用器材和用品，患者所用的各种医疗器械均应严格消毒。女性HIV感染者尽量避免妊娠及母乳喂养，或给予药物预防母婴传播。

（3）保护易感人群：目前无预防性疫苗可用，以宣传教育为主。艾滋病患者及HIV感染者应积极采取避孕措施，HIV感染的孕妇在产前3个月开始服齐多夫定，产前顿服奈韦拉平200 mg，产后新生儿在72 h内一次性口服奈韦拉平2 mg/kg，避免母乳喂养，可采用人工喂养，可降低母婴传播的风险。对密切接触者根据具体情况给予卫生指导，并采取必要的防护措施。

【护理诊断及合作性问题】

1. 恐惧　与艾滋病预后不良，加之疾病折磨、被人歧视有关。
2. 组织完整性受损　与艾滋病后期并发机会性感染、肿瘤有关。
3. 活动无耐力　与营养不良、长期发热、进食减少、腹泻等导致体力下降有关。
4. 社交孤立　与艾滋患者实施强制性管理，采取严格血液和体液隔离，他人歧视有关。
5. 有传播感染的危险　与艾滋病的传染性有关。

【护理目标】

（1）机会性感染减少。

（2）恐惧感减轻。

（3）活动能力增强。

（4）体温恢复正常。

（5）了解本病的传染性与隔离措施。

（6）学会自我护理，延长生命。

【护理措施】

一、一般护理

（一）隔离与消毒

（1）对艾滋病患者进行体液隔离和保护性隔离。让艾滋病患者住隔离病房或单人病房。

（2）每日紫外线照射消毒30 min，通风换气，保持空气新鲜，地面，床旁小桌均用含氯消毒夜液进行擦拭消毒。

（3）每间艾滋患者住的病房要有独立的卫生间，拖布不要和其他患者的混淆。

（4）艾滋病患者用过的被服，床单，衣物等布类用品换下后，实行分类处理。

（5）艾滋病病房内的垃圾处理：集中艾滋病病房内的垃圾，放入双层垃圾袋中送到立即焚烧炉焚毁。

（6）医护人员在进行各种护理及治疗操作时应戴一次性橡胶手套，并注意手套的完整性，如有破损及时更换。必要时戴防护镜。

（7）艾滋病患者用过的针头、注射器、输液器等一次性物品实行双浸泡消毒，并毁形回收处理，污染的器械放入消毒液中浸泡，并高压消毒。

（8）艾滋病患者出院后病室进行终末消毒，其中包括：

1）紫外线照射房间。

2）枕头和床垫应用祛污剂清洗和含有效氯2 000 mg/L的优安净消毒，并日光下晾筛24 h。

3）床单、窗帘、病号服和掸子必须更换、并浸泡在含有效氯2 000 mg/L的优安净中1 h，并送至洗衣间。

4）消毒后，要使用肥皂水擦洗墙壁、窗户、门和浴室及家具。

5）使用肥皂水擦洗浴盆、水壶等其他用具并晾晒。

6）橡胶单要使用2 000 mg/L清洗、晾干和更换。

7）体温计和体温计托盘清洗后用含有效氯2 000 mg/L的优安净浸泡。

8）艾滋病患者使用过的器具要清洗煮沸和更换。

（9）如果皮肤被污染，可以用肥皂和水清洗，黏膜可以用生理盐水冲洗，如有伤口应轻轻挤压，尽可能挤出损伤处的血液，用肥皂水或清水清洗，再用消毒液（如碘附）浸泡或涂抹消毒，并包扎。

（二）休息

为患者创造一个安静、空气清新、舒适的环境。协助做好生活护理。急性感染期应绝对卧床休息，减少户外活动，症状减轻后可逐步起床活动。无症状感染者可从事正常工作与学习。

（三）饮食

应给予高热量、高蛋白、高维生素、易消化饮食，注意食物色、香、味，设法促进患者食欲，以改善营养，增强机体抗病能力。不能进食者静脉补充所需营养和水分，注意维持水、电解质平衡。

二、病情观察

要加强病情观察，注意观察患者的体重，评估患者的营养状况；观察有无机会性感染，以及部位和其性质如何，防止继发性感染。对于发现的感染，详细记录，发现问题及时同医生取得联系，配合治疗。

三、对症护理

1. 发热　参见总论“发热”护理。

2. 疼痛　胸痛患者以予舒适体位，胸部按摩或按压胸部减轻疼痛。

3. 呼吸困难　密切观察患者的呼吸困难的方式，吸氧、避免使用呼吸抑制剂。

4. 恶心、呕吐　进行口腔黏膜护理，保持口腔卫生，流质饮食，食物避免过热过硬，防止局部刺激，必要时给予止呕药。

5. 腹泻　参见“细菌性痢疾”的护理。

6. 皮肤护理　注意保持皮肤清洁干燥，经常更换衣服、被褥，穿柔软的内衣，防止皮肤破损和继发感染；长期卧床患者注意防止压疮产生；修剪指甲，防止抓伤皮肤；破损皮肤积极治疗；严格无菌操作，避免医源性感染。

四、用药护理

常用抗感染和抗肿瘤药物，注意观察药物的疗效和不良反应。

五、心理护理

艾滋病目前尚无特别有效的治疗方法，预后不良，并且由于易受歧视，难以得到亲友关心、理解和照顾，患者易有焦虑、抑郁、恐惧等心理障碍。

1. 建立良好的护患关系　护士首先要以正确的态度对待患者，应针对患者的心理障碍进行疏导，经常与患者沟通，了解患者的心理状态，真正关心体谅患者。发扬人道主义精神，不应有惧怕传染的表现，在严格执行血液和体液隔离的前提下，多巡视病房，了解患者的需要、困难，满足合理要求，解除患者孤独、恐惧感。

2. 进行知识宣教　争取家属支持，使患者及其家属对本病有一个正确的认识，讲解联合治疗能延缓 AIDS 发病和延长患者生命，增强治疗的信心。

3. 促进患者友好交流　可以增进患者之间的友谊，又有利于解决患者的心理问题。

4. 尊重患者　不歧视患者，尊重患者人格，如询问病史时注意他人回避，为患者保密，提供应知晓的有关信息。还应作好家属与周围人的工作，不要对患者采取鄙视态度，应尊重患者人格，给以关怀、温暖和同情。

【健康教育】

（1）健康行为的健康教育被称为当今艾滋病防治最有效的方法。积极、科学的宣传疾病的防治知识，使人们建立健康的生活方式，杜绝艾滋病的三大传播途径。

（2）针对高危人群进行宣传教育和行为干预，对 HIV 阳性者随访，对其配偶及性伴侣进行检测。

（3）指导患者进行治疗，说明坚持服药的重要性。

（4）指导患者及其家属采取预防措施，减少继发感染的机会

（5）加强随诊工作 HIV 感染者应嘱其每 3 ~6 个月做 1 次临床及免疫学检查，要及时发现，及早治疗。

（沙 莉）

第十一节 传染性非典型肺炎患者的护理

传染性非典型肺炎（infectious atypical pneumonia）是一种急性的呼吸系统感染，世界卫生组织（WHO）于 2003 年 3 月 15 日将其名称公布为严重急性呼吸道症候群（Severe Acute Respiratory Syndrome，SARS）。SARS 是由一种新病原引起的，临床主要表现为肺炎，在家庭和医院有显著的聚集现象。

非典型肺炎实际是与由细菌引起的所谓典型肺炎不同的一组肺炎，曾泛指细菌以外的病原体所致的肺炎。现在主要指由支原体、衣原体、军团菌、立克次体、腺病毒以及其他一些不明微生物引起的急性呼吸道感染伴肺炎。这些病原体亦称非典型病原体。非典型肺炎主要通过近距离空气飞沫和密切接触传播，是一种呼吸道急性传染病，有比较强的传染力。临床上以发热、头痛、关节酸痛、肌肉酸痛、乏力、干咳、少痰为特征，严重者出现呼吸加速，气促，或明显呼吸窘迫。患者应严格执行隔离制度，采用综合治疗措施，大部分患者可痊愈，死亡率在 3% ~5% 之间。

【疾病概要】

（一）病原学

SARS 相关冠状病毒（SARS - associated coronavirus，SARS - Coy，下称 SARS 病毒），属于冠状病毒科。冠状病毒粒子呈不规则形状，直径 60 ~220 nm。病毒粒子外包着脂肪膜，膜表面有三种糖蛋白：刺突糖蛋白、小包膜糖蛋白、膜糖蛋白。冠状病毒的核酸为非节段单链（+）RNA，长 27 ~31 kd，是 RNA 病毒中最长的 RNA 核酸链，具有正链 RNA 特有的重要结构特征。冠状病毒的 RNA 和 RNA 之间重组率非常高，病毒出现变异正是由于这种高重组率。重组后，RNA 序列发生了变化，由此核酸编码的氨基酸序列也变了，氨基酸构成的蛋白质随之发生变化，使其抗原性发生了变化。因其基因和蛋白与已知的人类和动物冠状病毒差异较大，完全属于新一类冠状病毒。SARS 病毒对外界的抵抗力和稳定性要强于其他人类冠状病毒。在干燥塑料表面最长可活 4 d，尿液中至少存活 1 d，腹泻患者粪便中至少 4 d 以上。在 4 ℃培养存活 21 d，-80 ℃保存稳定性佳。但当暴露于常用的消毒剂或固定剂后即失去感染性。加热到 56 ℃每 15 min 可杀灭 10 000 单位的病毒。SARS 病毒特异性 IgM 和 IgG 抗体在起病后约 10 ~14 d 出现。IgM 抗体在急性期或恢复早期达高峰，约 3 个月后消失。IgG 抗体在病程第 3 周即可达高滴度，9 个月后仍持续高效价。实验证明 IgG 抗体可能是保护性抗体，可以中和体外分离到的病毒颗粒。

（二）流行病学

1. 传染源 主要是患者。急性期患者体内病毒含量高，且症状明显，如打喷嚏、咳嗽等，经呼吸道分泌物排出病毒。少数患者有腹泻，排泄物含有病毒。潜伏期患者传染性低或无传染性；康复患者无传染性；隐性感染者是否存在尚无足够资料；未发现慢性病例。

2. 传播途径

（1）飞沫传播：短距离的飞沫传播，是本病的主要传播途径。SARS 病毒存在于呼吸道黏液或纤毛上皮脱落细胞里，当患者咳嗽、打喷嚏或大声讲话时，形成气溶胶颗粒，喷出后被易感者吸入而感染。飞沫在空气追停留的时间短，移动的距离约 1 m，故仅造成近距离传播。

（2）接触传播：通过密切接触患者的呼吸道分泌物、消化道排泄物和其他体液，或者接触被患者污染的物品，亦可导致感染。患者腹泻物中的病毒经建筑物的污水排放系统造成环境污染，可能造成局部流行。实验室检验技术人员或研究人员，在缺乏生物安全保护措施情况下，处理货物接触人体标本或病毒株时，可造成感染，应引起重视。

3. 人群易感性 人群普遍易感。发病者以青壮年居多，患者家庭成员、收治患者的医务人员和医院护工属于高危人群，儿童和老人较少见。患者康复后无再次发病的报告，患病后可能获得一定程度的免疫。

4. 流行特征 传染性非典型肺炎于 2002 年 11 月中旬首先在我国广东佛山市被发现，随后在广东河源、中山、顺德等市出现。2003 年 1 月底开始在广州市流行，2 月底 3 月初达高峰。随后蔓延到山西、北京、内蒙古、天津及河北等地。2003 年 3 月至 4 月期间，中国香港出现本病发病的高峰，并迅速波及越南、加拿大、新加坡、中国台湾等地。本次流行终止后，全球约 33 个国家和地区出现疫情，以中国的大陆、香港、台湾，加拿大及新加坡最为严重，全球累计 8 422 例，死亡 916 例。医务人员发病 1 725 例，约占 20%。2003 年 8 月卫生部公布我国 24 个省、自治区、直辖市，共 266 个县、市，有本病病例报告。全国共 5 327 例，死亡 349 例。

该次流行季节发生于冬末春初。有明显的家庭和医院聚集发病现象。社区发病以散发为主，偶见点状爆发流行。主要流行在人口密度集中的大都市，农村地区甚少发病。患者康复后无再次发病的报告。

（三）发病机制与病理

SARS 发病机制尚不清楚。起病早期可出现病毒血症。从体外病毒培养分离过程中可观察到对细胞的致病性，推测在人体的 SARS 病毒可能对肺组织细胞有直接的损害作用。但是，SARS 患者发病期间淋巴细胞减少，CD_4^+ 和 CD_8^+ T 细胞均明显下降，表明细胞免疫可能受损，且临床上应用皮质类固醇可以改善肺部炎症反应，减轻临床症状，故目前倾向于认为 SARS 病毒感染诱导的免疫损伤是本病发病的主要原因。

肺部的病理改变明显，双肺膨胀明显，镜下以弥漫性肺泡损伤病变为主，有肺水肿及透明膜形成。病程 3 周后有肺间质纤维化及肺泡内机化，造成肺泡纤维闭塞。可见血管内微血栓和肺出血，散在的小叶性肺炎、肺泡上皮脱落、增生等病变。肺门淋巴结有充血、出血以及淋巴细胞减少等。

（四）临床表现

本病潜伏期一般认为是1～16 d通常在3～5 d。男女之间发病无差别，从年龄看青壮年占70%。典型患者起病急，以发热为首发症状，可有畏寒，体温常超过38 ℃，呈不规则热或弛张热，稽留热等，热程为1～2周；伴有头痛、肌肉酸痛、全身乏力，部分患者有腹泻。常无鼻塞、流涕等上呼吸道卡他症状。起病3～7日后出现干咳、少痰，偶有血丝痰，肺部体征不明显，部分患者可闻少许湿啰音。病情于10～14 d达到高峰，发热、乏力等感染中毒症状加重，并出现频繁咳嗽，气促和呼吸困难，略微活动则气喘、心悸，被迫卧床休息。这个时期易发生呼吸道的继发感染。病程进入2～3周后，发热渐退，其他症状与体征减轻乃至消失。肺部炎症的吸收和恢复则较为缓慢，体温正常后仍需2周左右才能完全吸收恢复正常。

轻型患者临床症状轻，病程短。重症患者病情重，进展快，易出现呼吸窘迫综合征。儿童患者的病情似较成人轻。有少数患者不以发热为首发症状，尤其是有近期手术史或有基础疾病的患者。

（五）治疗要点

对SARS，目前尚无特异性治疗措施，临床上以对症支持治疗为主，防治继发性感染；早期使用抗病毒药物；中药辅助治疗等。

1. 隔离　按呼吸道传染病隔离。

2. 一般治疗

（1）患者卧床休息。

（2）避免剧烈咳嗽，咳嗽剧烈患者可给予镇咳，有咳痰者给予祛痰药。

（3）发热超过38.5 ℃者，可使用解热镇痛药或给予冰敷、乙醇擦浴等物理降温。

（4）有心、肝、肾等器官功能损害，因此作相应的处理。

3. 氧疗　出现气促或 PaO_2 <70 mmHg或 SpO_2 <93%者，应给予持续鼻导管或面罩吸氧。

4. 糖皮质激素　应用糖皮质激素的治疗应有以下指标之一：①有严重中毒症状，高热持续3 d不退；②48 h类肺部阴影面积扩大超过50%；③有急性肺损伤（ALI）或出现急性呼吸窘迫综合征（ARDS）。

5. 并发和（或）继发细菌感染　根据临床情况，选用适当的抗感染药物，如大环酯类、氟喹诺酮类、去甲万古霉素等。

6. 抗病毒药物　早期可试用，目前推荐使用利巴韦林，其疗效仍有争议。有研究显示苷甘草在体外有抗SARS病毒作用。

7. 增强免疫力　重症患者可试用增强免疫功能的药物。恢复期患者血清疗法只在个别患者使用者，其疗效和风险尚无文献评估。丙种球蛋白对继发感染者有一定功效。胸腺素和干扰素等药，其疗效与风险需进一步评估。

8. 辅助治疗　可选用中药辅助治疗。

【护理评估】

（一）健康史

注意评估患者是否处于人群集中的环境，发病前2周内有无SARS患者密切接触史或是否来自 SARS 流行地区。了解周围人群有无类似情况。询问患者的发病时间、起病方式等。

（二）身心状况

1. 症状和体征 主要评估患者无发热、乏力等感染中毒症状，以及咳嗽、气促和进行性呼吸困难等病情，是否伴有头痛、肌肉酸痛等病情。

2. 并发症 评估患者有无感染性休克、呼吸衰竭、多器官功能障碍综合征等并发症发生。

3. 心理社会评估 因本病传染性强，呼吸道传播途径不易控制，隔离措施严格，患者患病后出现紧张、恐惧心理明显。了解患者对疾病的认识；患者及其家属对治疗和护理的要求。

（三）辅助检查

1. 血液检查 病程早期到中期白细胞计数正常或降低，淋巴细胞常计数减少，部分病例血小板减少。T 淋巴细胞亚群中 CD_3^+、CD_4^+ 及 CD_8^+ 淋巴细胞均减少，病程后期多能恢复。

2. 生化检查 血清丙氨酸氨基转移酶（ALT）、乳酸脱氢酶（LDH）及其同工酶等均有不同程度升高；血气分析可见血氧饱和度降低。

3. 病原学检查 应用免疫学方法检测血清中 SARS 病毒特异性抗体；IgG 型抗体在起病后第 1 周内检出率低或检不出，第 2 周末检出率在 80% 以上，第 3 周末可达 95% 以上，且效价持续升高，在病后第 9 个月仍保持较高滴度。IgM 型抗体发病 1 周后出现，在急性期与恢复早期达高峰，3 个月后逐渐消失。分子生物学方法检测血液、呼吸道分泌物，大便等标本中 SARS 病毒的 RNA；细胞培养法分离病毒，但不适宜于临床广泛应用。

4. 影像学检查 绝大部分患者在起病早期，即有胸部 X 线检查异常，可见肺部有不同程度的片状、斑片状浸润性阴影或呈网状改变，部分患者进展迅速，呈大片状阴影；常为多叶或双侧肺部改变，阴影吸收消散较慢；肺部阴影与症状体征可不一致。若检查结果阴性，1 ~2 日后应予复查。胸部 CT 检查以玻璃样改变最多见。

【护理诊断及合作性问题】

1. 体温过高 与 SARS 冠状病毒感染有关引起的毒血症和肺部炎症有关。

2. 气体交换受损 与肺部炎症引起的肺水肿、肺泡透明膜的形成，导致有效呼吸面积减少以及气道内分泌物增加有关。

3. 恐惧焦虑 与 SARS 的知识缺乏，疼痛、呼吸困难导致的不适感、担心预后等有关。

4. 潜在并发症 休克、呼吸衰竭、多器官功能障碍综合征。

5. 有传播感染的危险 与 SARS 病毒的播散有关。

6. 疲乏 与感染引起全身中毒症状有关。

【护理目标】

（1）能配合降温措施，体温下降至恢复正常，无身体不适感。

（2）能维持良好的气体交换状态，呼吸困难减轻，呼吸平稳。

（3）无并发症发生，或出现并发症能积极配合治疗。

（4）能积极配合实施消毒隔离措施，不发生本病的传播。

【护理措施】

1. 一般护理

（1）实施严格隔离措施：按呼吸道传染病隔离和治疗。疑似病例与临床诊断病例分开收治。必须把SARS患者收治在专门隔离区，患者的分泌物、排泄物及污染物应随时消毒处理，患者在住院期间应戴口罩，不得离开病房。

（2）休息：保持病室安静、空气清新、通风良好。急性期嘱患者卧床休息，避免劳累和剧烈咳嗽。

（3）饮食护理：提供足够的维生素和热量，保持水、电解质平衡。给予高热量、高蛋白、高维生素、清淡易吸收消化的流质或半流质饮食，鼓励患者多饮水，以补充足够的液体，必要时采取静脉营养支持。做好皮肤、眼、鼻、口腔的清洁护理。

2. 对症护理

（1）高热：发热超过38.5 ℃，全身酸痛症状明显者，可按医嘱使用退热药，注意观察疗效及不良反应。高热者应积极采取物理降温措施，定时监测并记录体温，同时应加强皮肤、口腔护理，防止感染。

（2）呼吸困难：保证患者氧的供给，强调早期给氧。可采用：①鼻导管或鼻塞给氧，是常用而简单的方法，适用于低浓度给氧，患者易于接受，缺点是吸入氧浓度不稳定，当吸氧浓度>5 L/min时，患者常不能耐受；②面罩给氧，面罩上有调节装置，可调节罩内氧浓度达到24%～50%，且不受通气比率、呼吸类型和通气量的影响，不需湿化，耗氧量较少。重症呼吸困难的患者可采用：无创伤正压机械通气（NPPV）模式，通常使用持续气道正压通气（CPAP），压力水平一般为4～10 cmH_2O，或压力支持通气+呼气末正压（PSV+PEEP），PEEP水平一般4～10 cmH_2O，吸气气压水平一般10～20 cmH_2O，调节吸氧流量和氧浓度，维持血氧饱和度>93%。NPPV应持续应用（包括睡眠时间），减少暂停时间，直到病情缓解。NPPV治疗后，若氧饱和度改善不满意，动脉血氧分压（PaO_2）<60 mmHg，或对NPPV不能耐受者，应及时进行有创正压机械通气治疗。对出现急性呼衰的病例，宜直接应用有创正压机械通气治疗；出现休克或多器官功能障碍综合征（MODS），应予相应支持治疗。使用呼吸机同期，极易造成医务人员被SARS病毒感染，故务必注意医护人员的防护，气管插管宜采用快速诱导（咪达唑仑等），谨慎处理呼吸机废气器官护理过程中吸痰、冲洗导管等均应小心对待。

3. 用药护理　遵医嘱正确、及时用药。

（1）有严重中毒症状、肺部阴影较广泛时，可使用糖皮质激素，但要严格注意药物的不良反应，尤其是大剂量应用时警惕血糖升高和真菌感染。一般成人剂量相当于甲泼尼龙80～320 mg/d，必要时可适当增加剂量，大剂量应用时间不宜过长。具体剂量及疗程应根据病情调整，待病情缓解或胸片阴影有所吸收后逐渐减量停用。建议采用半衰期短的糖皮质激素。注意糖皮质激素的不良反应，尤其是大剂量应用时警惕血糖升高和真菌感染等。儿童慎用。

（2）继发细菌感染时，可应用大环内酯类、氟喹诺酮类、去甲万古霉素等药物。

(3) 其他可有早期试用抗病毒药、增强免疫功能的药物、中药辅助治疗等。

4. 心理护理 患者在隔离初，往往有沮丧、绝望或孤立的感觉，影响病情的恢复，故关心安慰患者，给予心理辅导，减轻患者的焦虑情绪。一方面要加强对隔离治疗患者的心理安慰及疏导，鼓励患者积极配合治疗，树立战胜疾病的信心；另一方面还需对广大易感人群进行必要的指导，使人群了解一定的疾病知识，消除对隔离、观察等措施的过虑，积极配合医疗机构的工作，也消除健康人群对疾病的过度恐惧。

5. 病情观察 密切观察病情变化，检测患者症状、体温、呼吸频率、SpO_2 或动脉血气分析、血象、胸片（早期复查间隔时间不超过 2～3 d），以及心、肝、肾功能等。患者在发病后 14 日内病情都有可能进展，密切观察患者病情的变化，注意患者有无进行性呼吸困难、休克多器官衰竭等表现。有咳嗽、咳痰者，遵医嘱用药，定时为患者翻身拍背，促进排痰，保持呼吸道通畅。腹泻患者应注意补液及纠正水、电解质平衡紊乱。对重症 SARS 患者应密切监测其生命体征，尤其是呼吸频率与节律的变化，准确记录每小时的尿量。如发现有呼吸困难、发绀等缺氧表现者，应立即报告医生，备好气管插管、气管切开和人工呼吸器等抢救物品，必要时配合医生做气管插管或气管切开，并做好术后护理。对严重换气障碍者，应用人工呼吸器辅助呼吸并加强监护。对有严重免疫功能低下者，要警惕继发感染的发生。

【护理评价】

(1) 体温是否下降至恢复正常，有无身体不适感。

(2) 呼吸困难是否减轻、呼吸平稳。

(3) 有无并发症发生或并发症症状是否好转。

【健康教育】

应采取以管理传染源、预防控制医院内传播为主的综合性防治措施。努力做到“早发现、早报告、早隔离、早治疗”，特别是在 SARS 流行的情况下，要采取措施，确保“四早”措施落实到位。强调就地隔离、就地治疗，避免远距离传播。

1. 管理传染源 控制 SARS 流行，病例的早期防护尤其重要。当有发热伴呼吸系统表现的患者就诊时，特别是当患者呈现肺炎影像学表现时，要注意询问可能的接触史，并询问其家属和同事等周围人群中有无类似症状。要特别注意询问是否有到过收治 SARS 患者的医院和场所等不知情接触史，同时要注意有些老年慢性病患者其 SARS 症状表现不典型，应慎重鉴别。

对 SARS 的疑似患者、临床诊断患者和确诊患者均应立即住院隔离治疗，但应收治在不同区域，其中临床诊断患者、疑似患者均应住单人病房，避免交叉感染；应就地治疗，尽量避免远距离转送患者。对每例 SARS 患者、疑似患者都应在最短时间内开展流行病学调查，追溯其发病前的密切接触者，以便进行管理。

2. 切断传播途径 设立 SARS 定点医院与发热门诊。定点医院和发热门诊应合理规范，要求配备必要的防护、消毒设施和用品，并设有明显的标志。要开辟专门病区、病房及电梯、通道，专门用于收治 SARS 患者。病房应设在严格管理的独立病区；应注意划分清洁区、半污染区、污染区；病房通风条件要好，尤其是冬季要定时开窗换气，设有专门卫生间；医护人员办公室与病区应相对独立，以尽量减少医护人员与 SARS 患者不必要的接触或长时间暴露于被 SARS 病原污染的环境中。

减少人群不必要的流动和集会，加强公共场所的清洁消毒措施，严格进行疫情监测，车站、码头等人群集中流动的场所设置体温监测仪器，医院内设立发热门诊和专门通道；指导个人保持良好的卫生习惯，勤洗手，到医院或公众场所注意戴口罩。

3. 做好个人防护　医护人员及其他工作人员和患者接触要切实做好个人防护，必须戴 12 层棉纱口罩或 N95 口罩，戴帽子和眼防护罩，戴手套、鞋套，穿好隔离衣，严格洗手，尤其是重症患者进行抢救、插管、口腔护理以及使用人工气道或呼吸机通气时，特别应谨慎防护。

对诊治 SARS 患者的一线医护人员应加强健康监测工作。所有进入 SARS 患者病区的工作人员均应进行登记，并记录与患者接触时采取的防护措施情况；离开时，不可将污染物品带出病区。病区工作人员应每日测体温，注意自己的健康状况，一旦出现发热或其他症状，应立即停止工作，并实行医学观察，直到排除感染为止。

4. 患者出院后指导　SARS 患者经过治疗，已停用主要治疗药物，体温正常超过 7 d；胸片示肺部炎症明显吸收；咳嗽及呼吸道症状明显减轻；无并发症者可准予出院。随着疾病的康复，SARS 病毒逐渐被机体所清除，其传染性也随之消失。所以，非典型肺炎患者康复出院后，是不会传染他人的。患者出院后应注意休息，加强营养，定期复查。

第十二节　流行性感冒患者的护理

流行性感冒（influenza）简称流感，是由流感病毒（Influenza viruses）引起的急性呼吸道传染病，临床特点为急起高热，头痛，全身肌肉酸痛、乏力，或伴轻度呼吸道症状。能引起心肌炎、肺炎、支气管炎等多种并发症。由于流感病毒具有潜伏期短，传染性强，传播迅速。所以极易发生流行，甚至是世界范围的大流行。20 世纪以来已有五次世界性大流行的记载，分别发生于 1900 年、1918 年、1957 年、1968 年和 1977 年，其中以 1918 年的一次流行最为严重，死亡人数达 2 000 万之多。

【疾病概要】

（一）病原学

流感病毒属于正粘病毒科。流感病毒颗粒呈球形，直径 80 ~ 120 nm，是一种有包膜 RNA 病毒。由外膜和包围于其中的核衣壳组成。外膜的主要成分是脂质（即结构图中标注的“双脂质层”），其内表面为一层作为基质的蛋白质（即结构图中标注的“蛋白质母体”），外表面有血凝素和神经氨酸酶两种糖蛋白突起，这些糖蛋白突起是流感病毒抗原结构的主要成分，同时也是流感疫苗的重要组成部分。血凝素突起（haemagglutinin，HA）的作用是帮助病毒吸附到宿主细胞（被侵染细胞）的细胞膜上，并进一步侵入细胞。它是病毒致病的重要因素。不同毒株和亚型的流感病毒感染性不同，就是因为它们会有各自不同的 HA 糖蛋白突起（结构和抗原特性的不同）。HA 抗原在人体内可以激发机体有针对性的产生特异性的 HA 抗体，这种抗体具有预防流感的作用，因此 HA 就成为流感疫苗中不可或缺的成分。神经氨酸酶突起（neuraminidase，NA）的作用是促使被感染的细胞释放出新产生的病毒颗粒，是流感病毒继续扩散和繁殖必不可少的。

流感病毒根据其内部及外部抗原结构不同，分甲、乙、丙三型，它们没有共同的抗原，但都能感染人。以甲型的流行规模最大，乙型次之，丙型极少引起流行。特别是甲型流感病毒易发生变异，已多次引起世界范围的大流行。流感病毒在外界的抵抗力弱，在 56 ℃、30 min 条件下易被灭活，在室温下传染性很快丧失，100 ℃、1 min 即被灭活，但在 0 ~ 4 ℃约能存活数周，在 −20 ℃真空干燥条件下可长期保存。对紫外线和化学有毒剂敏感。

（二）流行病学

1. 传染源　流感患者及隐性感染病毒携带者为主要传染源。动物亦可能为重要贮存宿主和中间宿主。病后 1 ~ 7 日均有传染性，以病初 2 ~ 3 日传染性最强。

2. 传播途径　病毒随咳嗽、打喷嚏、说话所致飞沫传播为主，通过病毒污染的茶具、食具、毛巾等间接传播也有可能。传播速度和广度与人口密度有关。

3. 人群易感性　人群对流感病毒普遍易感，与年龄、性别、职业等都无关。抗体于感染后 1 周出现，2 ~ 3 周达高峰，1 ~ 2 个月后开始下降，1 年左右降至最低水平，抗体存在于血液和鼻分泌物中，但鼻分泌物的抗体仅为血液中的 5% 左右。流感病毒三个型别之间无交叉免疫，感染后免疫维持时间不长，故人可多次患流感。

4. 流行特征　突然发生，迅速蔓延，发病率高和流行过程短是流感的流行特征。流行无明显季节性，以冬春季节为多。主要发生于学校、单位、工厂及公共娱乐场所人群聚集的地方。大流行主要由甲型流感病毒引起，当甲型流感病毒出现新亚型时，人群普遍易感而发生大流行。一般每 10 ~ 15 年可发生一次世界性大流行，每 2 ~ 3 年可有一次小流行。乙型流感多呈局部流行或散发，亦可大流行。丙型一般只引起散发。

（三）发病机制与病理

病毒侵入呼吸道的纤毛柱状上皮内进行复制，释放后再侵入其他上皮细胞。受染的细胞发生变性、坏死和脱落，局部有炎症反应，一般不发生病毒血症。两周后上皮细胞重新出现和修复。流感病毒偶可进入下呼吸道可导致肺炎，其病变特征为肺脏充血、水肿呈暗红色，气管与支气管内有血性分泌物。潜伏期 1 ~ 2 d，短者仅数小时。

两周后上皮细胞重新出现和修复。流感病毒偶可进入下呼吸道可导致肺炎，其病变特征为肺脏充血、水肿呈暗红色，气管与支气管内有血性分泌物。

当病毒在呼吸道上皮增殖时，同时感染对其敏感的单核巨噬细胞。受染细胞产生干扰素等多种细胞因子，引起机体对病毒的特异免疫反应，并与患者出现的全身中毒症状有关，而流感很少发生病毒血症。

（四）临床表现

流感潜伏期 1 ~ 3 d，最短数小时。流感根据临床表现分以下几种临床类型：

1. 典型流感　又称单纯流感，最常见。急起畏寒、高热，乏力，头痛，肌肉酸痛，咽部干痛，可有鼻塞、流涕、喷嚏、干咳、声嘶等症状。体检患者呈急性病容，面颊潮红，咽部可见充血，肺部听诊可闻干啰音。发热 3 ~ 4 日后热退，但上呼吸道症状及乏力可持续2周左右。

2. 轻型流感 全身及呼吸道症状都较轻，病程2～3 d。

3. 肺炎型流感 主要发生于婴幼儿及老幼体弱者。典型流感1～2日后病情加重、剧咳、吐黏痰或血痰，气急发绀，可伴发心力衰竭。双肺满布湿啰音，X线检查双肺散在絮状或结节状阴影。痰液中可分离出流感病毒。抗生素治疗无效，多在1～2周内因呼吸、循环衰竭而死亡。

4. 胃肠型和中毒型流感 胃肠型流感除呼吸道症状外主要以腹泻、呕吐为特征。中毒型极少见，主要表现为高热、血压下降，易发生呼吸循环衰竭而死亡。流感亦可引起心肌炎、脑炎。老幼体弱者易并发细菌性感染。

（五）治疗要点

1. 对症治疗 包括解热镇痛药物和支持治疗。患者应卧床休息，多饮水，充分的休息和足够的睡眠是迅速减轻症状、促进自愈、早日康复的前提，同时亦可减少传染他人的机会。根据患者的临床表现，给予解热、镇痛、止咳、祛痰等处理。但儿童患者应避免应用阿司匹林，以免诱发致命的Reye综合征，即急性脑病合并内脏脂肪变性综合征，是一种急性、一时性、可逆性和自限性疾病。基本病变是急性脑水肿和弥漫性肝脂肪浸润。其发病机制尚不清楚，线粒体损伤和酶活性丧失是其病理基础。病理改变主要是弥漫性脑水肿和重度的肝脂肪变性，肝脏肿大，质地坚实。伴有显著的脑症状：抽搐、进行性意识障碍甚至昏迷，病死率高达70%～80%。

2. 抗病毒治疗 金刚烷胺和甲基金刚烷胺对甲型流感病毒有效。有癫痫病史的患者慎用；利巴韦林（病毒唑）对各型流感均有疗效，用药治疗24 h有73%患者体温恢复正常，不良反应少。以0.5%病毒唑溶液滴鼻，同时口含2 mg片剂，1片/2 h，退热后减至4片/d，连续2 d。有条件者可用干扰素和干扰素诱导物抗病毒。

3. 积极防治并发症 流行性感冒的并发症包括继发性细菌性上呼吸道感染、气管炎和支气管炎及肺炎，故应严密观察病情，尤其是婴幼儿及老年患者，须注意其体温、血象、痰色、痰量、心率等的变化，防治继发细菌感染。对继发细菌感染，有风湿病史者或抵抗力差的幼儿、老人，尤其是慢性心、肺疾病患者可考虑应用磺胺及抗生素。

【护理评估】

（一）健康史

注意评估患者是否处于人群集中的环境，有否与呼吸道感染的患者有接触史。询问患者的发病时间、起病方式、主要临床表现，评估患者发热及疼痛治疗程度、活动情况。了解个人的健康状况、当地流感流行情况、生活习惯、工作环境和工作条件、发病前是否与发热患者密切接触、既往有无接种史等。

（二）身心状况

1. 症状和体征 主要评估患者发热、乏力、咳嗽、呼吸困难等病情。潜伏期一般1～3 d，常急性起病，表现为：

（1）全身中毒症状：急起的畏寒、发热、头痛、乏力、全身酸痛等，体温可达39～40 ℃，一般持续2～3 d，重者热程较长。流感的全身症状一般较普通感冒重。

（2）呼吸道症状：相对较轻，多数轻症患者无明显鼻塞、流涕等症状，但少数重症者可有剧烈咳嗽、咳血性痰、气促发绀。体检两肺呼吸音减低，可闻及湿啰音，一般无实变体征。

2. 并发症　评估患者有无下列并发症：

（1）继发性细菌性上呼吸道感染如急性鼻旁窦炎或急性化脓性扁桃体炎。

（2）继发性细菌性气管炎和支气管炎。

（3）继发性细菌性肺炎。易发生于儿童及老年人、已有慢性心肺疾患者，常见病原菌为肺炎球菌、葡萄球菌、流感嗜血杆菌。继发细菌感染者病死率较高。

（4）肺外并发症少见，有雷耶综合征、中毒性休克、心肌炎、心包炎、脑炎、腮腺炎等。乙型流感可并发瑞氏（Reye）综合征。偶见化脓性关节炎、腹膜炎、神经炎、肾炎及小腿脚跟发烫疼痛等。

3. 心理社会评估　询问患者患病后的心理反应，病后对生活的影响。对疾病的认识；患者及其家属对治疗和护理的要求。

（三）辅助检查

1. 细胞学检查　鼻咽部吸取物沉渣或鼻咽拭子涂片，采用姬姆萨或苏木素－伊红染色，光镜检查可发现柱状纤毛上皮细胞坏变（CCP）及细胞质或胞核内包涵体（嗜酸性或嗜碱性）。

2. 血常规检查　在急性期，一般白细胞总数正常或略有减少，分类比例正常或淋巴细胞相对增加。少数患者在病初 1～2 日内白细胞总数及中性比例增高，数日内迅速降至正常或偏低。如有显著白细胞增多，常说明继发细菌性感染。

3. 血清学检查　采用血凝抑制或 ELISA 等方法，检测急性期和病后第 3～4 周双份血清，抗体效价增长 4 倍以上，提示近期感染，作为回顾性诊断。采用捕获法 ELISA 检测病毒特异性 IgM 抗体，单份血清阳性作为早期诊断依据。

4. 采用酶、荧光或其他标记单克隆抗体染色　可检出感染细胞内相应的病毒抗原，作为早期特异性诊断。

5. 病毒分离　取病程早期含漱液或鼻咽拭子，经处理后接种于敏感细胞管内培养，分离病毒，阳性率较高。

6. 胸部 X 线检查　肺部散在性絮状阴影等肺炎征象。

【护理诊断及合作性问题】

1. 体温过高　与流感病毒感染有关。

2. 疲乏　与病毒感染或继发细菌感染所致的全身中毒症状有关。

3. 气体交换受损　与肺部炎症使有效呼吸面积减少，导致通气、换气功能障碍有关。

4. 疼痛　与病毒感染有关。

5. 有传播疾病的危险　与患者向外排出病原体有关，流感病毒传播速度快、传染性强有关。

【护理目标】

（1）患者的体温恢复正常。

（2）患者诉说躯体不适感减轻或消除，头痛、胸痛减轻或消失，身心舒适，活动正常。

（3）患者呼吸系统症状消失，气道通畅，呼吸平稳，呼吸恢复正常。

（4）患者掌握了呼吸道隔离措施，未发生传播。

【护理措施】

1. 一般护理

（1）休息：症状重者应卧床休息。居室宜空气清新、流通、阳光充足，有条件者应实行家庭隔离，让患者单独居住，可用食醋蒸熏居室，以控制流感病毒，防止传播。隔离期限自发病至热退48 h。

（2）饮食护理：急性期应鼓励患者多饮水，予高热量、高蛋白、丰富维生素的流质或半流质饮食。加强口腔和皮肤护理，保持口咽、鼻腔清洁，早晚刷牙，进食后以淡盐水或温水漱口，防止继发感染。

2. 对症护理

（1）高热患者体温超过39 ℃者应行降温处理，可用物理降温和药物降温。鼓励患者多饮水，出汗后要保持皮肤清洁，及时更换衣被。年老体弱者慎用退热剂，出汗量大者应避免受凉；咽痛、咽干、痰液黏稠者可予蒸气吸入；观察有无咳嗽、气急、胸闷、咳血痰等肺炎症状，应及时清除呼吸道分泌物，保持呼吸道通畅，协助取半卧位，必要时吸氧。

（2）对全身酸痛或头痛明显者，可协助患者采取舒适的体位，必要时给予服用解热镇痛剂类药物。

（3）鼻咽部护理鼻塞者给予局部热敷或麻黄碱滴鼻液滴鼻，咽痛、声嘶患者可含服西瓜霜、喉宝等护咽剂。

3. 药物使用的护理　抗流感病毒药物有金刚烷胺、甲基金刚烷胺，对甲型病毒有效，用药后注意观察眩晕、共济失调等不良反应。有发热、头痛、咽痛、咳嗽时，可指导患者应用解热镇痛剂、止咳祛痰剂、润喉片等。

4. 心理护理　做好解释指导讲解流感的相关知识，如流感的病因、诱因、治疗、预防，指导患者休息、饮食及生活护理。介绍发热、流涕、鼻塞等症状的处理方法和注意事项，消除患者顾虑。针对患者的心理变化采用交谈、倾听、支持等方法，及时解除患者的心理负担，以解除焦虑、紧张情绪，增强患者战胜疾病的信心。

5. 病情观察　严密观察病情变化，监测生命体征，注意患者有无咳嗽、咳痰、胸闷、气促发绀。两肺呼是否闻及干、湿啰音。如有咳嗽、咳痰、呼吸费力、口唇发绀，提示气体交换受损，应指导患者咳嗽排痰，痰液黏稠者可给予超声雾化；呼吸困难或紫绀者应取半卧位，给予吸氧，及时清除呼吸道分泌物，加强支持治疗，注意维护心血管功能，中毒症状明显、出现发绀要报告医生，遵医嘱给予进一步处理。

【护理目标】

（1）患者的体温是否恢复正常。

（2）躯体不适感是否减轻或消除，头痛、胸痛减轻或消失，身心舒适，活动正常。

（3）患者呼吸系统症状是否消失，气道通畅，呼吸平稳，呼吸恢复正常。

（4）患者是否掌握了呼吸道隔离措施，未发生传播。

【健康教育】

(1) 向人群广泛宣传疾病预防知识，加强公共环境通风、消毒措施。

(2) 加强体育锻炼，提高机体抵抗力，还应注意劳逸结合、戒烟等。避免受凉和过度劳累，注意保暖，保持室内空气新鲜、阳光充足。

(3) 预防流感的基本措施是接种疫苗。因流感病毒变异性大，因此应根据流行病学调查结果，补充或更换疫苗的抗原组成在流感流行季节之前对人群进行流感疫苗预防接种，可以减少接种者感染流感的机会或者减轻流感症状，可以降低因流感流行引起的人群超额住院率和超额死亡率，减少流感流行造成的危害，减轻流感的疾病负担。成人每次 1 mL，皮下注射，间隔 6 ~ 8 周再加强注射一次，以后每年秋季均需加强注射一次。接种后注意观察有无不良反应。另外，尚有减毒流感活疫苗主要用于鼻腔喷雾接种。

(4) 剧烈活动后出汗要及时更换衣服，切忌汗未干即进行洗澡。

(5) 在流行季节或流行区，少去公共场所，可给予口服预防药类。

(6) 养成良好的卫生习惯，毛巾、牙刷、手帕要专用、勤洗、勤换。

(7) 轻感冒时可服用中成药类或姜葱汤类，以防止加重。

【附】人禽流行性感冒

人禽流行性感冒（avian influenza）（以下称人禽流感）是由禽甲型流感病毒某些亚型中的一些毒株引起的急性呼吸道传染病。早在 1981 年，美国即有禽流感病毒 H_7N_7 感染人类引起结膜炎的报道。1997 年，我国香港特别行政区发生 H_5N_1 型人禽流感，导致 6 人死亡，在世界范围内引起了广泛关注。近年来，人们又先后获得了 H_9N_2、H_7N_2、H_7N_3 亚型禽流感病毒感染人类的证据，荷兰、越南、泰国、柬埔寨、印度尼西亚及我国相继出现了人禽流感病例。尽管目前人禽流感只是在局部地区出现，但是，考虑到人类对禽流感病毒普遍缺乏免疫力、人类感染 H_5N_1 型禽流感病毒后的高病死率以及可能出现的病毒变异等，世界卫生组织（WHO）认为该疾病可能是对人类存在潜在威胁最大的疾病之一。

【疾病概要】

(一) 病原学

禽流感病毒属甲型流感病毒。流感病毒属于 RNA 病毒的正黏病毒科，分甲、乙、丙三型。其中甲型流感病毒多发于禽类，一些亚型也可感染猪、马、海豹和鲸等各种哺乳动物及人类；乙型和丙型流感病毒则分别见于海豹和猪的感染。甲型流感病毒呈多形性，其中球形直径 80 ~ 120 nm，有囊膜。基因组为分节段单股负链 RNA。依据其外膜血凝素（H）/和神经氨酸酶（N）蛋白抗原性的不同，目前可分为 15 个 H 亚型（$H_1 \sim H_{15}$）和 9 个 N 亚型（$N_1 \sim N_9$）。感染人的禽流感病毒亚型主要为 H_5N_1、H_9N_2、H_7N_7，其中感染 H_5N_1 的患者病情重，病死率高。研究表明，原本为低致病性禽流感病毒株（H_5N_2、H_7N_7、H_9N_2），可经 6 ~ 9 个月禽间流行的迅速变异而成为高致病性毒株（H_5N_1）。

一般来说，禽流感病毒与人流感病毒存在受体特异性差异，禽流感病毒是不容易感染给人的。个别造成人感染发病的禽流感病毒可能是发生了变异的病毒。变异的可能性一是两种以上的病毒进入同一细胞进行重组，如猪既可感染人流感病毒，又可能感染禽流感病毒，每种病毒都具有 8 个基因片段，从理论上讲，可以形成 256 个新的重组病毒；二是病毒基因位点由于某种因素的影响，发生突变。1983 年 4 月，美国宾夕法尼亚州曾暴发 H_5N_2 型病毒引起的鸡和火鸡低致病性禽流感，由于没有及时得到有效控制，到同年 10 月份，同样的 H_5N_2 型毒株突然由低致病性变成高致病性，造成禽类大量死亡。

禽流感病毒对热比较敏感，但对低温抵抗力较强，65 ℃、30 min 或煮沸（100 ℃）2 min以上可灭活。病毒在较低温度粪便中可存活 1 周，在 4 ℃水中可存活 1 个月，对酸性环境有一定抵抗力，在 pH 值 4.0 的条件下也具有一定的存活能力。在有甘油存在的情况下可保持活力 1 年以上。裸露的病毒在直射阳光下 40 ~ 48 h 即可灭活，如果用紫外线直接照射，可迅速破坏其活性。

（二）流行病学

1. 传染源　主要为患禽流感或携带禽流感病毒的鸡、鸭、鹅等禽类。野禽在禽流感的自然传播中扮演了重要角色。

2. 传播途径　主要经呼吸道传播，也可通过接触感染的禽类及其分泌物、排泄物，受病毒污染的水等，以及直接接触病毒毒株被感染。在感染水禽的粪便中含有高浓度的病毒，并通过污染的水源泉由粪 - 口途径传播流感病毒。目前还没有发现人感染的隐性带毒者，尚无人与人之间传播的确切证据。

人类对禽流感的研究和防治工作已有 100 多年的历史。目前研究结果表明，禽流感病毒中缺乏人流感病毒的基因片段，除非禽流感病毒与人流感病毒发生基因重组，否则它很难侵犯人类，导致人与人间传播。人禽流感的发生，目前只可能是因接触的病禽而感染。

3. 易感人群　一般认为任何年龄均具有易感性，但 12 岁以下儿童发病率较高，病情较重。与不明原因病死家禽或感染、疑似感染禽流感家禽密切接触人员为高危人群。

（三）临床特点

潜伏期一般为 1 ~ 7 d，通常为 2 ~ 4 d。

不同亚型的禽流感病毒感染人类后可引起不同的临床症状。感染 H_9N_2 亚型的患者通常仅有轻微的上呼吸道感染症状，部分患者甚至没有任何症状；感染 H_7N_7 亚型的患者主要表现为结膜炎；重症患者一般均为 H_5N_1 亚型病毒感染。患者呈急性起病，早期表现类似普通型流感。主要为发热，体温大多持续在 39 ℃以上，可伴有流涕、鼻塞、咳嗽、咽痛、头痛、肌肉酸痛和全身不适。部分患者可有恶心、腹痛、腹泻、稀水样便等消化道症状。X 线检查显示肺部实质炎性变及胸腔积液。多数轻症病例预后良好。重症患者可出现高热不退，病情发展迅速，引起多种并发症。

（四）治疗要点

1. 隔离治疗　对疑似和确认患者应进行隔离治疗。

2. 对症治疗　可应用解热药、缓解鼻黏膜充血药、止咳祛痰药等。儿童忌用阿司匹林或含阿司匹林以及其他水杨酸制剂的药物，避免引起儿童瑞氏（Reye）综合征。

3. 抗流感病毒治疗　应在发病 48 h 内试用抗流感病毒药物。与流行性感冒基本相同。金刚烷胺对禽甲型流感病毒亦有明显抑制作用，早期应用可降低病毒量并改善预后。成人剂量每日100～200 mg，儿童每日5 mg/kg，分2次口服，疗程5 d。肾功能受损者酌减剂量。治疗过程中应注意中枢神经系统和胃肠道副作用。

4. 加强支持治疗和预防并发症　注意休息、多饮水、增加营养，给易于消化的饮食。密切观察、监测并预防并发症。抗菌药物应在明确或有充分证据提示继发细菌感染时使用。

5. 重症患者的治疗　重症或发生肺炎的患者应入院治疗，对出现呼吸功能障碍者给以吸氧及其他呼吸支持，发生其他并发症患者应积极采取相应治疗。

【护理评估】

（一）健康史

了解个人的健康状况、当地禽流感流行情况、生活习惯、工作环境和工作条件、发病前是否与可疑病死禽类密切接触等。

（二）身心状况

1. 症状体征　主要评估患者发热、乏力、咳嗽、呼吸困难等病情。

2. 并发症　重症患者可出现高热不退，病情发展迅速，几乎所有患者都有临床表现明显的肺炎，可出现急性肺损伤、急性呼吸窘迫综合征（ARDS）、肺出血、胸腔积液、全血细胞减少、多脏器功能衰竭、休克及瑞氏（Reye）综合征等多种并发症。可继发细菌感染，发生败血症。

3. 心理社会评估　询问患者患病后的心理反应，病后对生活的影响。了解患者对住院与隔离的认识，有否被约束、孤独及被遗弃感。对疾病的认识；患者及其家属对治疗和护理的要求。

（三）辅助检查

1. 外周血象　白细胞总数一般不高或降低。重症患者多有白细胞总数及淋巴细胞减少，并有血小板降低。

2. 病毒抗原及基因检测　取患者呼吸道标本采用免疫荧光法（或酶联免疫法）检测甲型流感病毒核蛋白抗原（NP）或基质蛋白（M_1）、禽流感病毒H亚型抗原。还可用RT－PCR法检测禽流感病毒亚型特异性H抗原基因。

3. 病毒分离　从患者呼吸道标本中（如鼻咽分泌物、口腔含漱液、气管吸出物或呼吸道上皮细胞）分离禽流感病毒。

4. 血清学检查　发病初期和恢复期双份血清禽流感病毒亚型毒株抗体滴度4倍或以上升高，有助于回顾性诊断。

【常用护理诊断及合作性问题】

1. 体温过高　与病毒感染呼吸道有关。

2. 活动无耐力　与发热、脓毒症有关。

3. 焦虑　与缺乏禽流感知识、呼吸困难导致的不适感、担心预后等有关。

4. 气体交换受损　与并发肺炎致通气、换气功能障碍有关。

【护理目标】

（1）患者体温恢复正常。

(2) 患者咽痛、头痛、肌肉酸痛减轻或消失。

(3) 患者呼吸系统炎症消失，气道畅通，呼吸恢复正常。

【护理措施】

(1) 做好解释指导讲解禽流感的相关知识，指导患者休息、饮食及生活护理。介绍发热、流涕、鼻塞等症状的处理方法和注意事项，消除患者顾虑。

(2) 及时隔离患者，按乙类传染病的特殊病种实施严密的消毒隔离，一切用物均应专人专用。及时送出传染病报告卡。

(3) 患者收治于独立病区或单间病房，患者均要戴口罩，严格隔离与管理，不得离开病房；严格探视制度，一般不设陪护，不予探视。

(4) 降温及时监测体温变化，注意休息，体温超过 39 ℃者应行降温处理，可用物理降温和药物降温。鼓励患者多饮水，出汗后要保持皮肤清洁，及时更换衣被。

(5) 心理护理针对患者的心理变化采用交谈、倾听、支持等方法，及时解除患者的心理负担，增强患者战胜疾病的信心。

(6) 严密观察病情变化，如有咳嗽、咳痰、呼吸费力、口唇发绀，提示气体交换受损，应指导患者咳嗽排痰，痰液黏稠者可给予超声雾化；呼吸费力者，应取半卧位，及时输氧；出现发绀要报告医生，遵医嘱给予进一步处理。

【健康教育】

(1) 在有禽流感疫情存在期间，不要自行宰杀禽类食用，因为直接接触患病家禽的粪便或呼吸道分泌物时就有可能感染上禽流感。发现疫情时，应尽量避免与禽类接触，对鸡肉等食物应彻底煮熟。

(2) 加强对禽类的监测，如确定有禽流感流行，应及时销毁受染家禽，进行彻底的环境消毒。

(3) 注意自身健康、保持良好的免疫力也是避免感染禽流感病毒的有效措施。在日常生活中，人们应注意多摄入一些富含维生素 C 等增强免疫力的食物和药物，并适当地进行体育锻炼，避免过度劳累，不吸烟，以增加机体对病毒的抵抗能力。

(4) 注意饮食卫生，不喝生水，不吃未熟的肉类及蛋类等食品；保持室内空气流通，如有空调设备，应经常清洗隔尘网，尽量少去空气不流通和人群聚集的公共场所；注意个人卫生，用正确的方法洗手，打喷嚏或咳嗽时掩住口鼻。

练习题

1. 解释“酶－胆”分离现象、蛋白－细胞分离现象、麻疹黏膜斑等名词。
2. 简述人被可疑动物咬伤后的伤口处理。
3. 急性黄疸型肝炎，典型病例表现如何？
4. 病毒性肝炎的传播途径有哪些？
5. 乙脑的临床表现有哪些？
6. 乙脑患者惊厥或抽搐的护理措施？
7. 流行性出血热的临床表现有哪些？

8. 流行性腮腺炎的传染源有哪些？
9. 简述狂犬病患者的健康教育有哪些？
10. 艾滋病患者的传播途径有哪些？
11. 简述流行性感冒的治疗要点。

（张　孟）

第三章 细菌性疾病患者的护理

★学习目标

本章主要学习伤寒患者、细菌性痢疾患者、霍乱患者、流行性脑脊髓膜炎患者、细菌性食物中毒患者和猩红热患者的护理。

掌握：伤寒患者、细菌性痢疾患者、霍乱患者、流行性脑脊髓膜炎患者、细菌性食物中毒患者和猩红热患者的临床表现、护理诊断和护理措施。

熟悉：伤寒、细菌性痢疾、霍乱、流行性脑脊髓膜炎、细菌性食物中毒和猩红热的病原学、流行病学、治疗原则和健康教育。

了解：伤寒、细菌性痢疾、霍乱、流行性脑脊髓膜炎、细菌性食物中毒和猩红热的发病机制、辅助检查和预防措施。

案 例

某男，12岁，学生，因突起发热头痛、呕吐2 d，于2010年3月15日上午入院。患者于3月13日出现畏寒，发热，体温39 ℃，头痛，呕吐2次，为胃内容物。当日坚持上完课，次日仍发热，头痛加剧，呕吐频繁，精神差，晚上到卫生院检查：血压105/75 mmHg，体温39.5 ℃，脉搏112/min，呼吸30/min，神清，胸腹四肢均有出血点，压之不褪色，颈有抵抗感，心肺未发现病征，腹软，肝脾未扪及，克布氏征（+）。

外周血白细胞18.4×10^9/L，中性粒细胞0.86，淋巴细胞0.14，大小便常规检查无异常。

问题：（1）本例最可能的诊断是什么？

（2）应进一步做哪些检查来协助诊断？

（3）请提出主要护理诊断。

（4）该患者的护理措施是什么？

第一节 伤寒患者的护理

伤寒（typhoid fever）是由伤寒杆菌引起的急性肠道传染病，临床特征为持续发热，相对缓脉、全身中毒症状、玫瑰疹、肝脾肿大与白细胞减少等，典型病例病程 4 ~ 5 周，经过初期、极期、缓解期和恢复期四期，少数患者有肠出血，肠穿孔等严重并发症。

【疾病概要】

（一）病因、发病机制

1. 病原学　伤寒杆菌属沙门菌属 D 群，革兰染色阴性。短杆状，有鞭毛，能运动。具有菌体（O）抗原，鞭毛（H）抗原和表面（Vi）抗原，三种抗原可刺激机体产生相应的抗体，有助于本病的临床诊断。伤寒杆菌在自然环境中生命力较强，能耐低温，在水中存活 2 ~ 3 周，粪便中存活 1 ~ 2 个月，但对热、干燥和一般消毒剂抵抗力弱，60 ℃、15 min 可杀灭，对一般化学消毒剂敏感。

2. 传染源　为患者及带菌者。患者从潜伏期开始可从粪便排菌，病程第 1 周末开始从尿排菌，整个病程均有传染性，尤以第 2 ~ 4 周内传染性最大。带菌者尤其是持续排菌 3 个月以上的慢性带菌者，则是伤寒传播和流行的主要传染源。个别可终生排菌。带菌者在流行病学上有重要意义。

3. 传播途径　细菌随患者或带菌者粪、尿排出，通过污染水、食物，日常生活接触和苍蝇、蟑螂等媒介而传播。水源和食物污染常引起暴发流行主要原因。

4. 人群易感性　人群普遍易感，青壮年及儿童发病率较高。

5. 流行特征　本病终年均可发病，但以夏、秋季易发；世界各地均有伤寒病发生，但以温带和热带地区多见。病后可获得持久性免疫，再次患病者极少。

6. 发病机制　伤寒杆菌菌体裂解产生内毒素，是主要致病因素。细菌进入消化道后，一般可被胃酸杀灭，如侵入的病原菌数量多或胃酸缺乏时，细菌则进入小肠，通过肠黏膜后经淋巴管进入淋巴组织及肠系膜淋巴结进行繁殖，再经胸导管进入血流，引起第 1 次菌血症，此阶段属于潜伏期，患者无症状。伤寒杆菌随血流进入全身各脏器，如肝、脾、胆囊、骨髓、淋巴结的单核 - 巨噬细胞内继续大量繁殖，再次进入血流，引起第 2 次菌血症，同时释放内毒素，导致临床症状（相当于初期）。在病程第 2 ~ 3 周，感染胆道的细菌排入肠道，经肠黏膜再度侵入肠壁淋巴组织，使原已致敏的淋巴组织产生严重的炎症反应，导致其坏死及溃疡形成。如果累及病变部位的血管可引起肠出血，侵入肌层与浆膜层可引起肠穿孔。至病程第 4 周，人体免疫力逐步加强，在血流及脏器中的细菌逐渐被消灭，肠壁溃疡逐渐愈合，病情缓解，进入恢复期。少数患者由于免疫功能低下，潜伏在体内的细菌可再度繁殖，并侵入血流而形成复发，症状消失后，胆囊内长期有病菌存在，成为慢性带菌者。其主要病理特点是全身单核—巨噬细胞系统的增生性反应，尤以回肠末段的集合淋巴结和孤立淋巴结最为显著。

（二）临床表现

临床特征为持续发热，相对缓脉、全身中毒症状、玫瑰疹、肝脾肿大与白细胞减少等。潜伏期 10 d 左右，典型病例自然病程可分为以下四期：

1. 初期　一般是病程第 1 周。起病缓慢，发热为首发症状，体温在 5 ~ 7 d 内逐渐上升达 39 ~ 40 ℃，可伴畏寒，常伴全身不适、食欲缺乏、咽痛与咳嗽等全身中毒症状，逐渐加重。

2. 极期　一般是病程第 2 ~ 3 周，多种特征性表现出现：

（1）发热：持续高热，多呈稽留热型，少数呈弛张热型或不规则热型，持续10～14 d。

（2）消化系统症状：明显食欲缺乏，腹部不适、腹胀，多有便秘，少数以腹泻为主；右下腹可有轻度压痛。

（3）循环系统症状：主要为相对缓脉，表现是脉搏和体温升高不相适应，即体温升高1 ℃，每分钟脉率增加少于10～15次。

（4）神经系统症状：表现为表情淡漠、反应迟钝、听力减退，重者可出现谵妄、昏迷、病理反射阳性。症状轻重与疾病的严重程度成正比。

（5）玫瑰疹：部分患者在胸腹、背部及四肢的皮肤分批出现淡红色斑丘疹，直径2～4 mm，压之退色，一般在10个以内，2～4 d内消失。

（6）肝脾肿大：体检常触及肝脾，通常为肋缘下1～3 mm，质软，有压痛，重者可伴黄疸及肝功能明显异常。

3. 缓解期　一般是病程第3～4周，体温逐渐开始下降，各种症状开始缓解，肝脾开始回缩。

4. 恢复期　一般是病程第5周，体温恢复正常，食欲好转，一般在1个月左右恢复体力。

（三）治疗原则

1. 病原治疗　选择有效的抗生素，目前治疗伤寒的首选药物是喹诺酮类，如氧氟沙星300 mg/次，2次/d，口服或200 mg每8～12 h一次静脉滴注。

2. 对症治疗　针对高热可采取物理降温等。

3. 并发症治疗　一旦有肠出血、肠穿孔、中毒性心肌炎、支气管肺炎、中毒肝炎、胆囊炎、血栓性静脉炎等，应采取相应的治疗措施。

【护理评估】

（一）健康史（流行病学资料）

注意评估患者生活和饮食卫生习惯，居住环境，水源卫生状况，有无与带菌者密切接触。注意了解当地伤寒流行情况。询问既往的健康状况及有无类似疾患、个人的健康状况、生活习惯、工作环境和工作条件、既往有无接种史等。

（二）身心状况

1. 症状和体征　注意评估体温、热型、皮疹、脉搏及各系统症状，检查肝、脾大小，病程长短及病情轻重。

2. 并发症

（1）肠出血最常见，多发生于病程第2～3周。饮食不当、腹泻等常为诱因。可有大便隐血至大量便血。大量出血时，体温骤降后很快回升，脉搏增快，严重时可出现休克。

（2）肠穿孔为最严重的并发症。多见于病程第2～3周。好发于末段回肠。穿孔前常有腹泻或肠出血等，饮食不当常诱因。穿孔时患者突然右下腹剧痛，伴恶心、呕吐、脉细速，体温初降后升高，出现腹膜刺激征等。

（3）其他中毒性心肌炎、支气管肺炎、中毒肝炎、胆囊炎、血栓性静脉炎等。

3. 心理社会状况　常因热程长，中毒症状重，体力骤降，易致情绪低落，抑郁焦虑。

（三）辅助检查

1. 血常规　常有白细胞计数为（3～5）$\times10^9$/L，中性粒细胞减少，嗜酸粒细胞减少或消失。

2. 细菌培养

（1）血培养：病程第1～2周阳性率最高，第4周时常阴性。

（2）骨髓培养：全病程均可获较高的阳性率，对已用抗菌药物治疗，血培养阴性者适用。

（3）粪便培养：病程第3～4周阳性率最高，第6周迅速下降，3%患者排菌可超过一年。

（4）尿培养：病程第3～4周阳性率较高。

3. 肥达氏反应　即伤寒血清凝集试验，是用伤寒杆菌菌体（O）抗原、鞭毛（H）抗原检测患者血清中相应抗体。通常发病后7～10日抗体出现，第3～4周阳性率达90%。一般"O"抗体效价1∶80以上，"H"抗体效价1∶160以上有诊断价值。早期应用有效抗菌药物效价可能不高。

【护理诊断】

1. 体温过高　与细菌感染引起机体单核—巨噬细胞和中性粒细胞释放的内源性致热原有关。

2. 活动无耐力　与持续发热、全身中毒症状重，造成患者体力消耗有关。

3. 营养失调（低于机体需要量）　与发热时间长、食欲明显减退、消化功能低下等有关。

4. 便秘　与卧床时间长、进食少、肠蠕动功能弱等有关。

5. 潜在并发症　肠出血、肠穿孔与饮食不当或腹泻等有关，中毒性心肌炎与中毒症状严重有关。

【护理目标】

（1）体温下降至正常，体力恢复，无不适感。

（2）摄入饮食合理，体重渐增，排便正常。

（3）无并发症发生或并发症症状减轻。

【护理措施】

1. 一般护理

（1）休息：应卧床休息至热退后1周，逐渐增加活动量，以减少患者能量消耗，并可预防肠道并发症。

（2）饮食护理：①发热期应予清淡、易消化的流质饮食，保证每日有足够的液体量，约2 500～3 000 mL，如米汤、蛋汤、瘦肉汤、新鲜果汁等，必要时可静脉输液补充。②退热后可渐改为无渣或少渣、少纤维素、不产气的半流质饮食，如软面条、米粥，适量加入肉末、菜末等。③进入恢复期，可逐渐由软饭过渡到正常饮食，保证提供足够的蛋白质、碳水化合物和维生素，但忌食量增加过快，忌食用生冷、粗糙不易消化的食物。

2. 对症护理

（1）高热患者进行物理降温，但不宜用发汗退热剂，以免引起虚脱。

（2）腹胀时可暂停牛奶及含糖高的食物，用松节油热敷腹部及肛管排气，但禁用新斯的明，以免引起剧烈肠蠕动，诱发肠道并发症。

（3）便秘时可使用开塞露，或用温生理盐水低压灌肠，忌用泻药。

（4）注意口腔和皮肤护理，预防褥疮和感染。

（5）告之患者和其家属伤寒并发症易发生的时间及和饮食不当的重要关系，指导患者和其家属自我监测肠道并发症的表现，以便及时发现、及时报告。

3. 心理护理　在病程中，应始终表现出对患者关心、体贴的态度，能耐心指导患者合理饮食，细心进行生活照顾，以利于疾病良好康复。

4. 用药护理

（1）抗菌药物：目前临床多以喹诺酮类为首选药物，注意用药后胃肠道反应，孕妇、儿童、哺乳期妇女慎用。另外，对耐药菌株可选用头孢菌素、磺胺类、氨苄西林等，或结合细菌培养药敏实验选药。

（2）其他：有严重毒血症者，可在足量有效抗菌治疗配合下使用激素，但对有显著鼓肠或腹泻的患者，激素的使用宜慎重，以免发身发生肠出血及肠穿孔；有出血者，及时应用维生素 K、安络血等止血药；并发中毒性心肌炎出现心力衰竭时，宜适当使用洋地黄、速尿等药物，应密切观察洋地黄的不良反应。

5. 病情观察

（1）并发症的预防及护理：主要观察大便颜色、腹痛等症状，及时检查大便隐血实验。并发症一旦发生，立即安置患者绝对卧床休息，禁食，建立静脉通道，遵医嘱正确应用各种药物。

（2）要注意观察患者的生命体征：如体温、脉搏、呼吸、血压等。

【护理评价】

（1）体温是否下降至正常，体力恢复，有无不适感。

（2）摄入饮食是否合理，体重是否渐增，排便是否正常。

（3）有无并发症发生或并发症症状减轻。

【健康教育】

（1）告之患者执行传染病隔离措施的重要意义，正确要求是实施消化道隔离措施至体温正常后 15 日，或每隔 5 d 或 10 d 各做尿、粪便培养 1 次，连续 2 次阴性方解除隔离，患者的大小便、便器、食具、衣服、生活用品等均消毒处理。

（2）宣传以切断传播途径为主的预防措施：①及早隔离、治疗患者，加强对慢性菌痢患者、带菌者的诊断和治疗，饮食业从业人员定期检查，带菌者应调离工作，予以治疗。②切断消化道传播途径是预防的关键，主要措施是“三管一灭”，即粪便管理、水源管理、饮食卫生管理、消灭苍蝇，个人应养成良好的卫生习惯，坚持饭前、便后洗手，不饮生水，不吃不洁食物。③提高人群免疫力，易感人群可进行预防接种，但以往使用的伤寒、副伤寒甲、乙三联菌苗，不良反应较大，保护效果不佳，实际应用已较少，新型口服减毒活疫苗已经进入人体试验阶段，效果比较理想。

(3) 耐心向患者讲解急性期彻底治愈的重要性，指导患者正确、合理使用抗菌药物。慢性带菌者也应积极治疗，争取早日彻底治愈。

第二节　细菌性痢疾患者的护理

细菌性痢疾（bacillary dysentery，简称菌痢），是由痢疾杆菌引起的肠道传染病。临床表现主要为发热、腹痛、腹泻、黏液脓血便和里急后重，严重者可有感染性休克和中毒性脑病。常年散发，夏秋多见，为我国常见病、多发病。

【疾病概要】

（一）病因和发病机制

1. 病原学　痢疾杆菌属肠杆菌科志贺菌属，革兰染色阴性，有菌毛，可黏附于肠黏膜上皮细胞上。按其抗原结构和生化反应分为 4 群及 47 个血清型，即 A 群志贺菌、B 群福氏菌、C 群鲍氏菌及 D 群宋内菌。目前我国流行的菌群以福氏菌为主，宋内次之，鲍氏又次之。各群、型之间无交叉免疫。各群痢疾杆菌产生内毒素、外毒素是引起临床症状的基础。不同群菌产生外毒素的能力差别很大，其中以志贺痢疾杆菌产生外毒素的能力最强。外毒素按其生物活性可分为神经毒素、细胞毒素和肠毒素。

痢疾杆菌外界生命力较强，在蔬菜、水果中能存活 1 ~ 2 周，冰水中存活 26 d，但对理化因素抵抗力较低，日光照射 30 min，加热 56 ℃、10 min 或煮沸 2 min 即被杀死。对化学消毒剂很敏感，易被杀灭。

2. 传染源　患者和带菌者。其中不典型患者、慢性患者在流行病学上意义更大。

3. 传播途径　通过消化道传播，病原菌污染食物、饮水、生活用品或手，经口感染，亦可通过苍蝇污染食物而传播。生活接触是非流行季节散发病例的主要传播途径。经水和食物传播则主要流行于夏秋季节。

4. 人群易感性　人群普遍易感。病后可获短暂的免疫力，且不同菌群和血清型之间无交叉免疫，故易复发和重复感染。儿童发病率最高，青壮年次之。

5. 流行特征　全年均可发生，以夏、秋季多见；一般呈散发，时有流行。

6. 发病机制　痢疾杆菌致病力主要取决于对肠黏膜上皮细胞的吸附和侵袭力。细菌经口侵入人体，在胃内未被胃酸杀灭则进入肠道。当机体免疫力低下或细菌数量多时，细菌则借菌毛作用黏附于肠黏膜上皮细胞上，侵入并在其中繁殖，而后侵入固有层继续繁殖，形成感染灶，产生强烈的内毒素，并释放肠毒素和细胞毒素。内毒素引起发热、意识障碍、感染性休克等毒血症状。肠毒素和细胞毒素引起肠液分泌增加和肠黏膜的炎症反应，出现坏死、溃疡而发生腹痛、腹泻和脓血便。此外，局部炎症刺激和毒素作用于肠壁自主神经，可引起肠功能紊乱、肠痉挛等，以直肠为著，因而有腹痛、里急后重等症状。中毒性痢疾主要由于特异体质对内毒素呈强烈的过敏反应，血中儿茶酚胺等多种血管活性物质增加，致全身小血管痉挛而引起急性微循环障碍，弥散性血管内凝血（DIC），导致重要脏器功能衰竭、循环衰竭、脑血管痉挛及脑组织缺氧引起脑水肿甚至脑疝，引起昏迷、抽搐及呼吸衰竭。

本病的肠道病变以乙状结肠、直肠病变最显著。急性菌痢的基本病变为黏膜弥漫性纤维蛋白渗出性炎症，肠上皮细胞变性坏死脱落，形成多数不规则浅表溃疡。慢性菌痢肠黏膜水肿、增厚、溃疡不断形成不断修复，可形成囊肿、息肉、肠腔狭窄。中毒性菌痢肠道病变不显著，以大脑、脑干的弥散性充血水肿，神经细胞变性为主。

（二）临床表现

潜伏期数小时至7 d不等，一般为1～2 d。根据病程长短和病情特点可分以下类型。

1. 急性菌痢

（1）普通型（典型）：突起高热，继之腹痛、腹泻，大便每日10～20次，量不多，初为稀便，1～2日后转为黏液脓血便，里急后重明显，如腹泻频繁，达每日30次以上，尤其是年老体弱者，可引起脱水、酸中毒及电解质紊乱。体检可有左下腹压痛及肠鸣音亢进。常持续1～2周后逐渐痊愈，也可转为慢性。

（2）轻型（非典型）：全身症状轻，无明显发热，腹泻每日数次，黏液稀便，常无脓血，腹痛轻。镜检可见少数脓细胞。3～7 d可痊愈，也可演变为慢性。

（3）中毒型：2～7岁儿童多见。主要表现为严重的毒血症。起病急骤，突起高热（40 ℃以上），反复惊厥、嗜睡、昏迷，迅速发生循环衰竭和呼吸衰竭，而肠道症状轻微或缺如。开始时可无腹泻，发病24 h内可出现黏液脓血便。根据中毒症状的主要表现，可分三型：

1）休克型（周围循环衰竭型）：主要表现为感染性休克。在早期全身微血管痉挛阶段，患者出现精神委靡、面色苍白、四肢湿冷、脉搏细速、呼吸急促、血压偏低。后期微循环淤血、缺氧阶段，患者出现发绀、皮肤花纹、血压明显降低、脉搏细弱、少尿或无尿及不同程度的意识障碍等。

2）脑型（呼吸衰竭型）：由于脑血管痉挛引起脑缺氧、脑水肿、颅内高压以至脑疝。表现为剧烈头痛、呕吐、血压偏高，反复惊厥并迅速进入昏迷，瞳孔大小不等或忽大忽小、对光反应迟钝或消失，呼吸节律不整、深浅不匀、双吸气、叹息样呼吸、下颌呼吸及呼吸暂停等，最终因呼吸衰竭死亡。此型严重，病死率高。

3）混合型：兼有以上两型表现，最为凶险，有呼吸、循环、中枢神经系统等多器官衰竭和损害，病死率90%以上。

2. 慢性菌痢　菌痢反复发作或迁延不愈，病程超过2个月称为慢性菌痢。病程迁延可能与下列因素有关：①急性期治疗不及时，不彻底。②患者抵抗力低下，如营养不良，原有胃肠道疾患或肠寄生虫病，肠道分泌型IgA减少等。③福氏菌或耐药菌株的感染。

慢性菌痢可分为三型：

（1）慢性迁延型：急性菌痢迁延不愈，有轻重不等的痢疾症状。大便不成形或较稀，带黏液，偶有脓血便或便秘与腹泻交替出现。左下腹有压痛，乙状结肠增粗可扪及，因长期腹泻可致营养不良、贫血、乏力。

（2）急性发作型：半年内有菌痢史，因受凉，进食生冷或劳累等诱因引起急性发作，有腹痛、腹泻和脓血便，而发热等毒血症状不明显。

（3）慢性隐匿型：一年内有痢疾史，平时无症状，乙状结肠镜检见慢性菌痢改变，大便培养可阳性。

（三）治疗原则

急性菌痢病原治疗为首要措施，应根据当地流行菌株及药物敏感试验选用抗菌药物，剂量要足，疗程不宜短于5～7 d。目前首选药物是喹诺酮类（如诺氟沙星、氧氟沙星、环丙沙星等），还可选用氨基糖苷类（如庆大霉素、丁胺卡那霉素等）和氨苄西林、复方新诺明。中毒型菌痢病原治疗应先静脉用药，除上述药物外，选用第三代头孢菌素（如头孢噻肟、头孢唑肟等）；同时配合降温止惊、防治循环衰竭、脑水肿和呼吸衰竭等综合急救措施。慢性菌痢采取以病原治疗为主，最好根据大便培养药敏试验选用抗生素，联合用药或交叉用药，并宜多疗程应用；同时对菌群失调、肠功能紊乱、肠道寄生虫病等采取微生态制剂（如乳酸杆菌或双歧杆菌）纠正、驱虫等综合治疗措施，不断增强机体抵抗力。

【护理评估】

（一）健康史（流行病学资料）

注意评估患者生活和饮食卫生习惯，居住环境，水源卫生状况，有无与类似患者密切接触。注意了解当地菌痢流行情况。询问既往的健康状况及有无类似疾患、个人的健康状况、生活习惯、工作环境和工作条件、既往有无接种史等。本次发病有无饮食不节、受凉、劳累等诱因。

（二）身心状况

1. 症状和体征　注意评估体温、腹痛、腹泻、里急后重情况，检查有无左下腹压痛、肠鸣音亢进。夏秋季遇急性高热或惊厥的学龄前儿童需排除中毒性菌痢的可能，应及时用肛拭或盐水灌肠取粪便做检查。

2. 心理社会状况　由于本病临床表现起病急病程进展快，病情凶险，特别是中毒型菌痢，如抢救不及时，可在短期内危及生命，有的还可留下后遗症。常使患者及其家属感到担忧、焦虑、恐惧。

（三）辅助检查

1. 血象　急性期白细胞总数及中性粒细胞均增高。慢性菌痢的红细胞数及血红蛋白偏低。

2. 粪便常规　外观为黏液脓血便，镜检可见大量脓细胞、白细胞、红细胞，并有巨噬细胞。

3. 粪便细菌培养　确诊菌痢的依据。为提高培养阳性率，应在使用抗菌药物前采取新鲜粪便的脓血部分，勿与尿液相混，立即送检，并需多次培养。

4. 乙状结肠镜或纤维结肠镜检查　急性菌痢一般不用，适用于慢性菌痢患者，以助诊断。慢性菌痢可见结肠黏膜轻度充血水肿、呈颗粒状，有溃疡、息肉与增生性改变。刮取黏液脓性分泌物培养可提高阳性率。

5. X线检查　慢性菌痢钡剂灌肠，可见肠道痉挛，袋形消失，肠壁增厚，黏膜纹理紊乱，肠腔狭窄等改变。

【护理诊断及合作性问题】

1. 体温过高　与痢疾杆菌感染有关。

2. 腹泻　与痢疾杆菌引起肠道病变有关。

3. 腹痛　与肠蠕动增强、肠痉挛有关。

4. 营养失调　低于机体需要量，与慢性病患者长期腹泻、摄入量不足有关。

5. 潜在危险性　循环衰竭或呼吸衰竭：与内毒素致微循环障碍有关。

6. 有传播感染的可能　与排菌有关。

【护理目标】

（1）患者体温、呼吸、脉搏、血压恢复正常；肠道症状消失，摄取营养合理；神经精神状态较好。

（2）患者焦虑减轻或消失。

（3）患者住院期间不发生循环、呼吸衰竭或发生后得到及时有效抢救。

【护理措施】

1. 一般护理

（1）休息：急性发热期卧床休息，休克患者取平卧位或休克位。

（2）饮食护理：急性期给予低脂流质饮食，如米汁、藕粉、脱脂奶等，少量多餐。呕吐不能进食者可静脉补液。病情好转后改半流质饮食，如米粥、面条等，辅以少渣菜。忌食生冷、油腻及刺激性食物，粪便正常后逐渐恢复正常饮食。

2. 对症护理

（1）腹泻护理：记录大便次数、便量及性状，用药前采取新鲜脓血便立即送检做细菌培养。疑中毒型菌痢，如尚未排便，可做肛拭子采取大便标本送检。做好皮肤护理，保持臀部清洁干燥。大便频数者，肛周涂以凡士林，防糜烂。为防止脱肛，排便时嘱患者不要用力过度，时间不宜过长。成人若有脱肛，用手隔以消毒纱布轻揉局部，帮助肛管回纳，并每日用1∶5 000高锰酸钾溶液坐浴，以保持局部清洁，防止感染。

（2）高热护理：用地面洒水、电扇、空调器等方法控制室内温度，保持室内凉爽通风。采用温水浴、醇浴、冷盐水灌肠等物理方法降低体温。必要时安乃近滴鼻等药物降温（休克者忌用）。高热而惊厥频繁者可给予冬眠合剂氯丙嗪及异丙嗪各1～2 mg/kg肌注。惊厥不止者可用地西泮（安定）0.2～0.3 mg/kg（一次量不超过10 mg）或水合氯醛等。

（3）腹痛护理：腹部置热水袋热敷，解除肠痉挛。分散患者的注意力。必要时遵医嘱使用阿托品、颠茄合剂或适量镇静剂止痛。

（4）循环衰竭（休克型）护理：具体措施包括：①患者取中凹式休克体位，头部和下肢均抬高30°的体位。也可采取平卧位与休克体位相交替的方式。②每15～30 min监测生命体征1次，密切观察神志、面色、肢端肤色、尿色、准确记录出入量等。③给氧，保暖。一般采用鼻导管给氧，氧流量约2～4 L/min，必要时4～6 L/min；用45～50 ℃热水袋置于足部，改善周围血循环。④立即建立静脉通道，用粗大针头，选择易于固定的较大血管。遵医嘱进行抗休克，中毒症状严重的适当应用肾上腺皮质激素，注意输液速度，准确记录24 h液体出入量。

（5）呼吸衰竭（脑型）护理：脑水肿患者可用20%甘露醇快速静脉推注进行脱水治疗，每6～8 h 1次，以防止发生脑疝及呼吸衰竭。肾上腺皮质激素可减轻脑水肿，降低颅内压，常应用地塞米松静脉点滴。对于呼吸衰竭患者应给予吸氧，并保持呼吸道通畅，应用呼吸兴奋剂，必要时气管切开及应用人工呼吸器。

3. 用药护理　按医嘱使用有效抗菌药物，如诺氟沙星、复方新诺明等。目前临床多以喹诺酮类为首选药物，注意用药后胃肠道反应，孕妇、儿童、哺乳期妇女慎用。另外，对耐药菌株可选用头孢菌素、磺胺类、氨苄西林等，或结合细菌培养药敏实验选药。

4. 心理护理　在病程中，应始终表现出对患者关心、体贴的态度，能耐心和患者进行有效的沟通，细心进行生活照顾，以利于疾病良好康复。

5. 病情观察

（1）密切观察生命体征。注意呼吸频率、节律和深度的变化；血压和脉压的变化；脉搏和心律变化。

（2）准确记录液体出入量。

（3）观察脱水和电解质紊乱表现。

【护理评价】

（1）通过实施及时有效的治疗和正确合理的护理措施，患者病情得到控制，生命体征恢复正常，肠道症状消失，食欲增加，神经精神状态明显好转。

（2）患者与医护人员密切配合，未发生循环衰竭、呼吸衰竭或发生后及时处理并痊愈出院。

【健康教育】

（1）告之患者执行传染病隔离措施的重要意义。要求按消化道传染病隔离治疗至症状消失后 1 周或连续 2 次粪便培养阴性。患者的大小便、便器、食具、衣服、生活用品等均消毒处理。

（2）广泛宣传菌痢传播方式，让群众了解加强对饮食、饮水和粪便管理，灭蝇灭蛹，改善环境卫生，注意个人卫生，饭前便后洗手为预防细菌性痢疾的主要措施。

（3）患者出院后仍应遵医嘱按时服药，避免过劳、受凉、暴饮暴食，尽量选择易消化、富营养、少刺激性食物，以防菌痢再次发作。

（4）向慢性菌痢患者介绍急性发作的诱因，如生冷食物、暴饮暴食、紧张劳累、受凉、情绪波动等。并嘱患者加强体育锻炼，保持生活规律，增强体质。督促定期门诊复查，复发时应及时治疗。

（5）易感者可口服多价痢疾活菌苗，免疫期可维持 6 ~ 12 个月。流行期间，口服大蒜、马齿苋、地锦等，也有一定预防效果。

（6）从事饮食业、保育工作和自来水厂人员应定期作粪便培养，发现带菌者应调离工作，并进行彻底治疗。

第三节　霍乱患者的护理

霍乱（cholera）是由霍乱弧菌所致的一种烈性肠道传染病。其发病急、传播快，曾引起七次世界性大流行，属国际检疫传染病，在我国《中华人民共和国传染病防治法》中列为甲类。临床表现，多数患者仅有轻度腹泻，少数重者表现为剧烈泻吐，导致脱水及周围循环衰竭等，治疗不及时病死率极高。

【疾病概要】

（一）病因和发病机制

1. 病原学　霍乱弧菌属弧菌科弧菌属，为革兰染色阴性、短小稍弯曲的杆菌，无芽胞，无荚膜，菌体两端钝圆或稍平，一般长1.5～3.0 μm，宽0.3～0.4 μm，菌体末端有一根粗大鞭毛，为菌体的4～5倍，活动力极强。粪便直接涂片并染色，可见霍乱弧菌呈鱼群样排列。在碱性肉汤或蛋白胨水中繁殖迅速。该菌产生的肠毒素是引起剧烈腹泻的主要因素。该菌包括两个生物型，即古典生物型和埃尔托生物型，均属 O_1 群，两者的抗原结构、临床表现和流行病学特征基本相同，两种生物型皆可分为小川、稻叶和彦岛三个血清型。现把两者所致的感染统称为霍乱。近年来又发现非 O_1 群新的血清型，即 O_{139}，也可以引起典型霍乱样疾病的流行。

霍乱弧菌对热、干燥、日光、酸及一般消毒剂均很敏感，干燥2 min，加热55 ℃ 10 min或煮沸时立即死亡，但能耐低温和碱。

2. 传染源　患者及带菌者是主要传染源，尤其是中、重度患者，排菌量大，污染面广，是重要的传染源。患者在发病期间，绝大多数均连续大量排菌，时间一般为5 d，也可长达2周。

3. 传播途径　霍乱是经口感染的肠道传染病，主要通过水、食物、日常生活接触和苍蝇等传播，其中水源传播是最重要的途径。

4. 易感人群　人群普遍易感。患病后可获得一定程度的免疫力，能产生抗菌抗体和抗毒抗体。

5. 流行特征　在热带地区全年均可发病，我国以夏、秋季多见，7～10月为发病高峰。常从沿海港口、江河沿岸及水网地区开始流行，然后沿水路及交通线传播，发病率高。一般而言，沿海地区发病率高于平原，平原高于山区，盐碱地区高于非盐碱地区。近年发现的 O_{139} 血清型所致的患者，也是从印度开始暴发流行。

6. 发病机制　霍乱弧菌经口入胃后，未被胃酸杀灭的弧菌进入小肠，黏附于小肠上皮细胞表面并迅速繁殖，产生大量外毒素的霍乱肠毒素（CT）。此肠毒素由A、B两个亚单位组成，B亚单位首先与小肠上皮细胞膜的受体神经节苷脂（GM）结合，然后A亚单位进入细胞膜，活化腺苷酸环化酶（AC），使三磷腺苷（ATP）变成环磷酸腺苷（cAMP），细胞内浓度增高的cAMP发挥第二信使的作用，促使细胞内一系列酶反应的进行，抑制肠黏膜绒毛细胞对钠的正常吸收，并且刺激隐窝细胞分泌氯化物、水和碳酸氢盐，以致使大量水分与电解质聚积在肠腔内，超过了肠道正常的吸收能力，出现剧烈水样腹泻及呕吐。剧烈泻吐可致脱水和电解质紊乱、代谢性酸中毒、周围循环衰竭及肾衰竭。因胆汁分泌减少，肠液中水分、电解质及黏液聚集，泻吐物呈“米泔水”样。

本病的主要病变为严重脱水，皮下组织、肌肉及组织器官干瘪缩小，而肠道上皮细胞完整，肠腔内充满米泔水样物。

（二）临床表现

1. 典型表现　本病潜伏期一般为1～3 d。典型病例分为三期：

(1) 泻吐期：多数患者以剧烈腹泻开始，多无腹痛和里急后重。每日大便数次至数十次，量多，大便初有粪质呈黄稀便，继之呈水样、无粪臭，后转呈米泔水样或洗肉水样。腹泻后继之呕吐，呈喷射状，次数不多，初为胃内容物，后呈米泔水样，与大便性状相仿。一般无发热等全身中毒症状。本期可持续数小时至2 d。

(2) 脱水虚脱期：由于严重泻吐引起水、电解质丧失，可出现脱水和周围循环衰竭。患者表现烦躁不安、表情呆滞、口渴、声音嘶哑、眼窝凹陷、鼻高尖、颊深凹、唇干皮皱、弹性消失、指纹皱瘪、舟状腹。中、重度脱水者，血容量显著下降导致循环衰竭，患者表现极度乏力、呼吸短促、血压下降、脉搏细弱、尿少、意识障碍。由于电解质的丧失，肌肉兴奋性增强，引起肌痉挛。低钠可致腓肠肌或腹直肌痉挛；低钾可致肌张力降低、鼓肠、心律失常；低碳酸氢盐可致代谢性酸中毒。此期可持续数小时至3 d。

(3) 反应期及恢复期：脱水纠正后，大多数患者可迅速恢复，泻吐停止，体温、脉搏、血压复常，尿量增加。病程平均3～7 d。约1/3患者出现反应性发热（38～39 ℃），以儿童多见，可能为残余肠毒素被吸收所致，一般1～3 d可自行消退。

2. 临床类型　临床上按脱水程度、血压、脉搏及尿量等可分为轻、中、重三型（表3－1）。此外，尚有极罕见的类型，临床表现起病急骤，尚未出现吐泻症即进入循环衰竭而死亡，称为“中毒型霍乱”，又称“干性霍乱”。

表3－1　霍乱临床类型

临床表现	轻型	中型	重型
脱水程度（体重%）	5%以下	5%～10%	10%以上
精神状态	正常	淡漠、不安	极度烦躁或昏迷
皮肤	稍干、弹性略差	干燥、缺乏弹性	弹性消失
发绀	无	轻度	明显
口唇	正常或稍干	干燥	极度干裂
眼窝、囟门	稍陷	明显下陷	深凹、眼闭不紧
指纹皱缩	不皱	皱瘪	干瘪
肌痉挛	无	有	严重
脉搏	正常	细速	微弱而速
血压（收缩压）	正常	成人70～90 mmHg，儿童69.75 mmHg	成人低于70 mmHg，儿童低于50 mmHg
每日尿量	正常或稍少	<400 mL	<50 mL

（三）治疗原则

重症病例立即静脉补液，首选541液；轻、中型及静脉补液后休克情况改善的重型病例，可用口服补液盐（ORS）治疗，以迅速纠正患者水、电解质紊乱。抗菌治疗是补液疗法的重要辅助措施，能减少腹泻量和缩短排菌期；常用四环素、多西环素、喹诺酮类、复方新诺明进行病原治疗。针对发病机制，选用GM1炭剂、氯丙嗪、小檗碱等以迅速减少腹泻量。用洋地黄制剂纠正心衰，用10%葡萄糖酸钙治疗肌痉挛，若肾衰竭在纠正脱水后不能好转，可考虑人工肾或腹膜透析。

【护理评估】

（一）健康史（流行病学资料）

询问是否到过疫区并就餐或饮用生水；是否与霍乱患者或疑似患者有明确的接触史；居住地是否有同样患者；询问既往的健康状况及有无类似疾患、个人的健康状况、生活习惯、工作环境和工作条件、既往有无接种史等。

（二）身心状况

1. 症状和体征　注意评估腹泻与呕吐先后、次数、性状、量；有无发热、腹痛、里急后重等症状；观察神志、精神状态、皮肤弹性、血压、脉搏、呼吸、心率和心律、尿量等；有无脱水休克等表现。

2. 心理社会评估　由于本病具有周期型暴发流行特点，临床上表现起病急，病程进展快，病情凶险，如抢救不及时，可在短期内危及生命。常使患者及其家属感到恐惧、焦虑、担忧及孤独感。由于本病为消化道传染病，家庭成员和社会成员以及患者之间不能密切接触，加上该病带来的痛苦，使患者更感孤独，对生活失去信心等，甚至影响社会安定。

（三）辅助检查

1. 血液检查　白细胞总数增至（10～30）$\times 10^9$/L，分类中性粒细胞及大单核细胞增多。因血容量减少和血液浓缩，血浆相对密度、红细胞压积、血红蛋白均可增高。尿素氮增加。血钾、血钠、血氯、碳酸氢盐及二氧化碳结合力均降低。

2. 尿液检查　尿中可有蛋白、红细胞、白细胞及管型。尿相对密度1.010～1.025之间。

3. 粪便检查　在使用抗生素药物之前，采取患者的粪便或呕吐物作标本，及时送检。

（1）常规检查：粪便呈水样，镜检仅见少数白细胞。

（2）细菌学检查：该检查包括：①动力试验：可见穿梭样或流星样运动的弧菌。②制动试验：加入特异性多价血清后，弧菌运动力迅速减弱或静止。可为早期快速诊断的重要参考依据。③涂片作革兰染色：可见革兰染色阴性呈鱼群样排列的弧菌。④细菌培养：粪便标本直接接种于碱性蛋白胨水增菌后，一般经37 ℃、6～8 h，于碱性琼脂培养基上进行分离培养，经37 ℃、10～20 h，可检出霍乱弧菌。

4. 血清学检查　测血清抗体，效价1∶80以上为阳性，若双份血清抗体效价呈4倍以上逐次升高，具有追溯性诊断意义。

【护理诊断及合作性问题】

1. 腹泻呕吐　与胃肠内感染有关。

2. 体液不足　与大量泻吐有关。

3. 焦虑、恐惧　与隔离、死亡率较高有关

4. 潜在并发症　包括休克、电解质紊乱、急性肾衰竭。

5. 有传播感染的危险　与排菌有关。

【护理目标】

（1）患者体温、呼吸、脉搏、血压恢复正常；血液、尿液、粪便等检查指标恢复正常。

（2）脱水表现明显改善，肠道症状消失，摄取营养合理；神经精神状态较好。

（3）患者能积极配合医护人员实施预防休克和急肾衰的措施。

（4）加强护理和治疗，使患者在住院期间不发生休克、急性肾衰竭或发生后得到及时有效抢救并逐步痊愈。

【护理措施】

1. 一般护理

（1）休息：休克患者取平卧位或休克位。应严格卧床休息，频繁泻吐者可卧于臀部带孔的床上，床下对孔处放置便器以减少患者体力消耗，亦便于排泄物的测量与管理。并保持床铺清洁干燥。腹泻不重的可适当活动。体温降低、年老体弱或有循环衰竭者，应注意做好患者保暖工作。

（2）饮食护理：泻吐剧烈者应禁食，不严重的给予少渣、少纤维素、高蛋白、高热量、容易消化的低脂流质或半流质饮食，如米汤、藕粉、脱脂奶等，少量多餐，忌食生冷和刺激性食物。待腹泻好转后逐渐恢复增加进食量。

（3）口腔护理：每次呕吐后协助患者用温水漱口，预防口腔炎。

2. 对症护理

（1）体液不足：采用静脉补液和口服补液，其中静脉补液是治疗本病的关键环节。

1）病情观察：①严格卧床休息，每 1～2 h 测生命体征 1 次，以便及时发现休克。②密切观察腹泻物、呕吐物的量、颜色、性状。③严格记录 24 h 出入量。④观察水、电解质紊乱症状，特别是低钾表现。追询血清钾、钠、氯、钙、二氧化碳结合力、尿素氮等结果，发现异常及时报告医生。

2）立即建立静脉通路，用粗大针头，选择易于固定的较大血管，必要时采用两条静脉通路。但必须保留一侧上肢以备测血压用。

3）静脉补液，及时足量的液体补充是治疗霍乱的关键。对严重脱水者采用静脉补液，遵循“先盐后糖、先快后慢、纠酸补钙、见尿补钾”的原则，早期快速补充生理盐水，待血压回升后改用 541 溶液（每升含氯化钠 5 g、碳酸氢钠 4 g、氯化钾 1 g，另加 50% 葡萄糖液 20 mL），是目前治疗霍乱脱水的首选液。根据脱水程度，首日补液轻型 3 000～4 000 mL（儿童 120～150 mL/kg），中型 4 000～8 000 mL（儿童 150～200 mL/kg），重型 8 000～12 000 mL（儿童 200～250 mL/kg）。补液同时注意补液速度。成人严重脱水患者每分钟 40～80 mL，直至 100 mL 静脉推注，以后按每分钟 20～30 mL 快速静脉滴注 2 500～3 500 mL，直至桡动脉脉搏增强有力时再减慢速度。4 岁以下儿童，最初 15 min 内，以每分钟 20～30 mL，婴幼儿以每分钟 10 mL 速度输入，以后视情况改善，逐步减慢补液速度。

4）口服补液（ORS），由于口服液中电解质及葡萄糖浓度与血浆比较，大致是等渗的。对轻、中症病例或重症病例经静脉补液情况好转、血压回升、呕吐停止者均可改用口服补液盐治疗，其配方是每升液体中含氯化钠 3. 5 g、碳酸氢钠 2. 5 g，氯化钾 1. 5

g、葡萄糖20 g。轻症开始6 h成人每小时口服750 mL，儿童（20 kg以下）每小时口服250 mL，以后每6 h口服量为前6 h泻吐量1.5倍。

5）观察补液效果，如经静脉补液血压仍不回升，可按医嘱使用血管活性药物（如多巴胺）。如有心衰、肺水肿表现，立即减慢输液速度，通知医生并配合医生予吸氧，使用强心剂等急救措施。

（2）腹泻护理：入院当天采集泻吐物送常规检查及细菌培养，以后每日送大便作细菌培养1次。密切观察大便次数、量及性状，并详细记录。加强口腔及皮肤护理，及时更换污染的尿布、床单，保持床铺平整、干燥与清洁。遵医嘱给予四环素、氯丙嗪等控制肠内感染，减轻腹泻。

（3）呕吐护理：呕吐时为患者提供必要的帮助，如放置便盆、支撑患者的头或肩，卧床患者头应取侧位。及时清除呕吐物，更换污染的床单。呕吐严重病例，遵嘱给予氯丙嗪。

（4）局部护理：腹直肌及腓肠肌痉挛者，局部热敷、按摩、针灸止痛或按医嘱给予补充钠和钙。

3. 心理护理　正确实施各项护理工作，有效缓解病情，在护理过程中关心、体贴患者，积极安慰、指导患者，有利于缓解患者恐惧心理。

4. 病情观察　具体包括：①密切观察生命体征。1～2 h测1次生命体征，注意血压和脉压的变化，脉搏和心律变化；②准确记录24 h液体出入量；③观察脱水和电解质紊乱表现。

【护理评价】

（1）通过及时有效的补液治疗和正确合理的护理措施，患者病情得到控制，腹泻、呕吐症状消失，食欲增加，营养合理，脱水虚脱现象恢复正常。

（2）患者与医护人员密切配合，未发生循环衰竭或发生后得到及时控制，未出现死亡；并对本病也有了进一步认识，基本掌握了相关的预防措施。

【健康教育】

（1）建立健全疫情报告制度，宣传霍乱的预防措施，并说明霍乱是烈性肠道传染病，起病急、传播快、重症者死亡率高。

（2）严密隔离患者至症状消失，隔日大便培养1次，连续3次阴性或症状消失后2周止。严格消毒措施。吐泻物用20%漂白粉乳剂消毒，2小时后再倒，或排放入专用化粪池中做消毒处理。便具、餐具、衣被、地面、家具用次氯酸钠溶液消毒。枕芯、床垫日光暴晒6 h或用过氧乙酸熏蒸。室内应有防蝇设备。护理患者后应彻底洗手。

（3）大力开展“三管一灭”（即管理好水源、饮食、粪便和消灭苍蝇）的群众性卫生运动，是预防霍乱的关键。

（4）疾病流行期间，减少外出，易感者可预防性应用诺氟沙星和四环素；可接受预防接种，提高机体免疫力。

第四节　流行性脑脊髓膜炎患者的护理

流行性脑脊髓膜炎（epidemic cerebrospinal menigitis，简称流脑），是由脑膜炎双球菌引起的一种急性化脓性脑膜炎。其主要临床特征为突起高热、剧烈头痛、频繁呕吐、皮肤黏膜有淤点、淤斑及颈项强直等脑膜刺激征。严重者可出现败血症、休克和脑实质损害，病死率高，部分可留下后遗症。脑脊液呈化脓性改变。本病好发于冬春季，儿童发病率高。常散发流行。

【疾病概要】

（一）病因和发病机制

1. 病原学　脑膜炎双球菌属奈瑟菌属，革兰染色阴性，呈肾形或豆形，常成对或四联排列，能产生毒力较强的内毒素。本菌仅存于人体，可从带菌者的鼻咽部和患者血液、脑脊液和皮肤淤点中检出。该菌在外界抵抗力很弱，对寒冷、干燥、热及一般消毒剂极为敏感，又因能产生自溶酶，在体外极易自溶，故采集标本应注意保暖并快速送检。

根据菌体特异性多糖抗原不同，用血清凝集试验可将其分为 A、B、C、D 等 13 个血清群，其中以 A、B、C 三群最常见，占 90% 以上。人群中致病菌群也在不断变化，我国目前流行的菌群仍以 A 群占优势，但 B 群有增多趋势。

2. 传染源　为带菌者和流脑患者。患者在潜伏期末和急性期均有传染性，传染期一般不超过发病后 10 日，本病隐性传染率高，感染后细菌可存在正常人鼻腔，不引起症状而成为带菌者，不易被发现，流行期间人群带菌者显著增多，故带菌者是最重要的传染源。

3. 传播途径　经呼吸道传播，病原菌主要是通过飞沫直接从空气中传播。间接传播较少。密切接触如同睡、怀抱、喂奶等等，对 2 岁以下婴幼儿传染本病有重要意义。

4. 易感人群　普遍易感，以 15 岁以下儿童居多，尤以 6 个月至 2 岁婴幼儿发病率最高。病后可产生持久的免疫力。

5. 流行特征

（1）周期性流行有每隔 3 ~ 5 年 1 次小流行，8 ~ 10 年 1 次大流行，与人群免疫力下降及新易感者逐渐增加有关。

（2）季节性以冬春季发病较多，一般从 11 月开始上升，2 ~ 4 月达高峰，5 月起逐渐下降。

（3）易感类型隐性感染者占大多数，带菌者占 60% ~ 70%，典型流脑仅占 1% ~ 2%。

6. 发病机制　脑膜炎球菌自鼻咽部侵入人体后，病情的发展取决于人体的防御功能和细菌的毒力。如人体免疫力强，则侵入的病原菌迅速被消灭；如免疫力较弱，则病原菌在鼻咽部繁殖，成为无症状带菌状态，或表现为上呼吸道炎症，一般多可因此获得免疫力而不治自愈。在少数情况下，当人体免疫力明显低下或侵入的病原菌数量多，毒力强时，病原菌从鼻咽部黏膜侵入血流而形成短暂的菌血症，仅少数发展为败血症。该菌可通过血脑屏障进入，继而侵犯脑脊髓膜，形成化脓性脑膜炎。其他脏器偶可发生迁徙性化脓性病灶如心内膜炎、心包炎、肺炎等。

暴发型流脑的发病机制主要是由于脑膜炎球菌释放内毒素引起的急性微循环障碍。大量内毒素引起周围血管阻力改变，通透性增加，血管活性物质释放，激活凝血系统而发生DIC，同时引起急性微循环障碍，导致感染性休克（暴发休克型），常出现严重淤斑，出血和休克。

暴发性脑膜脑炎型，则是内毒素引起脑部微循环障碍，而致脑血管痉挛、缺氧、酸中毒，继而发生脑水肿和脑实质严重损害，颅内压显著升高，严重者可发生脑疝及呼吸衰竭。

（二）临床表现

本病潜伏期为1～7 d，一般为2～3 d。临床可分为四种类型。

1. 普通型　最常见。根据病情发展可分为四期。

（1）上呼吸道感染期：多数患者无明显症状，少数可有低热，全身不适，咽痛，咳嗽和鼻炎等，持续1～2 d。

（2）败血症期：起病急，高热寒战，体温39～40 ℃，伴头痛，全身不适及精神委靡等毒血症状。70%～90%患者可有皮肤黏膜淤点或淤斑，发病数小时即可出现，开始为鲜红色，后为紫红色。病情严重者淤斑可迅速扩大，出现紫黑色坏死或大疱形成。约10%患者可见口周出现单纯疱疹。持续1～2日后进入脑膜炎期。

（3）脑膜炎期：脑膜炎症状可与败血症症状同时出现。除败血症的表现外，出现明显的中枢神经系统症状：剧烈头痛、频繁呕吐、烦躁不安、颈后部及全身疼痛。神志改变以淡漠、嗜睡多见，严重者惊厥和昏迷。因神经根受刺激而出现颈项强直，克氏症和布氏症阳性等脑膜刺激征。此期持续时间不定，若治疗及时正确。病情停止进展，通常在2～5 d内进入恢复期。

（4）恢复期：体温逐渐下降至正常，皮疹渐消失，症状逐渐好转，神经系统检查逐渐恢复正常，一般在1～3个月内痊愈。

婴幼儿流脑因中枢神经系统发育未成熟，表现常不典型。除高热、呕吐、拒乳外，可有烦躁、哭闹不安、尖叫、惊厥、嗜睡、前囟膨隆等神经系统症状及呼吸道和消化道症状常见。而脑膜刺激征常不明显。

2. 暴发型　本型起病急骤，病势凶险，病死率高，可于24 h内危及生命。依临床表现可分为休克型、脑膜脑炎型及混合型。

（1）休克型：多见儿童，起病急，突然寒战、高热、头痛、呕吐，全身皮肤黏膜出现广泛性淤点、淤斑。同时伴有精神委靡。休克是本型重要特征，患者面色苍白，口唇发绀、脉搏细速、四肢厥冷、呼吸急促、血压下降或测不出。大多数脑膜刺激征缺如，及脑脊液改变不明显。有血小板减少，凝血酶原时间延长，纤维蛋白原减少等DIC证据存在。血培养多阳性。

（2）脑膜脑炎型：以脑实质损害为主要表现，患者除高热、淤斑外，剧烈头痛，频繁喷射性呕吐、反复或持续惊厥、血压上升、锥体束征阳性，并迅速陷入昏迷。严重者可发生脑疝，有呼吸衰竭现象，表现为呼吸快慢、深浅不均，甚至呼吸暂停；瞳孔大小不等，对光反射迟钝或消失；眼球固定，如不及时抢救，可因呼吸衰竭而死亡。

（3）混合型：为最严重的类型，同时有休克和脑膜脑炎型的表现，死亡率很高。

3. 轻型　多见于本病流行后期，病变轻微，可有较轻的上呼吸道感染症状皮肤黏膜可有少数细小出血点及脑膜刺激征。脑脊液改变不明显，咽培养可有病原菌。

4. 慢性败血症型　极为少见。主要发生于成人。表现为间歇发热，皮肤黏膜淤点及斑丘疹，关节痛为特征，少数患者有脾肿大，需多次血培养及淤点涂片检查才能找到致病菌。病程可达数周至数月。

（三）治疗原则

1. 普通型流脑的治疗

（1）一般治疗：按呼吸道传染病隔离，供给足够液体量及电解质，防止并发症。

（2）病原治疗：本病已有耐药菌株出现，应选用细菌敏感并能通过血脑屏障的抗生素药物。主要可选用青霉素 G 为高效、低毒及价廉的抗生素，且尚未发现明显的耐药。但不易透过血脑屏障，脑膜炎症时可部分透过，故需大剂量使用时才能达到治疗有效浓度。成人每日 800 万 u～1200 万 u，儿童每日 20～40 万 u/kg 静脉滴注，疗程 5～7 d。也可用磺胺嘧啶、氯霉素等抗生素。

（3）对症处理：高热时可用物理降温及退热药，颅内压升高者，可用 20% 甘露醇脱水治疗。

2. 暴发型流脑休克型的治疗

（1）积极控制感染，选择青霉素、氯霉素及头孢菌素等抗生素。禁用磺胺类。

（2）迅速纠正休克，补充血容量、纠正酸中毒、血管活性药物和激素类的药物应用。

（3）注意防治 DIC。

3. 暴发型流脑脑膜脑炎型的治疗

（1）积极控制感染，选择抗生素。同休克型。

（2）减轻脑水肿，防止脑疝及呼吸衰竭可选用 20% 甘露醇快速静脉滴注。

（3）肾上腺糖皮质激素的应用。

（4）对症和支持治疗，加强护理，吸氧，保持呼吸道通畅，呼吸兴奋剂、镇静剂等对症。

【护理评估】

（一）健康史（流行病学资料）

询问有无与流脑患者密切接触史，了解当地流脑流行情况。询问既往的健康状况及有无类似疾患、既往有无流脑疫苗接种史等。同时注意患者的发病季节和发病年龄。

（二）身心状况

1. 症状和体征　询问早期是否有发热、咽痛等上呼吸道感染情况，重点评估而后出现的突起高热、头痛、呕吐、皮肤黏膜淤点、淤斑及脑膜刺激征等，婴幼儿在流行季节注意评估有无高热、惊厥、喷射性呕吐、前囟门隆起等表现。

2. 心理社会评估　由于本病起病急，病程进展快，病情凶险，如抢救不及时，可在短期内危及生命，有的还可留下后遗症。常使患者及其家属感到担忧、焦虑、恐惧。

（三）辅助检查

1. 血象检查　白细胞总数明显增加，一般在（15～30）$\times10^9$/L，中性粒细胞在80%以上。并发DIC时，血小板显著下降。

2. 脑脊液检查　脑脊液检查是明确诊断的重要方法，可表现为压力高，外观呈混浊或脓样，细胞数明显增高，常在1×10^9/L以上，以中性粒细胞为主，蛋白质明显增高，糖和氯化物明显减少。

3. 细菌学检查

（1）涂片检查：皮肤淤点组织液或脑脊液离心沉淀物涂片，等染色后镜检，阳性率为60%～80%。有早期诊断价值。标本应及时检查并注意保温，以防因病原菌自溶而影响检出。

（2）细菌培养：可取血液或脑脊液检测，但阳性率较低。在应用抗生素治疗之前进行标本采集并及时送检可提高阳性率。

4. 血清免疫学检测　可协助确诊，多应用于已用过抗生素药物治疗，细菌学检查阴性者。

（1）特异性抗原检测：可用对流免疫电泳法、乳胶凝集试验、葡萄球菌A蛋白协同凝集试验，ELISA及免疫荧光法，检测患者早期血及脑脊液中之细菌抗原。

（2）特异性抗体检测：可用间接血凝法，杀菌抗体试验，放射免疫分析法。

5. 其他检查

（1）脑脊液：β微球蛋白检测，流脑患者明显增高。

（2）鲎溶解物试验：用来检测血及脑脊液中的内毒素，有助于革兰阴性细菌感染的诊断。

【护理诊断及合作问题】

1. 体温过高　与脑膜炎双球菌感染，导致败血症有关。

2. 营养失调　与疾病引起呕吐，昏迷导致营养摄入不足有关。

3. 有皮肤完整性受损的危险　与内毒素作用于皮肤小血管和毛细血管，出现淤点、淤斑、局部受压或皮肤不清洁有关。

4. 组织灌注量改变　与内毒素导致微循环障碍有关。

5. 潜在并发症　颅内压增高、脑疝，与脑水肿有关。

6. 有传播感染的危险　与排菌有关。

【护理目标】

（1）体温恢复正常，血压稳定。

（2）摄取营养合理，体重增加。

（3）皮肤无破溃。

（4）头痛呕吐减轻或消失，意识清醒。

（5）对传染病隔离知识有所了解；未发生并发症。

【护理措施】

1. 一般护理

（1）休息：嘱患者卧床休息，注意保暖。病室安静清洁，空气新鲜流通，定期紫外线消毒。

（2）饮食护理：给营养丰富、清淡可口、易消化的流质或半流质饮食，并协助进餐。呕吐频繁不能进食者则静脉补充。昏迷者给鼻饲。

2. 对症护理

（1）高热护理：体温超过 39 ℃者，给额部冷敷或枕冷水袋，32 ~ 36 ℃温水擦浴。体温过高、头痛严重者遵医嘱给解热镇静剂。高热反复惊厥者遵医嘱给亚冬眠治疗。

（2）皮肤护理：床褥保持清洁、平整，皮肤清洁干燥，内衣裤应柔软、宽松、勤换洗，防止大小便后浸渍。淤点、淤斑应加以保护，翻身时避免拖、拉、拽等动作。防止皮肤擦伤，局部不宜穿刺，若为大片淤斑时应避免受压和摩擦，必要时可用空心圈、气垫等以保护。淤点、淤斑在吸收过程中会出现痒感，应剪短患者的指甲，避免抓破皮肤。淤斑破溃后，先以消毒生理盐水洗净局部，局部可涂以抗生素软膏，大面积破溃者给予消毒纱布外敷，防止继发感染。如有继发感染要定时换药。患者所用的尿布、内衣裤及污染物均必须进行消毒处理。昏迷患者设保护架，做好眼、口腔和皮肤护理。骨突出受压的部位可用 3% ~5% 樟脑乙醇按摩，每日 2 次，按摩后撒以滑石粉或爽身粉，以防压疮发生。

（3）降低颅内压：脱水剂常用 20% 甘露醇每次 1 ~2 g/kg，常与地塞米松合用，静脉注射或快速静脉滴注，观察呼吸及瞳孔变化，脱水剂应用过程中必须注意水、电解质的平衡。

3. 心理护理　因暴发型流脑病情危重，死亡率高，患者、家属均可产生紧张，顾虑及恐惧等心理。此时，护理人员要镇静，等候在患者床前，密切观察病情变化，同时要有同情心、爱心、热心关心患者，以取得患者及其家属的信赖，使其产生安全感。还应耐心向患者及其家属介绍该病的有关知识，鼓励患者，使其树立战胜疾病的信心，与医护人员合作，争取抢救获得成功。

4. 用药护理

（1）磺胺药的主要毒性反应为肾功能损害，药疹等。服药期间鼓励患者多喝水，给予等量碳酸氢钠，以碱化尿液；每日做尿常规检查，观察有无血尿；有肝肾疾病、新生儿、有脱水、酸中毒或无尿者不宜使用。

（2）青霉素须经皮试阴性方可使用，大量青霉素 G 钾盐可引起高血钾，故不能做静脉注射。

（3）氯霉素毒性大，可引起白细胞减少，严重皮疹。故使用本药期间要定期做血常规检查，一旦白细胞减少即停用。新生儿禁用。与青霉素合用时，应先用青霉素 3 小时后再用氯霉素，以免影响青霉素疗效。

（4）应用脱水剂治疗时，注意观察出入量。发生 DIC 应用肝素治疗时，注意用法、剂量、间隔时间，并注意过敏反应及观察有无自发性出血。

5. 病情观察

(1) 定期观察生命体征的变化，严密观察患者的神志、面色、淤点（斑）的发展情况。尤其判断有无血压的下降、发绀等休克体征并详细记录，报告医生并按休克患者进行护理。

(2) 发现意识障碍加重，有抽搐先兆，瞳孔对光反射迟钝或消失，眼球固定，瞳孔缩小或散大，或忽大忽小等颅内高压症状或脑疝征象；呼吸快慢深浅不均等，呈双吸气、叹息样等中枢性呼吸衰竭表现，及时与医生联系，遵医嘱应用脱水剂和呼吸兴奋剂。

【护理评价】

(1) 患者体温是否降至正常。

(2) 皮肤淤斑吸收消失，无破损。

(3) 神经精神系统恢复正常。

(4) 对流脑的知识有了解，并配合医护人员做好隔离消毒。

(5) 无并发症发生。

【健康教育】

(1) 开展预防流脑的卫生宣传教育，介绍流脑的流行过程。尽量避免到人多拥挤的公共场所，并保持室内通风，可预防流脑传播。

(2) 宣传流脑的临床过程及预后，教育患者及时就诊。如在冬春季，有高热、头痛、呕吐及皮肤淤点者，应及早到医院诊治，一旦发现患者就地隔离治疗，隔离需至症状消失后 3 日，一般不少于 7 d，以防疫情扩散。

(3) 少数患者可留下后遗症，应指导家属进行切实可行功能锻炼、按摩、推拿、理疗等，以促使患者早日康复。

(4) 流脑流行季节前可应用脑膜炎球菌 A 群多糖体菌苗进行预防接种，是目前我国控制流脑的主导预防措施。注射对象为 15 岁以下儿童。可明显降低发病率。密切接触者可用药预防，如复方磺胺嘧啶，成人每日 2 g，儿童儿童每日 50 ~ 100 mg/kg，分 2 次口服，连用 3 d，并医学观察 7 d。

第五节　细菌性食物中毒患者的护理

细菌性食物中毒（bacterial food poisoning）是由于进食被细菌或细菌毒素所污染的食物而引起的急性感染中毒性疾病。临床上分为胃肠型与神经型。其中胃肠型食物中毒多见，神经型较少见。

一、胃肠型细菌性食物中毒

胃肠型食物中毒较多见，以恶心、呕吐、腹痛、腹泻等急性胃肠炎症状为主要特征。

【疾病概要】

（一）病因和发病机制

1. 病原学　引起胃肠炎食物中毒的细菌很多，常见的有下列六种：

（1）沙门菌：为肠杆菌科沙门菌属，其中以猪霍乱沙门菌、鼠伤寒沙门菌和肠炎沙门菌较为多见。该菌为革兰阴性杆菌，需氧，不产生芽胞，无荚膜，绝大多数有鞭毛，能运动。对外界的抵抗力较强，在水和土壤中能活数月，粪便中能活1~2个月，在冰冻土壤中能越冬。不耐热，55 ℃、1 h 或 60 ℃、10~20 min 死亡，5% 石炭酸或 1∶500的升汞 5 min 内即可将其杀灭。多种家畜（猪、牛、马、羊）、家禽（鸡、鸭、鹅）、鱼类、飞鸟、鼠类及野生动物的肠腔及内脏中能查到此类细菌。细菌由粪便排出，污染饮水、食物、餐具以及新鲜蛋品、冰蛋、蛋粉等，人进食后造成感染。致病食物以肉、血、内脏及蛋类为主，值得注意的是该类细菌在食品中繁殖后，并不影响食物的色、香、味。

（2）副溶血性弧菌（嗜盐菌）：为革兰阴性、椭圆形、荚膜球杆菌。菌体两端浓染，一端有鞭毛，运动活泼。本菌广泛存在于海水中，偶亦见淡水。在海水中能存活 47 d 以上，淡水中生存 1~2 d。在 37 ℃、pH 值 7.7、含氯化钠 3%~4% 的环境中生长最好。对酸敏感，食醋中 3 min 即死。不耐热，56 ℃、5 min 即可杀死，90 ℃、1 min 灭活。对低温及高浓度氯代钠抵抗力甚强。带鱼、黄鱼、鱿鱼、梭子蟹等海产品带菌率极高，被海水污染的食物、某些地区的淡水产品如鲫鱼、鲤鱼等及被污染其他含盐量较高的食物如咸菜、咸肉、咸蛋亦可带菌。

（3）大肠杆菌：为两端钝圆的革兰阴性短杆菌，多数菌株有周鞭毛，能运动，可有荚膜。本菌为人和动物肠道正常寄居菌，特殊条件下可致病。在大肠杆菌中，能引起食物中毒的菌种有 16 个血清型，亦称为致病性大肠杆菌。本菌在体外抵抗力较强，在水和土壤中能存活数月，但含余氯 0.2×10^{-6}的水中不能生存或加热 60 ℃、15~20 min 灭活。

（4）金黄色葡萄球菌：为革兰阳性球菌，不形成芽胞，无荚膜。此菌污染食物后，在 37 ℃、6~12 h 繁殖而产生肠毒素。此毒素对热的抵抗力很强，经加热煮沸 30 min 仍能致病。常因带菌炊事人员的鼻咽部黏膜或手指污染食物致病。

（5）变形杆菌：为革兰阴性、两端钝圆、无芽胞多形性小杆菌，有鞭毛与动力。本菌广泛存在于水、土壤、腐败的有机物及人和家禽、家禽的肠道中。此菌在食物中能产生肠毒素。致病食物以鱼蟹类为多，尤其以赤身青皮鱼最多见。近年来，变形杆菌食物中毒有相对增多趋势。

（6）产气荚膜杆菌：又名魏氏杆菌，为厌氧革兰阳性粗大芽胞杆菌，在体内形成荚膜，无鞭毛，不活动。芽胞体外抵抗力极强，能在 110 ℃存活 1~4 h，能分泌强烈的外毒素。本病在自然界分布较广，污水、垃圾、土壤、人和动物的粪便、昆虫以及食品等均可检出。致病食物由于存放较久或加热不足，细菌大量繁殖，产生毒素引起中毒。

2. 传染源　被感染的人和动物。

3. 传播途径　被细菌及其毒素污染的食物经口进入消化道而得病。食品本身带菌，或在加工、储存过程中污染。苍蝇、蟑螂亦可作为沙门菌、大肠杆菌污染食物的媒介。

4. 人群易感性　人群普遍易感。

5. 流行特征　本病在5～10月较多，7～9月尤易发生，此与夏季气温高、细菌易于大量繁殖密切相关。常因食物采购疏忽（食物不新鲜、或病死牲畜肉）、保存不好（各类食品混合存放、储存条件差）、烹调不当（肉块过大、加热不够或凉拌菜）、生熟刀板不分或剩余物处理不当而引起。节日会餐时、饮食卫生监督不严，尤易发生食物中毒。病情轻重常与进食量有关，且停止进食被污染的食物后疫情即可控制。

6. 发病机制　病原菌在污染的食物中大量繁殖，并产生肠毒素类物质，或菌体裂解释放内毒素。进入体内的细菌和毒素，可引起人体剧烈的胃肠道反应。病情轻重与细菌或其毒素污染的程度，进食量的多少，人体抵抗力的强弱等因素有关。由于发病后吐泻症状显著，细菌及其毒素大多能被迅速排出体外，故较少引起败血症或严重毒血症。重症患者可有胃、小肠充血、糜烂、出血，肝、肾、肺等脏器可有中毒性病变。

（二）临床表现

本病潜伏期短。金黄色葡萄球菌1～6 h；产气荚膜杆菌潜伏期8～16 h；沙门菌属4～24 h；副溶血弧菌6～12 h；大肠杆菌2～20 h。超过72 h的病例可基本排除食物中毒。

临床表现以急性胃肠炎为主，如恶心、呕吐、腹痛、腹泻等。金黄色葡萄球菌食物中毒呕吐较明显，呕吐物含胆汁，有时带血和黏液。腹痛以上腹部及脐周多见。腹泻频繁，多为黄色稀便和水样便。侵袭性大肠细菌引起的食物中毒，可有发热、腹部阵发性绞痛和黏液脓血便。副溶血弧菌食物中毒的部分病例大便呈血水样。产气荚膜杆菌A型菌病情较轻，少数C型和F型可引起出血性坏死性肠炎。变形杆菌还可发生颜面潮红、头痛、荨麻疹等过敏症状。腹泻严重者可导致脱水、酸中毒、甚至休克。

（三）治疗原则

卧床休息，流食或半流食，宜清淡，多饮盐糖水。吐泻腹痛剧者暂禁食，给复方颠茄片口服或注射654－2，腹部放热水袋。及时纠正水与电解质紊乱及酸中毒。血压下降者予升压药。高热者用物理降温或退药热药。变形杆菌食物中毒过敏型。以抗组织胺药物治疗为主，必要时加用肾上腺皮质激素。精神紧张不安时应给镇静剂。通常毋须应用抗菌药物，可以经对症疗法治愈。症状较重考虑为感染性食物中毒或侵袭性腹泻者，应及时选用抗菌药物，如丙氟哌酸、呋喃唑酮、氯霉素、庆大霉素等，葡萄球菌的食物中毒可用苯唑西林等治疗。但抗菌药物不能缩短排菌期。

【护理评估】

（一）健康史（流行病学资料）

在夏秋季节有进食可疑污染食物史，如变质的食品、海产品、腌制品、未经加热处理的卤菜或病畜、病禽的肉和内脏等。有集体发病史。

（二）身心状况

1. 症状和体征　注意评估是否潜伏期短，有无急性胃肠炎症状，有无共同进食者集体发病的特点。

2. 心理社会状况　本病急性起病，明显吐、泻，使患者精神疲惫，情绪紧张焦虑。

（三）辅助检查

1. 细菌学检查　有条件时，应取患者吐泻物及可疑的残存食物进行细菌培养。

2. 血清学检查　留取早期及病后 2 周的双份血清与培养分离所得可疑细菌进行血清凝集试验，双份血清凝集效价递增者有诊断价值。

3. 动物试验　可疑时，尤其是怀疑细菌毒素中毒者，可做动物试验，以检测细菌毒素的存在。葡萄球菌与条件致病菌培养阳性者，可取纯培养滤液加热后喂猴或小猫，或行腹腔注射。副溶血型弧菌可用鼠或猫做试验，观察是否发病。

【护理诊断及合作性问题】

1. 腹痛　与胃肠道炎症及痉挛有关。

2. 有体液不足的危险　与呕吐、腹泻频繁、摄食不足等有关。

3. 潜在并发症　休克、酸中毒，与呕吐、腹泻严重致体液、电解质大量丢失有关。

【护理目标】

（1）胃肠炎症状减轻或消失。

（2）水、电解质、酸碱维持平衡。

（3）无并发症发生。

【护理措施】

1. 一般护理

（1）休息：急性期应卧床休息。

（2）饮食护理：鼓励患者多饮糖盐水，以补充体液、促进毒素的排泄。呕吐停止后可给予易消化的流质或半流质饮食。

2. 对症护理　腹痛者可局部热敷，必要时用解痉剂，呕吐、腹泻者应及时清理呕吐物或排泄物，保持口腔卫生，避免肛周破损，重者可适当应用对症药物。

3. 心理护理　在病程中，应表现出对患者关心、体贴的态度，能耐心指导患者合理饮食，细心进行生活照顾，以利于疾病良好康复。

4. 病情观察　注意观察呕吐、腹泻的次数、量及性状等，记录 24 h 出入液量，重者密切监测脱水、电解质及酸碱平衡失调表现，失液量大者遵医嘱静脉补液。

【护理评价】

（1）通过及时有效的补液治疗和正确合理的护理措施，患者病情得到控制，腹泻、呕吐症状消失，食欲增加，营养合理，脱水虚脱现象恢复正常。

（2）患者与医护人员密切配合，未发生循环衰竭或发生后得到及时控制，未出现死亡；并对本病也有了进一步认识，基本掌握了相关的预防措施。

【健康教育】

（1）指导患者认真遵守隔离、消毒措施，感染型食物中毒患者应进行消化道隔离。

（2）做好本病预防措施的宣传教育。做好饮食卫生监督，对炊事人员定期进行健康检查及卫生宣传教育，认真贯彻《中华人民共和国食品卫生法》，应特别加强节日会餐的饮食卫生监督；发现带菌者，应暂时调离饮食工作单位，并予适当治疗；禁止食用病死禽畜；已变质的肉坚决不食；宣传个人饮食卫生的知识：饭菜按就餐人数做好计划，现做现吃，避免剩饭剩菜；剩余饭、菜、粥等要摊开存放通风清凉处所，以防变馒，下餐食前须彻底加热；生鱼生肉和蔬菜应分开存放；肉要煮透，接触熟食的一切用口要事先流水洗净，切生鱼生肉的刀板要经清洗消毒才能切熟食；消灭苍蝇、鼠类、蟑螂等传播媒介。

二、神经型细菌性食物中毒（肉毒中毒）

肉毒中毒是因进食含有肉毒杆菌外毒素的食物而引起的中毒性疾病。临床上以恶心、呕吐及中枢神经系统症状如眼肌及咽肌瘫痪为主要表现。如抢救不及时，病死率较高。

【疾病概要】

（一）病因和发病机制

1. 病原学　肉毒杆菌亦称腊肠杆菌，属革兰阳性厌氧梭状芽胞杆菌，次极端有大形芽胞，有周鞭毛，能运动。本菌芽胞体外抵抗力极强，干热 180 ℃、15 min，湿热 100 ℃、5 h，高压灭菌 120 ℃、20 min 则可消灭。5%苯酚、20%甲醛，24 h 才能将其杀灭。

火腿、罐头或瓶装食物内肉毒杆菌污染后，在缺氧情况下，细菌大量繁殖，并产生外毒素。外毒素是一种嗜神经毒素，剧毒，对人的致死量为0.01 mg 左右，毒素对胃酸有抵抗力，但不耐热，煮沸 10 min 即可破坏。毒素在干燥、密封和阴暗的条件下，可保存多年。由于此毒素的毒性强，且无色、无臭、无味、不易查觉，必须注意防范。

2. 传染源　家畜、家禽及鱼类为传染源。本菌芽胞广布于自然界，病菌由动物（主要是食草动物）肠道排出，污染土壤及岸沙土，由此污染饮食品，制作罐头，如加热不足，则其所产芽胞不被消灭，加之缺氧环境，造成肉毒杆菌大量繁殖，产生大量外毒素。

3. 传播途径　主要通过食物传播，多见于腌肉、腊肉、猪肉及制作不良的罐头食品，部分地区曾因食用豆豉、豆瓣酱、臭豆腐及不新鲜的鱼、猪肉、猪肝而发病。

4. 人群易感性　普遍易感，不引起人与人之间传染。

5. 发病机制　肉毒毒素是一种嗜神经毒素，主要由上消化道吸收，毒素进入小肠和结肠后，则吸收缓慢，胃酸及消化酶均不能将其破坏，故多数患者起病缓慢，病程较长。肉毒毒素吸收后主要作用于颅神经核，外周神经、肌肉接头处及自主神经末梢，阻断胆碱能神经纤维的传导，神经冲动在神经末梢突触前被阻断，从而抑制神经传导介质——乙酰胆碱的释放，使肌肉收缩运动障碍，发生软瘫，但肌肉仍能保持对乙酰胆碱的反应性，静脉注射乙酰胆碱能使瘫痪的肌肉恢复功能。

病理变化主要是颅神经核及脊髓前角产生退行性变，使其所支配的相应肌群发生瘫痪，脑干神经核也可受损。脑及脑膜显著充血、水肿，并有广泛的点状出血和血栓形成。显微镜下可见神经节细胞变性。

（二）临床表现

本病潜伏期为 12 ~ 36 h，最短为 2 ~ 6 h，长者可达 8 ~ 10 d。中毒剂量越大则潜伏期越短，病情亦越重。

起病突然，病初可有头痛、头昏、眩晕、乏力、恶心、呕吐；稍后，眼内外肌瘫痪，出现眼部症状，如视力模糊、复视、眼睑下垂、瞳孔散大，对光反射消失。口腔及咽部潮红，伴有咽痛，如咽肌瘫痪，则致呼吸困难。肌力低下主要见于颈部及肢体近端。由于颈肌无力，头向前倾或倾向一侧。腱反射可呈对称性减弱。

自主神经末梢先兴奋后抑制，故泪腺、汗腺及涎腺等先分泌增多而后减少。血压先正常而后升高。脉搏先慢后快。常有顽固性便秘、腹胀、尿潴留。病程中神志清楚，感觉正常，不发热。血、尿与脑脊液常规检查无异常改变。轻者5～9 d内逐渐恢复，但全身乏力及眼肌瘫痪持续较久。重症患者抢救不及时多数死亡，病死率30%～60%，死亡原因多为延髓麻痹所致呼吸衰竭，心功能不全及误吸肺炎所致继发性感染。

婴儿偶尔吞入少量肉毒杆菌芽胞，在肠内繁殖，产生神经毒素，吸收后可因骤发呼吸麻痹而猝死，此即为婴儿猝死综合征（the sudden infant death syndrome，SIDS）。

（三）治疗原则

1. 抗毒素治疗　多价肉毒素对本病有特效，必须及早应用，在起病后24 h内或瘫痪发生前注射最为有效，剂量每次5万～10万u，静脉或肌肉注射（先做血清敏感试验，过敏者先行脱敏处理），必要时6小时后重复给予同量1次。病程已过2日者，抗毒素效果较差，但应继续注射，以中和血中残存毒素。

2、对症治疗　患者应严格卧床休息，并予适当镇静剂，以避免瘫痪加重。患者于食后4h内可用5%碳酸氢钠或1∶4 000高锰酸钾溶液洗胃及灌肠，以破坏胃肠内尚未吸收的毒素。咽肌麻痹宜用鼻饲及输液。呼吸困难者吸氧，及早气管切开，呼吸麻痹者用人工呼吸器。应根据病情给予强心剂及防治继发性细菌感染等措施。出院后10～15 d内应避免体力劳动。近年有人采用盐酸胍35～50 mg/（kg・d），分4～6次口服。据报道有促进末梢神经纤维释放乙酰胆碱的作用，因而能改善神经肌肉传递功能，增加肌张力，缓解中毒症状。

3. 对因治疗　大剂量青霉素可消灭肠道内的肉毒杆菌，以防其继续产生毒素。

【护理评估】

（一）健康史（流行病学资料）

患者有摄入可疑食品（尤其是瓶装变质罐头或腊肠、火腿，发酵的豆、面制品等）和同食者集体发病史。

（二）身心状况

1. 症状和体征　注意评估有无典型的神经系统症状，如眼肌瘫痪、吞咽、发音、呼吸困难等，有无进食可疑食物，有无共同进食者集体发病的特点。

2. 心理社会评估　因神经系统症状发生快，重症患者甚至有呼吸困难，易使患者极度紧张、恐惧。

（三）辅助检查

（1）用可疑食物进行厌氧菌培养，分离病原菌。

（2）确诊可用动物试验查患者血清及可疑食物中的肉毒毒素。

【护理诊断及合作性问题】

1. 有受伤的危险　与眼肌麻痹引起的视物不清有关。

2. 有窒息的危险　与咽肌麻痹易致口腔分泌物阻塞气道有关。

3. 潜在并发症　并发症有呼吸衰竭，这与毒素损伤神经系统致延髓麻痹有关。

【护理目标】

（1）患者未因视力障碍而发生损伤。

（2）呼吸道通畅，呼吸平稳，无发绀。

（3）无并发症发生或并发症症状减轻。

【护理措施】

1. 一般护理

（1）休息：急性期应卧床休息。

（2）饮食护理：患者若胃肠道症状较轻，可进普通饮食，以保证液体及营养需要。进食困难者可鼻饲或静脉输液。

2. 对症护理　进食可疑食物后 4 h 内可用 5% 碳酸氢钠或 1∶4 000 高锰酸钾溶液洗胃，口服 50% 硫酸镁导泻并做清洁灌肠，以清除肠道内尚未吸收的毒素。

3. 心理护理　在病程中，应表现出对患者关心、体贴的态度，细心进行生活照顾，以利于疾病良好康复。

4. 病情观察　注意观察肌肉麻痹的表现及发展情况，注意观察呼吸状况，保持呼吸道通畅。呼吸困难者予以吸氧，必要时建立人工气道，给予人工呼吸。

【护理评价】

通过及时有效的补液治疗和正确合理的护理措施，患者病情得到控制。患者与医护人员密切配合，未发生呼吸衰竭或发生后得到及时控制，未出现死亡；并对本病也有了进一步认识，基本掌握了相关的预防措施。

【健康教育】

严格管理与检查食品，尤应注意罐头食品、火腿、腌腊食品的制作和保存。食品罐头的两端若有膨隆现象，或内容物色香味改变者，应禁止出售和禁止食用，即使煮沸也不宜食用。谷类及豆类亦有被肉毒杆菌污染的可能，因此禁止食用发酵或腐败的食物。遇有同食者发生肉毒素中毒时，其余人员应立即给予多价精制肉毒抗毒血清预防，1 000～2 000 u 皮下注射，每周 1 次，共 3 次。经常食用罐头者，可考虑注射肉毒杆菌类毒素。

第六节　猩红热患者的护理

猩红热（scarlet fever）为 A 组 β 型链球菌感染引起的急性呼吸道传染病。其临床特征为发热、咽峡炎、全身弥漫性鲜红色皮疹和疹退后明显的脱屑。少数患者患病后由于变态反应而出现心、肾、关节的损害。本病一年四季都有发生，尤以冬春季发病为多，多见于儿童。

【疾病概要】

（一）病因和发病机制

1. 病原学　主要致病菌为 A 组 β 型溶血性链球菌，该菌的致病力来自于细菌本身及其产生的毒素和蛋白酶类。病原体侵入人体后咽部引起化脓性病变，毒素入血引起毒血症，使皮肤产生病变，严重时肝、脾、肾、心肌、淋巴结也可出现炎症性病变。个别患者于病程 2 ~3 周后可在全身多器官组织产生变态反应性病变。

该菌对热及干燥抵抗力不强，56 ℃、30 min 及一般消毒剂均能将其杀灭，但在痰液和脓液中可生存数周。

2. 流行病学　传染源主要是猩红热患者及带菌者，A 组 β 型链球菌感染引起的咽峡炎患者，排菌量大且不引起重视，是重要的传染源。猩红热患者自发病前 1 日至出疹期传染性最强。病菌一般存在于猩红热患者或带菌者的鼻咽部，主要通过空气飞沫（说话、咳嗽、打喷嚏）直接传播，也可经皮肤创伤或产妇产道而引起“外科型猩红热”或“产科型猩红热”，也可由带菌的玩具、生活用品等间接传播，偶尔也可通过被污染的牛奶或其他食物传播。本病全年可发病，但以冬春为高峰，人群普遍易感，多见于儿童。

（二）临床表现

本病潜伏期为 2 ~3 d，也可少至 1 d，多至 7 d。

1. 前驱期　大多持续发热，重者体温可升到 39 ~40 ℃，伴头痛、咽痛、食欲缺乏，恶心呕吐，全身不适。婴儿可有谵妄和惊厥。咽红肿，扁桃体上可见点状或片状脓性分泌物。软腭充血水肿，并可有米粒大的红色斑疹或出血点，即黏膜内疹，一般先于皮疹而出现。

2. 出疹期　皮疹为猩红热最重要的症候之一。多数自起病第 1 ~2 日出现。偶有迟至第 5 日出疹。从耳后，颈部及上胸部开始，1 日内即蔓延及胸、背、上肢，最后见于下肢，少数需经数天才蔓延及全身。典型的皮疹为在全身皮肤充血发红的基础上散布着针尖大小，密集而均匀的点状充血性红疹，伴有瘙痒。部分患者可见带有黄白色脓头且不易破溃的皮疹，称“粟粒疹”，中毒重者可有出血疹。在皮肤皱褶处如腋窝、肘窝、腹股沟部可见皮疹密集或由于摩擦出血呈紫色线状，称为“帕氏线”。面部充血潮红，可有少量点状红疹，口鼻周围相形之下显得苍白，称“口周苍白圈”。病初起时，舌被白苔，乳头红肿，突出于白苔之上，以舌尖及边缘处为显著，称为“草莓舌”。2 ~3 d 后白苔开始脱落，舌面光滑呈肉红色，并可有浅表破裂，乳头仍突起，称“杨梅舌”。

皮疹一般在48 h 内达到高峰，2 ~4 d 可完全消退。重症者可持续 5 ~7 d 甚至更久。颌下及颈部淋巴结可肿大，有压痛，一般为非化脓性。皮疹隐退期体温降至正常，中毒症状消失。

3. 恢复期　退疹后 1 周内开始脱皮，脱皮部位的先后顺序与出疹的顺序一致。面部、躯干多为糠状脱皮，手掌足底皮厚处多见大片膜状脱皮，可呈套状。脱皮持续 2 ~4 周，严重者可有暂时性脱发。

近年来以轻症患者为多，常仅有低热、轻度咽痛等症状，皮疹稀少，消退较快，脱屑较轻，但仍可引起变态反应性并发症。

4. 并发症　本病的并发症主要有三种：

（1）化脓性并发症扁桃体周围脓肿、颈淋巴结炎、鼻窦炎、中耳炎、乳突炎等。

（2）中毒性并发症心肌炎、心内膜炎等。

(3) 变态反应性并发症在病后 2～3 周出现，如急性肾小球肾炎、风湿热等。

(三) 治疗

1. 一般治疗　呼吸道隔离，急性期卧床休息。

2. 病原治疗　青霉素是治疗猩红热和一切链球菌感染的首选药物，早期应用可缩短病程、减少并发症。4 万～8 万 u/（kg·d），分 2 次注射。病情严重者可增加剂量。为彻底消除病原菌、减少并发症，疗程至少 10 d，或热退后 3 日。对青霉素过敏者可用红霉素 20～40 mg/（kg·d），分 3 次口服，严重时也可静脉给药，疗程 7～10 d。

3. 对症治疗　高热可用较小剂量退热剂或用物理降温等方法。年长儿咽痛可用生理盐水漱口或消炎含片。心肌炎、休克等严重症状的治疗参见有关章节。

【护理评估】

(一) 健康史（流行病学资料）

有与猩红热或咽峡炎患者接触史者。

(二) 身心状况

骤起发热、咽峡炎、典型的皮疹、口周苍白、杨梅舌、帕氏线、恢复期脱皮等。

(三) 辅助检查

1. 一般检查　白细胞计数增加，多数达（10～20）$\times 10^9$/L，中性粒细胞增加达 80% 以上，核左移，胞浆中可见中毒颗粒，嗜酸粒细胞初期不见，恢复期增多占 5%～10%。尿常规检查一般无明显异常。如果发生肾脏变态反应并发症，则可出现尿蛋白、红细胞、白细胞及管型。

2. 血清学检查　可用荧光法检测咽拭子涂片进行快速诊断。

3. 病原学检查　可用咽拭子或其他病灶的分泌物培养溶血性链球菌。

【护理诊断及合作性问题】

1. 体温过高　与链球菌感染，导致毒血症有关。

2. 有皮肤完整性受损的危险　与链球菌产生的毒素作用于皮肤及小血管引起皮疹有关。

3. 潜在并发症　化脓性扁桃体炎，心肌炎、肾炎、风湿热、休克，与链球菌感染有关。

4. 有传播感染的危险　与排菌有关。

【护理目标】

(1) 体温恢复正常，血压稳定。

(2) 皮肤无破溃。

(3) 未发生并发症。

(4) 患者及其家属对传染病隔离知识有所了解，未发生新病例。

【护理措施】

1. 卧床休息　急性期嘱患者绝对卧床休息 2～3 周以减少并发症，并做好一切生活护理。卧床休息可以减少身体的消耗和心、肾、关节的负担减少并发症。

2. 饮食　咽痛时，应给予清淡、高热量高维生素高蛋白的流质或半流质饮食，如粥、面汤、蛋汤、牛奶、碎菜等。恢复期给软食，鼓励并帮助患者进食。要多喝水，有利于散热及排除细菌毒素。

3. 口腔保洁　因细菌多集中在咽部，口腔保洁很重要。年龄大的患儿，每次饭后或睡觉醒来时，用温盐水或稀释 2 ~5 倍的朵贝液含漱。年龄小的患儿可以用镊子挟纱布或药棉蘸温盐水擦拭口腔。

4. 发热的护理　卧床休息，给予适当物理降温，可头部冷敷、温水擦浴或遵医嘱服用解热止痛剂。忌用冷水或乙醇擦浴。遵医嘱及早使用青霉素 G 治疗，并给溶菌酶含片。多饮水及注重口腔护理，给予营养丰富的流质或半流质饮食。

5. 皮肤的护理　出疹时患儿皮肤瘙痒，不但影响患儿休息，如果抓破，还会引起皮肤感染。保持皮肤清洁，衣被勤洗换。将患儿的指甲剪短，用温水擦洗皮肤，帮助止痒。注意出疹时勿用肥皂。脱皮时不要用力搓或撕剥，以免皮肤损伤感染，可用消毒剪刀修剪，以防感染。

6. 观察病情　注意发现并发症的象征。出疹期要注意患儿有无心慌、气短、脉搏加快甚至呼吸困难等症状，以便及时发现心肌炎。

发病 1 周左右，注意患儿如发热不退、颈部或颌下淋巴肿痛，可能并发化脓性淋巴结炎；耳内可能并发化脓性中耳炎。

发病 2 周左右，注意患儿有无关节肿痛的现象。这有可能是并发了关节炎，如不及早治疗，还可能导致风湿性心脏病。

注意患儿有无茶色尿，有无水肿、腰痛、尿量减少及血尿等。每周送尿常规检查两次。

7. 隔离　患儿在家休息，不要与其他儿童接近。隔离期限自发病之日起，不少于 7 d。患儿如有化脓性并发症者，应隔离至炎症痊愈。

8. 消毒　患儿居室要经常开窗通风换气，每日不少于 3 次，每次 15 min。患儿的痰、鼻涕要吐在纸里烧掉。用过的脏手绢要用开水煮烫。日常用具可以暴晒，至少 30 min，食具煮沸消毒。患儿痊愈后，要进行一次彻底消毒，玩具、家具要用肥皂水或来苏水擦洗一遍，不能擦洗的，可在户外暴晒 1 ~2 h。

9. 所在环境处理　托幼机构及小学的班级内发现猩红热患儿，应立即送医院或回家隔离治疗患儿所在的班级应做一次彻底扫除。患儿接触过的食具要煮沸消毒，用具、桌椅等用来苏水擦拭消毒。室内应充分通风换气。

对保教人员及其他幼儿要加强晨、午检，注意观察有无咽炎、扁桃体炎等嗓子痛的可疑患者，发现后及时去医院诊断治疗。

10. 易感者的预防　10 岁以下的儿童都是易感者。因为 A 组 β 型溶血性链球菌的型别多（有 46 个型），型间无交叉免疫，患一种型号的猩红热，可产生该型的免疫力，但仍然有可能再次感染其他型的猩红热，所以认为儿童仍是普遍易感者。托幼机构要在流行期认真做好晨。午检工作，早期发现可疑者。流行季节，虽然天气很冷，室内也要做到通风换气，每日至少 2 次，每次 15 min。儿童要加强体育锻炼，多做户外活动，不断提高自身的抗病能力。

11. 带菌者治疗　托幼园所的职工中如有经常患咽炎、扁桃体炎的可疑带菌者，要做咽拭培养，阳性带菌者要用抗生素治疗，连续用药 7 d，一般咽拭子培养可转阴，个别不能转阴者，可进行扁桃体摘除。

【健康教育】

目前，猩红热尚没有可供预防的菌苗，因此，预防猩红热的关键应在冬、春季尽量不带孩子去人多拥挤的公共场所。因为猩红热是由β型溶血性链球菌引起的，抵抗力低下的人常引起猩红热，但有些人对红疹毒素具有有抵抗力，所以只引起咽喉炎。避免与咽峡炎的患者接触，也是防止感染的好办法，如果已经接触过，可口服复方新诺明或红霉素 3 d，就能达到预防的目的。

(1) 猩红热最令人担心的是并发症的发生，按时服药及静养最重要。千万不可任意中止服药，即使症状减轻，也应当在医生配合下继续治疗，并作跟踪检查。此外，家中的孩子若有疑似猩红热的症状，应尽早看儿科医生，并与医生配合抗生素治疗及追踪。平时应多运动、注重均衡饮食、加强个人和居家环境卫生。

(2) 给予患儿营养又易于消化、不具刺激的食物，以增加抵抗力，若因咽喉疼痛造成吞食困难，可给予流质或较软的食物，如牛奶、布丁、冰淇淋等。

知识链接…

细菌性食物中毒和细菌性痢疾的预防措施

1. 预防细菌性食物中毒的措施

(1) 食品在烹调时应充分加热，特别是肉类食品，要烧熟煮透，防止外熟里生。

(2) 认真执行食品卫生制度，制作生、熟食品的用具和容器要分开，防止发生交叉污染。

(3) 食品做熟后，不宜放置时间太长，生、熟食品应分别存放于冷藏柜中。

(4) 对于剩余的食品，下餐再次食用时，食前应进行彻底加热处理。

(5) 对于火腿、熟肉、罐头与其他瓶装食品，如发现有变色、变味等现象时，均不宜再食用。

2. 预防细菌性痢疾的措施

(1) 预防细菌性痢疾，父母要培养宝宝养成良好的生活习惯，饭前、便后要洗手，勤剪指甲。尽量做到不吃生冷蔬菜、饮食，不吃不洁瓜果，不吃腐败变质食物，不吃未经加热处理的剩饭剩菜。

(2) 居室要经常清洁，夏季有条件的应对室内环境进行消毒处理，消灭蚊蝇，避免宝宝受细菌侵害。

(3) 通过锻炼增强宝宝体质，提高抗病能力。

(4) 对于痢疾病儿，就注意卧床休息。给予浇质、半访质饮食，限制脂肪即油性较大的食物。抗生素尽量口服给药，不能口服者可肌内注射。

(5) 要按医嘱服药，千万不要吃两次药觉得腹泻好一些了就自行停药。最好在服药3日后复查大便，便常规检查正常后再服 2～3 d 药，一般疗程为 7 d。除用药之外，还要注意适当休息，吃易消化的食品，如果孩子高热，可服用退热药和物理降温。若发生中毒性痢疾，则应住院治疗。

练习题

1. 解释相对缓脉、霍乱、暴发性流脑、细菌性食物中毒等名词。
2. 简述普通型流脑临床表现。
3. 简述霍乱治疗原则。
4. 简述伤寒患者的饮食护理措施。

（张思溪）

第四章　钩端螺旋体病患者的护理

★学习目标

本章主要学习钩端螺旋体病患者的护理。

掌握：钩端螺旋体病患者的临床表现、护理评估、护理诊断和护理措施。

熟悉：钩端螺旋体病的病原学、流行病学、治疗原则和健康教育。

了解：钩端螺旋体病的发病机制、辅助检查和预防措施。

案　例

某男，25岁，因发热4 d，气促1 d，于2009年8月15日凌晨入院。

患者8月11日起无明显诱因感畏寒、发热、体温达39 ℃，伴头痛、乏力等，在当地卫生所诊断为“感冒”，给予退热等处理病情无好转，8月14日出现咳嗽、咳痰，且痰中有少量血丝，再次就诊于卫生所，给予青霉素G160万u肌内注射，2小时后病情加重，体温升高达40 ℃，伴明显畏寒、寒战，并感气促，痰中血量增多。即来我院就诊入院。

半月前，患者在当地农村参加田间劳动。

体查：体温40 ℃，脉搏136次/min，呼吸40次/min，血压80/50 mmHg

急性重病容，神志欠清楚，烦躁不安，双侧腹股沟及腋下可扪及数个蚕豆大小的淋巴结，有触痛、皮肤、巩膜无黄染，眼结膜无充血及水肿，鼻翼扇动，口唇稍发绀，软腭上观少量出血点，颈软气管居中，呼吸急促，双下肺可闻湿啰音，心率136次/min，心音弱律齐，未闻及杂音，腹软，无压痛及反跳痛，肝脾未扪及，双下肢无水肿，双膝反射正常，未引出病理反射征。

血常规：血红蛋白120 g/L，白细胞8.9×10^9/L，尿常规：尿蛋白（++），白细胞0~1/HP，红细胞0~2/HP。

问题：（1）本病的诊断是什么？

（2）治疗措施应如何制订？

（3）该患者的护理措施应如何制订？

钩端螺旋体病（leptospirosis）简称钩体病，是由致病性钩端螺旋体引起的动物源性传染病。本病属自然疫源性疾病，鼠类和猪是主要传染源，临床特点为急性发热、全身肌肉酸软，重者并发肺出血、黄疸出血、肾衰竭或脑膜脑炎。

【疾病概要】

（一）病原学

病原体为致病性钩端螺旋体，简称钩体。菌体细长，螺旋紧密，一段或两端有钩，扭转运动，穿透能力强，革兰染色阴性，镀银染色呈黑色或褐灰色，微嗜氧菌，常用含兔血清的柯氏培养基，也可接种于幼龄豚鼠腹腔内分离，自然界中生活能力强，对日光、干燥、酸碱、消毒剂敏感。

（二）流行病学

1. 传染源　多种动物可感染钩体并带菌，主要是鼠类和猪。患者尿中虽有钩端螺旋体排出，但数量少，且尿液为酸性，故患者作为传染源的可能性不大。

2. 传播途径　主要通过接触疫水传播，侵入皮肤黏膜。其次可通过接触患病动物的排泄物或血等而获得感染。

3. 人群易感性　普遍易感，病后对同型钩体有较强的免疫力，但不同型间无交叉免疫力。

4. 流行特征　本病遍布世界各地，以热带和亚热带为主要流行区。多于夏秋季（6～10 月）发病，常为散发，农村人口的发病率高于城市人口的发病率。发病年龄性别及职业常取决于与传染源及疫水接触的频度，男性高于女性，青壮年发病多，多见于农民、渔民、畜牧业、屠宰工人、野外工作者。

（三）发病机制

钩体穿过黏膜或受损的皮肤进入血流，迅速地进入血中大量繁殖，形成钩体败血症，产生毒素引起全身中毒症状。此后钩体随血液侵入人体几乎所有的组织器官。引起较重的内脏损害，形成相应的并发症，如肺出血、肝炎、间质性肾炎、脑膜炎等。恢复期可出现免疫病理反应，引起眼及中枢神经等的“后发症”。

肺弥漫性出血的机制：为肺微血管损伤所致，但未形成破口，红细胞是由微血管内皮细胞连接处的小穴渗出，流出的血液经久不凝，当聚积到一定量时，出现口鼻涌血的大出血。

（四）临床表现

潜伏期一般 7～13 d，平均 10 d。整个病程可分为三期：早期、中期和后期。

1. 早期（钩体败血症期）　主要表现为三个症状及三个体征：

（1）症状：包括以下几点：①发热：稽留热，部分弛张热，1～2 d 达高峰，热程 4～7 d，也可达 10 d 以上；②肌肉酸痛：全身酸痛和肌痛明显，多见于四肢和腰背肌，以小腿肌为甚，1～6 d 最明显；③乏力：全身乏力，肢体软弱，难以下床站立和行动。

（2）体征：可有如下表现：①眼结膜充血：第 1 日即可出现眼结膜充血，但无疼痛、分泌物、畏光、流泪，退热后仍可持续数日；②腓肠肌压痛，重者拒压；③浅表淋巴结肿大：表浅淋巴结肿大、压痛，局部无红肿，不化脓，第 2 日可出现，以腹股沟和腋下淋巴结群常见。

病程 5～10 d，发热渐退而愈。此型为钩体病各型早期共有的中毒症候群。

2. 中期（内脏损害期）　根据临床表现特点分为以下各型。

（1）单纯型（流感伤寒型）：本型无明显器官损害，是早期临床表现的继续。本型最多见，流行期间病例多属此型。少数患者可出现腹痛、腹泻、迅速进入休克状态。

（2）肺出血型：初期与单纯型相同，但于病程 3～4 日后加重，出现不同程度的肺出血：

1）轻度肺出血型：咳嗽、痰中带血，肺部少许湿性啰音，X 线胸片示双肺散在点状或小片状阴影。

2）肺弥漫性出血型：病后 3～4 日出现，亦可起病后很快出现大出血。在大咯血前有咳嗽、痰中带血。来势猛，发展快，短时间内可大量咯血。

其发生因素有：①病原体毒力强，主要为黄疸出血群的钩体；②患者免疫力低下；③病后未及时治疗；④抗生素特别是青霉素治疗后发生加重反应，即赫氏反应。

主要表现为：①中毒症状进行性加重；②面色缺血缺氧的改变：潮红、苍白、极度苍白到青灰、发绀；③呼吸功能变化：胸闷、心悸、气促、呼吸节律改变；肺部啰音进行性变化：粗糙、细湿啰音、局限性啰音，血痰、咯血、口鼻涌血；④心脏功能变化：心率进行性加快、第一心音减弱、奔马律；⑤神经系统缺血缺氧表现：神志恍惚、烦躁不安、昏迷；⑥胸片显示：可见双肺广泛点状阴影或大片状融合影或呈毛玻璃状改变，阴影的发生和消散皆迅速。

（3）黄疸出血型：初期发热等表现与单纯型相同，于病后第 4～5 日出现：①肝损害：黄疸，消化道症状如恶心、呕吐，肝功能异常等肝脏损害表现；②出血倾向：可有鼻出血、咯血、呕血与便血。③肾功能损害：尿中蛋白阳性，镜检可见红、白细胞与管型，重者少尿，氮质血症及尿毒症。按其病情可分为轻、中、重度。重者可出现肝性脑病、出血性休克及急性肾衰竭。急性肾衰竭是黄疸出血型最主要的死因。

（4）肾衰竭型：各型钩体病都可有尿蛋白阳性等肾损害的表现，但少数患者出现少尿、氮质血症与尿毒症等肾衰竭表现。肾衰竭常与黄疸出血型合并存在，少数可单独出现。

（5）脑膜脑炎型：病后 2～3 日出现头痛、呕吐、神志不清、颈抵抗等脑膜炎及脑炎的表现，严重者出现水肿、脑疝、呼吸衰竭。脑脊液检查见压力增高，白细胞数增多，以淋巴细胞为主，蛋白含量增高，糖和氯化物正常。易分离出钩体。

3. 后期（恢复期） 多数患者经治疗 2 周左右，症状消失而痊愈。少数患者在此期可发生迟发型变态反应，再度出现临床症状，称之为后发症。常见的有以下几种。

（1）后发热：多在病情缓解 3～4 日后，出现发热 38 ℃左右，持续 1～2 d 而自退。

（2）反应性脑膜炎：少数患者在后发热期同时出现脑膜炎症状与体征。预后良好。

（3）眼的后发症：退热后 1 周至 1 个月出现，多发生于波摩那群感染，主要为虹膜睫状体炎、脉络膜炎或葡萄膜炎。

（4）闭塞性脑动脉炎：多见于波摩那群钩体隐性感染后 2～5 个月。临床表现为偏瘫、失语，可为短暂的反复发作。脑脊液检查蛋白轻度增高，白细胞轻中度增高。

（五）治疗原则

对钩体病各型均应特别强调“三早一就地”的治疗原则，即早期发现、早期诊断、早期治疗及就地治疗。包括一般治疗、病原治疗（首选青霉素 G）和对症治疗。

【护理评估】

（一）健康史（流行病学资料）

应询问既往的健康状况及有无类似疾患、工作环境和工作条件、既往有无疫水接触史等。同时要询问患者生活及职业环境，鼠类、猪、狗的出没情况，有否对鼠类的防范措施，是否同猪、狗密切接触。

（二）身心状况

1. 症状、体征　重点评估体温、血压、出血征象、黄疸、肌肉酸痛、尿量、水肿等症状；注意有无肺出血、肾衰竭、脑膜脑炎等症状和体征。

2. 心理社会状况　注意结合病情程度、患者对疾病的认识程度，评估患者是否有紧张、焦虑、恐惧等心理反应。

（三）辅助检查

1. 常规检查　血白细胞数和中性粒细胞增高或正常；轻度蛋白尿，尿中可见红、白细胞或管型；血沉增快。

2. 特异性检查

（1）钩体的分离、培养：患者的血液或尿液可进行钩体培养，还可进行动物（豚鼠）腹腔接种，分离钩体。

（2）血清学检查：①显凝试验：较常用，特异性和敏感性均较高。起病第7～8日出现阳性，效价1∶400（++）以上。起病初及两周后的双份血清效价增加4倍以上有诊断意义。②酶联免疫吸附试验（ELISA）：灵敏性和特异性均高于显凝试验和培养，稳定性好。

3. 肺部X线检查　双肺呈毛玻璃状或双肺弥漫性点状、片状或融合性片状阴影。

【护理诊断及合作性问题】

1. 体温过高　与钩体血症有关。

2. 疲乏　与钩体血症与骨骼肌肌纤维受损有关。

3. 疼痛　与钩体毒血症和骨骼肌肿胀有关。

4. 气体交换受损　与肺弥漫性出血有关。

5. 恐惧　与病情严重，预后不良或对疾病知识不了解等有关。

6. 潜在并发症　赫氏反应。

【护理目标】

（1）体温下降至恢复正常。

（2）疲乏症状减轻至恢复正常。

（3）肌肉酸痛减轻至恢复正常。

（4）气体交换功能恢复正常。

（5）焦虑、紧张情绪缓解，表情轻松。

（6）无并发症发生或并发症及时得到控制。

【护理措施】

1. 一般护理

（1）休息：各型患者均应卧床休息，危重患者应专人看护。不宜随意搬动患者，以减少刺激避免诱发大出血、休克。病情重者恢复期亦不宜过早活动。直至临床症状体征完全消失后再下床活动。逐渐增加活动量和延长活动时间。

（2）饮食：急性期饮食宜给予易消化的高热量、高维生素、低脂、适量蛋白，保证充足的营养。少量多餐、多饮水，每日水分摄入量应保持 2 500 ~ 3 000 mL，入量不足者可静脉输液。

2. 对症护理

（1）高热的护理：

1）发热时应卧床休息，保持环境整洁，空气清新，室温维持 20 ~ 24 ℃，湿度 55% ~60%，经常通风换气。患者宜穿透气、棉质衣服，避免衣物过厚以促进散热。患者若有寒战应保温。

2）常用物理降温，可用冷敷头部或大动脉，25% ~50% 乙醇、32 ~ 36 ℃温水擦浴、冷（温）盐水灌肠等。但要避免持续长时间冰敷同一部位，以防止局部冻伤。同时，要注意周围循环状态，有脉搏细速、面色苍白、四肢厥冷者，禁用冷敷和乙醇擦浴。持续高热物理降温效果欠佳者，可配合药物降温。退热药用量不宜过大，以免大汗导致虚脱。

（2）疼痛的护理：解释疼痛原因，指导患者深呼吸或分散注意力。局部肌肉疼痛严重者，可予热敷，每次 15 ~ 20 min，3 ~ 4 次/d。严重头痛伴全身肌肉酸痛者，可遵医嘱给予镇静剂，如水合氯醛、异丙嗪或哌替啶。

（3）肺大出血的护理：肺大出血为本病常见的死亡原因之一，须特别重视，一旦出现，应注意：①患者应绝对静卧，避免一切不必要的检查、操作或搬动，并尽早使用镇静剂。②给予氧气吸入，保持侧卧位。如患者出现呼吸困难、烦躁、发绀等呼吸道阻塞的征象，应及时吸出血块；如积血已堵塞气道，应配合医生施行紧急气管切开，以保持呼吸道通畅。③遵医嘱使用镇静剂、激素、止血药等药物治疗。如出血严重或有失血性休克者，应及时配血，争取少量多次输新鲜血，并用低分子右旋糖酐铁或平衡盐液等补足血容量，纠正循环衰竭。

（4）赫氏反应的护理：赫氏反应多见于首剂使用青霉素治疗后 0.5 ~4 h 内出现突起寒战、发热，持续 0.5 ~2 h，重者可有休克，或诱发肺弥漫性出血。故使用青霉素时注意：①使用前应皮试，阴性者方可使用青霉素治疗，遵医嘱严格小剂量分次给药，青霉素首剂 5 万 u，4 h 后 20 万 ~40 万 u，每 6 ~ 8 h 给药 1 次；②用药后，尤其首剂用药后必须严密观察，随时询问患者感觉；③一旦发生赫氏反应，应遵医嘱协助处理，如镇静、降温，采用氢化可的松静脉滴注或静脉注射，给氧等，必要时采取强心、升压、纠酸等措施。

3. 心理护理　因病情重而复杂，并且多数患者缺乏疾病的有关知识，所以护士应热情、耐心向患者讲解病情，各种护理操作应沉着、熟练，操作时动作轻柔、体贴，及时了解患者心理感受，必要时应对患者家属进行宣教、指导，树立战胜疾病的信心。

4. 病情观察　严密观察病情，注意生命体征变化，观察皮肤、黏膜有无出血点及淤斑、有无鼻血、呕血、便血、血尿等出血现象。如有突然面色苍白、烦躁不安、呼吸急促、心率加快、肺部出现干湿啰音、咳血丝痰，是肺出血的先兆表现，应及时通知医生。同时严密观察肝功能、肾功能的变化，注意有无脑膜脑炎、闭塞性脑动脉炎等症状和体征；在应用青霉素后要密切观察有无赫氏反应；在恢复期要注意观察是否出现后发症；若发现，应及时通知医生。

【护理评价】

（1）体温是否下降至恢复正常。

（2）肌肉酸痛是否减轻至恢复正常。

（3）是否无咯血、呕血、便血、皮下出血等现象的发生。

（4）焦虑、紧张情绪是否缓解，表情轻松。

（5）是否无并发症发生或并发症症状较轻。

【健康教育】

1. 对患者的指导　介绍本病重症表现，指导患者及其家属配合观察治疗的方法。患者出院后仍需避免过劳，加强营养。如有视力障碍、发音不清、肢体运动障碍，可能是钩体病的“后发症”，指导患者应及时就诊。

2. 预防疾病指导　重点为管理好猪、犬、牛、羊等家畜，灭鼠防鼠。加强疫水、粪便管理，防止食物被污染。易感者要做好个人防护，尽量减少接触疫水的机会。在疫区流行季节前1个月，可行钩体多价菌苗预防接种。对高度怀疑已受钩体感染者，可用青霉素G 20万～40万u肌内注射，每日2～3次，连用2～3 d。

知识链接…

钩端螺旋体病的防治措施

第一，避免犬与带菌动物（尤其是猪与鼠类）及被其尿所污染的水、饲料接触。被污染的环境，可用2%～5%漂白粉溶液，或2%氢氧化钠，或3%来苏儿消毒。

第二，驱鼠、灭鼠。

第三，严禁饲喂病畜肉及带菌动物的生肉及其产品。

第四，对较大的犬群每年进行1次检疫，发现病犬及可疑感染犬，应及时隔离。青霉素、链霉素对本病有很好的疗效，尤其在早期应用，效果更好。但必须连续治疗3～5 d，才能起到消除肾脏内钩端螺旋体的作用。

第五，采取药物预防。目前，我国尚无犬用单从钩端螺旋体菌苗，但国内有与其他疫苗结合的六联苗，可给犬预防接种，但菌苗必须包括当地主要流行菌型。如无菌苗，可以流行期间采用药物预防，即在饲料中加入土霉素（每千克饲料加入土霉素0.75～1.5 g）或四环素（按1～1.5 mg/kg），连喂7 d，可控制犬的感染。

第六，饲养病犬的人员，不要再与健犬接触。

练习题

1. 解释钩端螺旋体病、赫氏反应等名词。
2. 钩端螺旋体病患者的主要表现是什么？
3. 如何护理钩端螺旋体病高热患者？

（孙美兰）

第五章　原虫病——疟疾患者的护理

★**学习目标**

本章主要学习本章疟疾患者的护理。

掌握：疟疾的流行病学资料、典型疟疾的临床表现及护理措施。

熟悉：疟疾的护理诊断、治疗及健康教育。

了解：疟原虫的生活史及疟疾发病机制。

案　例

某女，32岁。于8月11日去云南出差，几天后不明原因出现发热寒战等症。当时未去正规医院治疗，自行缓解。48小时后再次突发寒战、高热、大汗，于8月21日急诊入院。入院后患者头痛、全身酸痛、口渴、烦躁不安、皮肤干热、脉搏有力，持续了1 h。继之全身大汗淋漓，体温迅速下降至正常，自觉症状明显缓解，但仍感疲乏、嗜睡。入院当时体格检查：体温40 ℃，面色潮红、颈无抵抗，未见明显阳性体征。患者经过住院治疗后明显好转。云南当地有间日疟流行。

问题：(1) 该患者可能患有什么疾病？

(2) 护理诊断是什么？

(3) 本病流行期间外来人员应怎样进行预防？

(4) 该患者的护理措施是什么？

疟疾（malaria）是由疟原虫经按蚊叮咬人体而传播的一种寄生虫病。临床特征为间歇性发作的寒战、高热、大汗，继之缓解，反复发作可伴有肝、脾肿大和贫血等。

一、疾病概要

（一）病原学

寄生于人体的疟原虫有间日疟原虫、三日疟原虫、恶性疟原虫和卵形疟原虫四种。疟原虫的生活史分为两个阶段，即雌蚊体内有性生殖阶段和人体内的无性增殖阶段。有两个宿主，蚊为终宿主，人为中间宿主。

疟原虫在人体内发育阶段：

1. 红细胞外期　寄生于雌性按蚊体内的感染性子孢子于按蚊叮咬人时，子孢子随蚊虫唾液腺分泌物进入人体，经血液循环迅速进入肝细胞内，进行裂体增殖，发育成熟为裂殖体，释放出大量裂殖子进入血循环，一部分被吞噬细胞吞噬而消灭，另一部分裂殖子侵入红细胞。感染性子孢子有速发型和迟发型两种。速发型在肝细胞内的发育较快，潜伏期短。而迟发型发育较缓慢，要经过一定的休眠状态后才发育成熟，潜伏期长。间日疟和卵形疟既有速发型又有迟发型两种孢子，迟发型孢子是间日疟和卵形疟复发的根源。三日疟和恶性疟只有速发型孢子，故无复发。

2. 红细胞内期　侵入红细胞内的裂殖子发育为早期滋养体，经滋养体发育为成熟的裂殖体，导致红细胞被胀破释放大量裂殖子及代谢产物，引起典型疟疾发作。大部分裂殖子被吞噬细胞消灭，小部分再侵入红细胞重复上述裂体增殖，出现周期性发作。间日疟和卵形疟在红细胞内的发育周期为48 h，三日疟约为72 h，恶性疟为36～48 h。

部分裂殖子经3～6代增殖后发育为雌性及雄性配子体，若被雌性按蚊吸入胃内，则在蚊体内进行有性生殖，其余配子体在人体内被吞噬细胞消灭。

疟原虫蚊体内发育阶段：雌雄配子体被吸入蚊胃内，进行有性生殖形成圆形合子，继之成为动合子，动合子穿过蚊胃壁发育为囊合子，继续发育成熟为孢子囊，含有数千个感染性的子孢子，当蚊子再次叮咬人时，子孢子进入人体内。

（二）流行病学

1. 传染源　疟疾患者和带疟原虫者。

2. 传播途径　疟疾的自然传播媒介是按蚊。我国主要为中华按蚊。人被有传染性的雌性按蚊叮咬后即可受染。少数病例可因输入含疟原虫的血液或经母婴传播后发病。

3. 人群易感性　人对疟疾普遍易感。多次发作或重复感染后再发症状轻微或无症状。高疟区，成人发病率较低，外来人口发病率较高，且临床表现常较严重。感染后均可产生一定程度免疫力，但不持久。各型疟疾间亦无交叉免疫性。

4. 流行特征　一般以夏秋季较多，热带及亚热带地区四季均有发病。我国间日疟分布较广，恶性疟以云贵、两广及海南为主，三日疟呈散在发生。

（三）发病机制与病理

裂殖体成熟后胀破被寄生的红细胞，裂殖子、疟色素及代谢产物一起进入血流，作用于体温调节中枢引起疟疾的典型发作。一般间日疟和卵形疟为隔日一次，三日疟隔2日一次，恶性疟由于原虫发育不整齐，遂使发作不规律，且恶性疟原虫的红细胞内期裂体增殖在内脏微血管内进行，易致内脏损害。脾脏充血肿大，脾内大量吞噬细胞、吞噬含原虫的红细胞、红细胞碎片与疟色素。肝脏轻度肿大，肝细胞混浊肿胀与变性。脑型疟疾可见脑组织充血、水肿；大脑白质内散在出血点、充血；软脑膜显著充血水肿，重者沟回变浅。显微镜下毛细血管充血，局灶性脱鞘和退行性病变。

（四）临床表现

间日疟及卵形疟潜伏期为13～15 d，三日疟为24～30 d，恶性疟为7～12 d。

1. 典型疟疾　常急性发病，部分患者有前驱期症状，如乏力、食欲缺乏、头痛等。

（1）寒战期：突起畏寒、寒战、面色苍白、唇指发绀、肢体厥冷、鸡皮样皮肤，牙齿打战，持续20～60 min，随后体温上升。

（2）高热期：体温迅速上升至40 ℃或更高，神志清晰，伴头痛、全身酸痛、乏力，口渴、面色潮红、皮肤干热、脉搏有力，持续2～6 h。

（3）大汗期：高热后期全身大汗淋漓，衣服湿透，体温迅速下降至正常，自觉症状明显好转，但仍感乏力、口干。此期约持续0.5～1 h，此后进入间歇期。

早期患者的间歇期可不规则，但经数次发作后即逐渐变得规则。间日疟和卵形的间歇期约为48 h，即隔日发作1次；三日疟间歇期为72 h，即三日发作1次；恶性疟间歇期约为36～48 h，发热一般无规律，大多无明显间歇。疟疾反复发作后造成大量红细胞破坏，可以使患者出现不同程度的贫血，且以恶性疟贫血最严重。患者均有脾脏肿大，质软、反复多次发作后明显肿大、质硬，常伴有肝脾肿大和压痛。

2. 凶险型疟疾

（1）脑型疟：病情严重，死亡率高，是恶性疟的严重临床类型。表现为高热、剧烈头痛、呕吐、抽搐、谵妄、昏迷，脑膜刺激征及病理反射征阳性，严重因发生脑水肿、呼吸衰竭而死亡。脑脊液检查提示压力增高，细胞计数正常或轻度增高，蛋白质轻度增高，糖、氯化物正常。

（2）过高热型：体温迅速上升达42 ℃或更高。患者呼吸急迫，谵妄、抽搐，昏迷，常于数小时后死亡。

（3）胃肠型：除典型症状外，尚有恶心、呕吐、腹痛、腹泻，泻水样便或血便。重者可死于发生休克、肾衰竭。

3. 输血后疟疾　潜伏期多为7～10 d，国内主要为间日虐，临床表现与蚊传疟疾相同，但因无肝细胞内繁殖阶段，缺乏迟发型子孢子，故不会复发。经母婴传播的疟疾常于出生后1周左右发病，亦不会复发。

4. 并发症　主要为黑尿热，为急性血管内溶血。一般见于恶性疟患者短期内发生大量红细胞破坏者。主要表现为寒战、高热、腰痛，排酱油色尿，进行性贫血、黄疸，严重者可发生急性肾衰竭。其原因可能与红细胞葡萄糖－6－磷酸脱氢酶（G－6－PD）缺乏，服用抗疟药伯氨喹、奎宁等有关。

5. 再燃与复发　再燃是由血液中残存的疟原虫引起的，因此，四种疟疾都有发生再燃的可能性。再燃多见于病愈后的1～4周，可多次出现。复发是由寄生于肝细胞内的迟发型子孢子引起的，只见于间日疟和卵形疟。复发多见于病愈后的3～6个月。近期复发指疟疾初发后，未彻底治愈，血中疟原虫未完全消失，在2～3个月后随着疟原虫增殖，又引起临床发作。远期复发指初发症状消失半年后再次发作。其原因可能为迟发型子孢子在肝细胞内休眠一段时间后发育成熟，释放出裂殖子，侵入红细胞内。恶性疟、三日疟、输血疟疾无远期复发。

（五）治疗要点

氯喹对红细胞内裂体增殖的疟原虫有迅速杀灭作用；伯氨喹可杀灭肝细胞内迟发型子孢子和红细胞内疟原虫配子体，用于病因预防、防止疟疾的传播和复发；乙胺嘧啶能杀灭各种红外期疟原虫，起预防作用；青蒿素衍生物能杀灭红细胞内的裂殖体，属控制发作药物。现有的最佳治疗方法，特别是恶性疟治疗方法，是以青蒿素为基础的联合疗法。青蒿素及其衍生物吸收快，抗疟疗效显著、不良反应轻而少，特别适用于凶险型疟疾的治疗。对出现脑水肿与昏迷的脑型疟疾，及时给予脱水治疗。监测血糖，对超高热患者可应用肾上腺皮质激素。亦可应用低分子右旋糖酐，改善微血管堵塞等。

二、护理评估

（一）健康史

询问患者居住地蚊虫密度及蚊虫叮咬史，近期是否服用过乙胺嘧啶、氯喹或甲氟喹等药物；周围有没有类似病例。询问患者发病情况，有无发热及热型和持续时间如何。患者有无寒战高热、缓解、再寒战高热、再缓解的循环发作症状。

（二）身心状况

1. 症状和体征　注意评估血压、脉搏、呼吸、体温、意识是否正常，有无典型的周期性寒战、高热、大汗和间歇期表现；有无贫血与脾肿大。

2. 并发症　评估患者有无黑尿热等并发症。

3. 心理社会状况　因起病急、持续高热、头痛等症状，患者易产生焦虑、恐惧的心理；重症患者对疾病的恢复缺乏耐心和信心。因此，应注意患者的心理状态，了解患者及其家属对疾病的认知程度及家庭经济情况等。

（三）实验室及其他检查

1. 血常规　红细胞及血红蛋白下降，白细胞总数正常或减少。

2. 疟原虫检查　可作血涂片及骨髓穿刺涂片染色检查疟原虫。

3. 血清学检查　抗疟抗体在感染后 2～4 周出现阳性，主要用于流行病学调查。

【护理诊断及合作性问题】

1. 体温过高　与疟原虫感染有关。

2. 活动无耐力　与贫血、发热有关。

3. 潜在并发症　颅内高压症、黑尿热等与脑水肿、患者缺乏葡萄糖－6－磷酸脱氢酶（G－6－PD）或其他有关。

【护理目标】

（1）患者体温下降至正常，不适感减轻。

（2）疲劳感减轻或消失，活动耐力恢复正常。

（3）对患者及时治疗、护理，密切观察病情，避免并发症发生。

【护理措施】

1. 一般护理

（1）休息：发作期患者应卧床休息并做好防蚊、灭蚊。

（2）饮食护理：发作期能进食者可给予流质或半流质饮食，如果汁、糖水、稀粥等。恶心、呕吐、不能进食者，予静脉补液。发作间歇期，给予高热量、高蛋白、高维生素、含铁丰富的食物，以补充消耗，纠正贫血。

2. 对症护理

（1）寒战、发热：寒战期应注意保暖，如加盖棉被，放置热水袋等。发热期采用物理降温或小剂量退热剂。大汗时给予温水擦浴，及时更换衣被，注意防止受凉。

（2）控制溶血反应：遵医嘱应用肾上腺糖皮质激素，静脉滴注 5% 碳酸氢钠，以碱化尿液，必要时输血。记录 24 h 出入量，及时发现肾衰竭。

3. 用药护理　在抗疟治疗过程中，应密切观察有无药物反应。对使用氯喹者，应注意观察有无心动过缓，心律失常及血压下降等循环系统的变化；服用伯氨喹者，应注意观察有无溶血反应。

4. 心理护理　了解患者和其家属对疾病的认知情况，对疟疾的周期性发作有无紧张、焦虑；对患者给予关心、体贴及帮助，使其消除不良心理反应，主动地配合治疗和护理，以便早日康复。

5. 病情观察　监测患者的体温，尤其注意体温升降及热型。观察面色，注意有无贫血表现；注意观察有无突起寒战、高热、腰痛、排酱油样尿等黑尿热表现；恶性疟患者应注意观察生命体征，有无神志改变、头痛、呕吐、脑膜刺激征等表现。

【护理评价】

（1）患者是否体温下降至正常，不适感减轻。

（2）疲劳感是否减轻或消失，活动耐力是否恢复正常。

（3）是否对患者及时治疗、护理，密切观察病情，是否避免并发症发生。

【健康教育】

向患者及其家属介绍宣传疟疾的传染过程、临床表现、防治要点及容易复发的原因。告诉患者坚持服药，以彻底根治，治疗后应定期随访。有反复发作时，应速到医院复查。对1~2年内有疟疾发作史及血中查到疟原虫者，在流行季节前1个月，给予抗复发治疗，常用乙胺嘧啶与伯氨喹联合治疗，以根治带虫者。以后每3个月随访1次，直至2年内无复发为止。

宣传防蚊、灭蚊是预防疟疾的关键，个人防护蚊虫叮咬则是预防疟疾的第一道防线。消除按蚊滋生地，杀灭蚊虫，加强防护。如穿长袖衣服和长裤，在暴露的皮肤上涂驱蚊剂，以减少被疟蚊叮咬的机会；在杀虫剂处理过的蚊帐或经长效杀虫剂处理过的蚊帐里睡觉，房间喷洒杀虫剂及用纱窗来阻隔蚊虫等。对疟疾高发区健康人群及外来人群，进行预防性服药以防止发生疟疾，可选用乙胺嘧啶、伯氨喹、氯喹等。曾到疟疾流行区旅游的人，在3年内不可输血给其他人。

知识链接…

如何预防疟疾

疟疾的传播媒介是按蚊，按蚊吸入疟疾病的血，再叮咬健康的人时，就会把它唾液中的疟原虫带进健康人的血液，使健康人发病。因此，防止疟疾要抓住积极治疗传染源，彻底灭按蚊和搞好个人防护这三个基本环节。

1. 积极治疗传染源　常用的药物主要有羟基哌喹、乙胺嘧啶、磷酸咯啶等。另外常山、青蒿、柴胡等中药治疟的效果也很好。以上这些药物要根据疟原虫的种类和病情的轻重由医生来对症使用，剂量和用法一般人不易掌握，千万不要自己乱吃。除此之外，还要对患者进行休止期治疗，即对上一年患过疟疾的人，再用伯氨喹啉治疗，给予8 d的剂量，以防止复发。

2. 彻底消灭按蚊　主要措施是搞好环境卫生，包括清除污水，改革稻田灌溉法，发展池塘、稻田养鱼业，室内、畜棚经常喷洒杀蚊药等。

知识链接…

3. 搞好个人防护　包括搞好个人卫生，夏天不在室外露宿，睡觉时最好要挂蚊帐；白天外出，要在身体裸露部分涂些避蚊油膏等，以避免蚊叮。

4. 切断传播途径　主要是消灭按蚊，防止被按蚊叮咬。清除按蚊幼虫滋生场所及使用杀虫药物。个人防护可应用驱避剂或蚊帐等，避免被蚊虫叮咬。主要措施是搞好环境卫生，包括清除污水，改革稻田灌溉法，发展池塘、稻田养鱼业，室内、畜棚经常喷洒杀蚊药等。

练习题

1. 解释疟疾、复发与再燃等名词。
2. 典型疟疾的临床表现是什么？
3. 疟疾患者的护理措施是什么？

（曹雪霞）

第六章　蠕虫感染患者的护理

★学习目标

本章主要学习日本血吸虫病患者、钩虫病患者和蛔虫病患者的护理。

掌握： 日本血吸虫病、钩虫病和蛔虫病患者的临床表现、护理诊断、护理措施。

熟悉： 日本血吸虫病、钩虫病和蛔虫病的病原学、流行病学、治疗原则和健康教育。

了解： 日本血吸虫病、钩虫病和蛔虫病的发病机制、辅助检查和预防措施。

案　例

患者男性，25 岁，因发热、腹痛、腹泻 21 d 入院。患者 21 日前突感畏寒、发热，每日傍晚体温升至高峰，午夜后自退，周身大汗，伴头晕、乏力至今。同时有轻微干咳，腹痛，腹泻，每日解稀便 2 ~3 次，无里急后重。半年前在湖南汉寿经商，1 个月前在该县河堤外下水捕鱼，回家后下肢有痒感，并出现较多散在红色小疹，数天后自愈。查：体温 39 ℃，消瘦，表情淡漠，反应迟钝，左下腹轻压痛，肝右缘下 1 cm，剑突下 4 cm，有压痛，脾肋下 1.5 cm。实验室检查：粪便孵化三次，最后一次发现毛蚴。

问题：（1）该患者患何种疾病？

（2）存在哪些护理问题？

（3）如何护理该患者？

案　例

患者男性，44 岁，农民，因头晕、乏力明显 5 个月余加重 1 个月入院。患者自 2008 年 6 月来感头晕乏力，尤以活动和下田劳动明显，伴上腹部间歇性隐痛不适，食欲缺乏，解稀便，每日 1 ~2 次，进行性消瘦明显。在当地以“贫血”治疗效果不明显。近 1 月来觉头晕乏力明显，不能劳动，并伴有心悸、气促，双下肢中度水肿。体查：重度贫血貌，消瘦体型，巩膜无黄染，双肺呼吸音粗。心率 88 次/min，心律齐，心前区可闻及轻微收缩期杂音。上腹部轻压痛，肝脾未扪及。双下

案 例

肢中度凹陷性水肿。实验室检查：血红蛋白60 g/L，白细胞正常。粪便隐血阳性。连续3次粪便培养最后一次可见丝状蚴。

问题：（1）患者可能患何种疾病？患者有何护理问题？

（2）怎样指导患者的饮食？

（3）怎样对其家人进行健康指导？

第一节 日本血吸虫病患者的护理

日本血吸虫病（schistosomiasis japonica）是日本血吸虫寄生于门静脉系统而引起的疾病。由皮肤接触含尾蚴的疫水而感染，主要病变为肝与结肠由虫卵沉积引起的肉芽肿。急性期表现为发热、腹痛、腹泻或脓血便，肝肿大与压痛，血中嗜酸粒细胞显著增多。慢性期以肝、脾肿大或慢性腹泻为主。晚期则以门静脉周围纤维化为主，可发展至门静脉高压、巨脾、腹水。

【病原学】

日本血吸虫雌雄异体，寄生于门静脉系统，主要在人体肠系膜下静脉内。存活时间一般平均4~5年，长者可达10~20年或更长。雌虫在肠壁黏膜下层末梢静脉内产卵，一条雌虫每日可产卵1 000个左右，从粪便中排出的虫卵入水后，在适宜的温度（25~30 ℃）下孵出毛蚴，毛蚴侵入中间宿主钉螺，在螺体内发育，经过母孢蚴和子孢蚴二代繁殖形成有感染性的尾蚴。尾蚴随水流在水面漂浮，当人、畜接触疫水时，尾蚴很快由皮肤或黏膜侵入，经血流至肝脏，约一个月后发育成成虫，雌雄合抱，逆血流移行至肠黏膜下静脉的末梢血管内产卵，完成其生活史。

在日本血吸虫的生活史中，人是终宿主，钉螺是必需的唯一中间宿主，家畜以及各种野生动物都可以成为它的保虫宿主。

【流行病学】

（一）传染源

本病的传染源是患者和保虫宿主，视地区而异。家畜中牛和猪感染率高，野生动物和鼠类也可成为传染源。

（二）传播途径

必须具备以下三个条件：

1. 粪便入水　患者的粪便可以通过各种途径污染水源，病家畜随地粪便亦可污染水源。

2. 钉螺滋生　有钉螺感染的地区才有血吸虫病流行。钉螺是血吸虫唯一的中间宿主。钉螺感染的阳性率以秋季为高。

3. 接触疫水　本病感染方式可因生产（捕鱼虾、割湖草、种田等）或生活（洗澡、洗手洗脚、游泳、儿童戏水等）而接触疫水，招致感染。饮用生水、尾蚴也可自口腔黏膜侵入。

（三）易感人群

人群普遍易感。患者以农民、渔民为多，与经常接触疫水有关。感染季节在夏秋季。感染后有部分免疫力。

（四）流行特征

血吸虫病流行于我国长江流域以南的 13 个省、市、自治区。以夏秋季为感染高峰，流行区与钉螺分布一致。

【发病机制与病理改变】

血吸虫病的病变可由尾蚴、童虫、成虫、虫卵等及其代谢产物所致：虫卵引起的肉芽肿（虫卵结节）为血吸虫病的基本病变。尾蚴侵入皮肤可引起局部毛细血管扩张充血和细胞浸润，皮肤出现红色丘疹，称为尾蚴性皮炎。沉积在肝脏与结肠内的虫卵引起的肉芽肿病变最为严重。成熟虫卵的毛蚴分泌可溶性抗原（SEA）从卵壳释出，致敏 T 淋巴细胞。SEA 刺激致敏的 T 淋巴细胞，特别是辅助性 T 淋巴细胞（TH），产生各种淋巴因子吸引吞噬细胞及嗜酸性粒细胞等聚集到虫卵周围形成肉芽肿（虫卵结节），卵内毛蚴衰老或死亡，SEA 的释出量减少，消失后肉芽肿退化和局部纤维化。在虫卵肉芽肿中可检测出虫卵可溶性抗原，急性血吸虫病患者血液中检出免疫复合物与特异性抗体阳性率甚高，故急性血吸虫患者主要是体液与细胞免疫的混合表现，而慢性与晚期血吸虫病的免疫病理变化则属于迟发型超敏反应。

血吸虫病的病理改变以肝脏与结肠最显著。早期肝大，表面可见栗粒状黄色虫卵结节；晚期肝脏门静脉分支周围与门静脉区纤维组织增生，形成干线型肝纤维化。门静脉周围纤维化，产生门静脉阻塞，引起门静脉高压，巨脾，脾功能亢进。结肠病变主要在直肠、乙状结肠与降结肠。急性期有黏膜充血、水肿、黏膜下层有堆积的虫卵结节，破溃后形成浅表溃疡，排出脓血便。

【临床表现】

本病潜伏期长短不一，80% 患者为 30 ~ 60 d，平均 40 d。感染重者潜伏期长，轻者潜伏期短。血吸虫病的临床表现复杂多样，按病程和主要临床表现分为以下四型。

（一）急性血吸虫病

在接触疫水后数小时至 2 ~ 3 d 内，尾蚴侵入皮肤处可出现有痒感的红色点状匠疹称为尾蚴性皮炎。

1. 发热　患者均有发热，热度的高低、期限与感染程度成正比，热型以间歇热、弛张热多见，早晚波动很大。重者可伴有严重贫血、消瘦、恶病质等。

2. 消化道症状　多伴有腹痛、腹泻、呕吐。腹泻每日 3 ~ 5 次，个别 10 余次，初为稀水便，后有脓血便。危重患者可出现腹水。治疗后上述症状可显著改善或消失。

3. 过敏反应　以荨麻疹较多见，此外可出现血管神经性水肿，全身淋巴结轻度肿大、出血性紫癜支气管哮喘等。血中嗜酸性粒细胞增多，对诊断具有重要参考价值。

4. 呼吸系统症状　多见咳嗽、气喘、胸痛，重症患者咳血痰，伴胸闷、气促、恶病质，可迅速发展为肝硬化。

5. 肝脾肿大　90%以上患者肝大伴压痛，尤以肝左叶更显著，有轻度脾大。

（二）慢性血吸虫病

在流行区占大多数，在急性症状消退而未经治疗或疫区反复轻度感染而获得部分免疫力者，病程半年以上者，称为慢性血吸虫病。病程可达10～20年。

（三）晚期血吸虫病

晚期血吸虫病主要指血吸虫性肝硬化及门静脉高压和临床并发症。病程多5～15年或以上，儿童有生长发育障碍。根据其主要临床症状分以下四型：

1. 巨脾型　最常见，占晚期血吸虫病大多数。脾进行性肿大，下缘可达盆腔，表面光滑，质地坚硬，有压痛，常伴有脾功能亢进。因门脉高压，可发生上消化道出血，易诱发腹水。

2. 腹水型　是严重肝硬化的重要标志。腹水可长期停留在中等量以下，进行性加剧，致腹部膨隆，腹壁静脉曲张，呼吸困难，常伴有贫血、消瘦、下肢水肿等表现，常因并发消化道出血、肝性脑病、感染而死亡。

3. 侏儒型　自幼反复感染血吸虫引起生长发育障碍，表现为身材矮小、第二性征缺乏，但智力正常。现已少见。

4. 结肠肉芽肿型　以结肠病变为突出表现，病程3～6年以上，经常腹痛、腹泻、便秘或两者交替出现，腹泻时可呈水样便、血便或黏液脓血便，便秘时出现腹胀，严重时出现肠梗阻表现：左下腹可触及肿块，有压痛，可癌变。

（四）异位血吸虫病

1. 肺血吸虫病　大多数为急性血吸虫病临床表现的一部分。

2. 脑血吸虫病　多见于病程早期，以青壮年为多，急性型表现为脑膜脑炎症状如意识障碍、脑膜刺激征、瘫痪、抽搐、锥体束征等。慢性型主要症状为癫痫发作，尤以局限性癫痫多见。

【并发症】

1. 上消化道出血　晚期血吸虫患者出现上消化道出血占2/3以上，出血部位躲在食管下段和胃底冠状动脉，为致死的主要原因。

2. 肠道并发症　阑尾炎最常见。其次是肠梗阻和结肠癌。

3. 肝性脑病　晚期患者并发肝性脑病多万腹水型，由于大出血、大量放腹水、过度利尿诱发。

4. 感染　由于患者免疫功能减退，极易并发各种感染导致死亡。

【实验室及其他检查】

1. 血常规检查　急性期白细胞计数和嗜酸性粒细胞显著增高，慢性血吸虫患者周围血嗜酸性粒细胞轻度增高。晚期患者因脾功能亢进引起红细胞、白细胞减少，中性粒细胞常减少，可有轻度贫血，

2. 粪便检查　每日1次，连续3 d从粪便中查到虫卵或孵出毛蚴可确诊。

3. 肝功能检查　急性血吸虫患者血清中球蛋白明显增高、血清ALT、AST也轻度增高。晚期血液中清蛋白明显降低，常有清蛋白与球蛋白比例倒置现象。

4. 免疫学检查　包括皮内试验、环卵沉淀试验、酶联免疫吸附试验（ELISA）、间

接血凝试验等，试验阳性提示血吸虫感染，但不能区分过去感染与现症患者，并有假阳性、假阴性等。应用单克隆抗体检测血吸虫虫体或虫卵抗原有较高特异性，可作为疗效判断参考，是目前免疫学诊断发展的动向。

5. 直肠黏膜活检　为消息称病原诊断方法之一。通过直肠或乙状结肠镜，自病变处取米粒大小黏膜，在显微镜下压片检查虫卵，阳性率高。

【治疗要点】

（一）一般治疗

急性期患者应住院治疗，补充营养，改善全身情况。

（二）病原治疗

目前治疗血吸虫病的首选药物是吡喹酮，适用于各期各型血吸虫患者。

1. 急性血吸虫病　成人总剂量为120 mg/kg，2～3次/d，6 d服完，其中50%必须在前2日服完。

2. 慢性血吸虫病　成人量为60 mg/kg，2～3次/d，2日4次服完。

3. 晚期血吸虫病　肝功能代偿期，按慢性血吸虫病治疗。若肝功能差、年老体弱或有并发症者，可适当减少总剂量，延长疗程，以免引起中毒反应。有巨脾症者可考虑手术。

4. 预防性服药　间接血凝试验阳性率超过单位总人数25%时，该单位人群应进行集体预防服药，在下疫水前1～2 h和接触疫水后45周内，共服药2次，总量40 mg/kg，1次顿服或1日内分2次服用。

（三）对症治疗

急性期血吸虫病患者高热、中毒症状严重者给予降温、补液，保证水、电解质平衡。慢性及晚期血吸虫病患者应加强营养，改善体质，及时治疗并发症。对巨脾、上消化道出血患者可行手术治疗。腹水、肝性脑病者给予相应治疗。有侏儒症时可短期、间歇、小量给予性激素和甲状腺制剂。

【预防】

1. 控制传染源　在流行区每年对患者、病畜进行普查、普治。

2. 切断传播途径　消灭钉螺是预防本病的关键。可采用各种方法消灭钉螺。粪便须经无害化处理后方可使用，保护水源，改善用水。

3. 保护易感人群　严禁在疫水中游泳、戏水，接触疫水应穿防护衣裤。

【护理诊断及医护合作性问题】

1. 体温过高　与血吸虫成虫、虫卵及代谢产物作用有关。

2. 腹泻　与虫卵沉积引起急性结肠炎有关。

3. 营养失调：低于机体需要量　与进食减少、机体消耗过多有关。

4. 体液过多　与血吸虫性肝硬化致门脉高压有关。

5. 皮肤完整性受损　与由于过敏引起的皮疹有关。

6. 潜在并发症　上消化道出血、肝性脑病

7. 焦虑　与急性期和晚期症状严重，患者心理负担增加有关。

【护理措施】

（一）一般护理

1. 隔离和消毒　对患者粪便进行无害化处理，防止患者粪便直接入水。

2. 休息　急性期患者及晚期肝硬化伴有腹水患者均需卧床休息，有消化道出血者绝对卧床休息。

3. 饮食　急性期患者给予高热量、高蛋白、高维生素、易消化饮食。有腹泻者给予清淡易消化流质饮食，避免刺激性食物，减少脂肪摄入，慢性患者给予营养丰富易消化食物，少量多餐。贫血者给予含铁食物或血制品等支持治疗。晚期肝硬化有腹水者应给予低盐饮食。发生肝性脑病者暂停蛋白质饮食。并发消化道出血应暂禁食，根据病情调整饮食。

（二）病情观察

急性血吸虫病主要观察体温，皮疹形态、部位，腹泻次数，粪便性状，肝脾大小等。晚期血吸虫病主要表现为肝硬化，应观察评估有无失水、电解质紊乱及酸碱平衡失调及有无上消化道出血等并发症表现。出现并发症，则密切观察生命体征。

（三）对症护理

1. 高热　监测体温、热型。可采用物理降温，如乙醇擦浴、冰袋冷敷等。对持续高热物理降温效果不明显者，遵医嘱药物降温。

2. 腹泻　观察患者排便次数、量、性状，评估有无脱水和电解质平衡紊乱表现，肛周皮肤有无破损、疼痛。必要时给予静脉补液。

3. 腹水　在急性期或晚期出现，按肝硬化并腹水疾病护理。

4. 消化道出血和肝性脑病　护理参见“病毒性肝炎的护理”。

（四）用药护理

遵医嘱使用吡喹酮。本品毒性小，不良反应主要有头晕、头痛、乏力、恶心、腹痛，少数有过敏反应，无需处理。剂量过大时，也可引起严重的心律失常。应指导患者服药，观察可能出现的不良反应。

（五）心理护理

了解患者及其家属对血吸虫病知识的认识程度及经济能力，针对患者及其家属的心理状况，关心体贴患者，消除不良心理反应，使其能积极主动地配合治疗。

【健康指导】

向患者及其家属讲解血吸虫病的相关知识及预后，鼓励急性患者及早就医，争取急性期彻底治愈。对慢性期及晚期血吸虫患者，应说服其建立治疗信心，指导和帮助患者及其家属掌握肝硬化的一般知识，提高自我护理能力，预防和减少并发症的发生。同时增加饮食营养，限制吸烟、饮酒，以免加重肝损害。强调定时复查的重要性。

第二节　钩虫病患者的护理

钩虫病（ancylostomiasis）是由十二指肠钩虫或美洲钩虫寄生于人体小肠所致的疾

病。临床主要表现为贫血、营养不良、胃肠功能失调，严重者可导致心功能不全、儿童发育障碍等。

【病原学】

寄生于人体的钩虫主要有十二指肠钩虫和美洲钩虫两种。雌虫较粗长，雄虫细短，尾部有交合伞。钩虫虫卵随宿主粪便排出，在温暖（28～30 ℃）、潮湿（湿度70%）、疏松的土壤中，24～48 h形成杆状蚴，5～7 d发育成具有感染性的丝状蚴。丝状蚴在外界环境中生命力强，可生存数周，多存在于潮湿泥土中，亦可随雨水或露水爬至植物的茎、叶上，当人体皮肤或黏膜与之接触时，即可迅速钻过皮肤、黏膜，进入皮下毛细血管或淋巴管，随血流经右心至肺，穿破肺微血管进入肺泡，沿支气管上行至咽部，随宿主吞咽活动经食管进入小肠，经3～4周发育为成虫，寄生于小肠上段，进行交配产卵。自丝状蚴进入皮肤至成虫成熟产卵的时间一般为50 d左右。成虫寿命可长达2～5年，大多在1～2年内被排出体外。

【流行病学】

1. 传染源　患者与带虫者为传染源。

2. 传播途径　钩虫的主要感染方式是丝状蚴从皮肤侵入。农民赤足下田，接触污染的土壤时遭受感染。在生食蔬菜时，丝状蚴也可通过口腔黏膜侵入人体。

3. 易感人群　任何性别与年龄均可感染，但以表壮年农民感染率为高，而且是多次重复感染，夏秋季为感染季节。在高流行区域，儿童高于成人。

4. 流行特征　钩虫病的流行与自然条件、农业生产的方式密切相关，具有季节性和地方性。南方气候温暖潮湿，土壤疏松肥沃，有利于钩虫卵的发育和幼虫和生长，感染季节、时间较北方长。

【发病机制和病理改变】

钩虫幼虫可引起钩蚴性皮炎。丝状蚴侵入皮肤后数分钟至1 h，局部皮肤出现红色丘疹，1～2 d内出现水疱、充血、水肿以及细胞浸润的炎症反应；钩蚴虫穿过肺微血管到达肺泡时，可引起肺间质和肺泡点状出血和炎症，当蚴虫沿支气管向上移行至咽部时，可引起支气管炎及哮喘发作；钩虫成虫以口囊咬附在小肠黏膜绒毛上皮以摄取黏膜上皮与血液为食，且经常更换吸血部位，并分泌抗凝物质，致使黏膜伤口不断渗血，肠黏膜出现许多出血点和小溃疡，严重者黏膜下层可出现大片出血性淤斑，甚至引起消化道大出血。长期慢性失血可导致体内储备铁缺乏，产生缺铁性贫血。长期严重贫血可引起心肌脂肪变性，心脏扩大导致贫血性心脏病；低蛋白血症可引起营养不良性水肿，指甲扁平，反甲，毛发干燥脱落和食管与胃黏膜萎缩；儿童严重感染者可引起生长发育障碍。

【临床表现】

钩虫感染后是否出现临床症状与感染程度、宿主的营养状况和免疫功能有关。

（一）幼虫引起的临床表现

1. 钩蚴性皮炎　俗称“粪毒”，丝状蚴侵入部位的皮肤如手指或足趾间等处，出现丘疹，小出血点或疱疹，有奇痒或灼热感，如无继发感染，皮损可于数天内自愈。可重复感染，若皮肤抓破，可继发细菌感染，形成脓疱。

2. 呼吸系统症状　感染后1周左右，患者可出现低热、咽喉发痒，声音嘶哑，咳嗽，有时痰中带血丝，甚至出现哮喘发作，肺部可闻及干啰音或哮鸣音，持续数周左右自行消失。

（二）成虫引起的临床表现

患者大多数感染后出现上腹部隐痛不适，食欲缺乏，腹泻，消瘦，乏力等表现。粪便隐血试验阳性，易误诊。重度感染者常有异嗜癖，如喜食生米、生豆、泥土等。婴幼儿期感染者可导致生长发育障碍。贫血是钩虫病的主要症状，重度感染后逐渐出现进行性贫血，表现为面色苍白、头昏、视物模糊、耳鸣、乏力、心悸、气促、毛发枯黄、劳动力减弱等。严重贫血者常可致贫血性心脏病，甚至出现心功能不全。儿童长期患本病可引起生长发育障碍，智力减退。孕妇可引起流产、早产或死胎。

【实验室及其他检查】

1. 血常规　常有不同程度血红蛋白降低，属低色素性小细胞性贫血，网织红细胞数正常或轻度增高。白细胞计数正常，嗜酸性粒细胞略增高；血清铁显著降低，一般小于9 μmol/L。

2. 粪便检查　直接涂片或饱和盐水漂浮法可查见钩虫卵，或用钩蚴培养法孵出丝状蚴。粪便隐血阳性。

3. 骨髓象　显示造血旺盛现象，中幼红细胞显著增多。骨髓因储铁减少，游离含铁血黄素与铁粒细胞减少或消失。

【治疗要点】

（一）病原治疗

钩蚴性皮炎在感染后24 h内局部皮肤涂擦左旋咪唑涂肤剂，可用15%阿苯达唑软膏涂肤，皮炎广泛者口服阿苯达唑，每日10～15 mg/kg，分2次服，连续3 d，可起到止痒、消炎及杀死皮内钩蚴的作用。目前常使用阿苯达唑和甲苯达唑类药物驱虫，为广谱驱肠道线虫药，具有杀死成虫和虫卵的作用，但驱虫作用缓慢。阿苯达唑剂量为400 mg，每日1次顿服，连服3～4 d；甲苯达唑为200 mg，每日1次，连服3 d。成人与儿童剂量相同。药物不良反应轻微短暂，少数患者有头昏、恶心、腹痛、腹泻等。

（二）对症治疗

补充铁剂纠正贫血，可口服硫酸铁亚铁或10%枸橼酸铁铵溶液，加服维生素C有利于铁剂吸收。血常规恢复正常后，继续用小量铁剂2～3个月；贫血严重者，可给予小量输血，并补充蛋白质。

【预防】

1. 管理传染源　根据感染率高低，采取普遍治疗和选择性人群重点治疗，如对中小学生每年进行驱虫，效果好，有效阻断钩虫病的传播。

2. 切断传播途径　加强粪便管理，推广粪便无害化处理，尽量避免赤足与污染的土地接触，防止钩蚴侵入皮肤。不吃不卫生蔬菜，防止钩蚴经口感染。

3. 保护易感人群　重点在于宣传教育，提高对钩虫病的认识，在流行区域开展集体驱虫治疗。

【护理诊断及医护合作性问题】

1. 营养失调　低于机体需要量，与钩虫所致慢性失血、胃肠功能紊乱有关。

2. 活动无耐力　与钩虫所致贫血有关。

3. 皮肤完整性受损　与丝状蚴侵入皮肤有关。

4. 潜在并发症　心力衰竭、儿童生长发育障碍、肺炎。

【护理措施】

（一）一般护理

1. 休息　根据贫血程度决定其活动量，贫血严重者需卧床休息。

2. 饮食　给予高热量、高蛋白、高维生素、易消化及含铁丰富的饮食。驱虫期间给半流质软食，忌用油腻食物及粗纤维食物。

3. 皮肤和口腔护理　对严重贫血患者，应加强生活护理，注意皮肤、口腔清洁，以防继发感染。

（二）病情观察

注意观察患者皮疹及皮肤瘙痒情况，有无皮肤破损及继发感染；观察患者消化道症状、粪便性状，有无明显消化道出血所致黑便等；观察贫血程度及治疗效果。严重贫血者有并发心衰的可能，注意观察生命体征变化。

（三）对症护理

（1）对钩蚴性皮炎皮肤瘙痒明显者给予左旋咪唑涂肤剂、阿苯达唑涂肤剂或阿苯达唑软膏涂擦，有止痒、消炎作用，嘱患者避免搔抓，以防继发感染。如继发感染，可局部涂擦抗生素类软膏。

（2）服用铁剂治疗贫血时，嘱患者禁饮茶，以免影响铁剂的吸收。注意观察胃肠道反应，嘱餐后 30 min 服用，以减少铁剂对消化道的刺激，减少胃肠道反应。贫血纠正后，仍需要继续服药 2 ~ 3 个月，以彻底治疗贫血。

（四）心理护理

钩虫患者多为农村居民，是家庭的主要经济来源者，贫血严重者几乎无法活动，生活压力大。严重者可出现心力衰竭，故患者多有不同程度的焦虑。在护理过程中，应帮助患者认识不良心态对疾病的影响，向患者和其家属说明疾病的基本知识和传染过程，耐心向患者解释疾病的病因和治疗效果，以减轻患者的焦虑。对有异嗜癖的患者应关心体贴，而不能冷嘲热讽，使患者及其家属了解异嗜癖的原因，消除不良心理反应。

【健康指导】

向患者及其家属介绍钩虫病的临床经过、治疗方法，驱虫后 1 个月左右应复查粪便虫卵，以判断驱虫效果。如仍有钩虫卵，应重复驱虫 1 次。贫血患者嘱出院后注意休息，加强营养，给予高蛋白和高维生素饮食。督促患者按时服药。服用铁剂时在贫血纠正后，仍需坚持服药 2 ~ 3 个月。血象恢复正常后仍需服用小剂量铁剂 2 ~ 3 个月。

向疫区群众解释钩虫病的感染过程、方式，加强个人防护，避免赤足下田劳动，不可生吃瓜果蔬菜，发现异常及时就诊。

第三节 蛔虫病患者的护理

蛔虫病（ascariasis）是蚓蛔线虫寄生于小肠所引起的传染病。感染后，成人多无明显症状，儿童常有腹痛和不同程度的消化道功能紊乱，有时可引起胆道蛔虫病和不完全肠梗阻等并发症。

【疾病概要】

（一）病原学

蛔虫病病原是一种大型的蚯蚓状线虫，寄生在人体内最大的蠕虫，寄生于小肠上段，雌雄异体，为乳白色或粉红色，成虫形似蚯蚓。雄虫较小，雌虫较大，主要寄生于空肠及回肠上段，以肠内半消化食物为营养物。蛔虫卵在外界抵抗力很强，能耐干燥、寒冷，对一般消毒剂不敏感；在 5 ~ 10 ℃土壤中可存活 2 年；在干燥环境中生存 2 ~ 3 周；不易被化学药物杀死。60 ~ 65 ℃水中 5 min 即死亡。阳光直射可很快杀死蛔虫卵。

人吞食感染性虫卵后，部分虫卵可被胃液杀死，未被杀死的虫卵则进入小肠，并在小肠上段第 1 次蜕皮后，经肠壁末梢静脉→门静脉→肝→下腔静脉→右心→肺动脉→肺毛细血管→肺泡→细支气管，再经 2 次蜕皮，常在感染后 8 ~ 9 日幼虫沿着支气管继续向上移行至气管与会厌部，随唾液或食物吞入食管，经胃抵达小肠，在空肠经第 4 次蜕皮发育为童虫，再经数周发育为成虫。整个发育过程一般需 10 ~ 11 周。成虫交配产卵。卵又重复上述生活史。

（二）流行病学

蛔虫病是最常见的蠕虫病，分布于世界各地，我国大部分农村地区属重度流行区（感染率超过 60%）或中度流行区（感染率为 20% ~ 60%）。

1. 传染源　人是蛔虫的唯一终宿主，蛔虫患者是唯一传染源。

2. 传播途径　感染期虫卵经口进入人体，污染的土壤、蔬菜、瓜果等是主要媒介。

3. 易感人群　人对蛔虫普遍易感。以农村儿童感染率最高，且本病可重复感染。感染区人口感染率可 50% 以上，无性别差异。有生食蔬菜习惯者容易被感染。

【发病机制与病理】

蛔虫病的临床表现与蛔虫发育史中不同阶段（幼虫和成虫）所引起的病理生理改变有关。

1. 幼虫致病作用　蛔虫幼虫经过肺部时由于其代谢产物和幼虫死亡可产生局部炎性反应。幼虫可损伤肺毛细血管引起出血与细胞浸润，严重感染者肺部病变可瑞和成片状病灶。支气管黏膜也有嗜酸性粒细胞浸润，炎性渗出与分泌物增多，致支气管痉挛与哮喘的发生。

2. 成虫致病作用　成虫寄生于空肠与回肠上段，大量成虫可缠结成团，引起部分性肠梗阻。蛔虫有钻孔习性，引起异味性损害和相应的临床表现，常见的有胆道蛔虫症，胰管蛔虫症及阑尾蛔虫症。部分胆石症患者结石的核心见虫卵与蛔虫碎片，可能与胆石成因有关。

【临床表现】成人感染蛔虫后，大多数无临床症状，但儿童或体弱者常有明显症状。

1. 幼虫移行症　见于短期内生食了含有大量受精蛔虫卵的蔬菜、瓜果者。本病潜伏期 7 ~ 9 d。出现低热、乏力，少数伴荨麻疹或皮疹。咽部异物感，阵咳，常呈哮喘样发作，痰少，偶尔痰中带血丝，胸部闻及干啰音。胸片双侧肺门阴影增深，肺纹理增多，点、片状或絮状浸润阴影，于 1 ~ 2 周消失。痰液检查可有嗜酸性粒细胞与夏科—莱登晶体，偶发现幼虫，病程持续 7 ~ 10 d，逐渐缓解。

2. 肠蛔虫病　绝大多数患者无任何症状。儿童常有腹痛，为脐周不定时反复腹痛，无压痛及腹肌紧张，伴食欲缺乏、恶心、腹泻或便秘，大便中排出蛔虫。儿童有时有惊厥、夜惊、磨牙、异食癖。

【实验室及其他检查】

1. 血液一般检查　蛔虫幼虫移行期白细胞与嗜酸性粒细胞增高，胆道与肠道并发细菌感染时，白细胞总数与中性粒细胞显著增多。

2. 粪便检查　直接涂片镜检易查见虫卵。饱和盐水漂浮法虫卵检出率较高。

3. B 超检查　可发现蛔虫位于扩张的胆总管腔内，并能看到蛔虫蠕动，但阳性率不高。

【治疗要点】

1. 驱虫治疗　为治疗蛔虫病的主要措施。常用广谱驱虫药为苯脒唑类药物如阿苯达唑（肠虫清）、甲苯达唑（安乐士）、复方甲苯达唑片（速效肠虫净），苯咪唑类药物具有广谱、高效、低毒的优点，用药期间不忌饮食。

2. 并发症的治疗

（1）胆道蛔虫病，治疗原则为解痉止痛、驱虫、控制感染。必要时外科手术治疗。

（2）蛔虫性肠梗阻，应禁食、胃肠减压、解痉止痛、补液，纠正缺水及代谢性酸中毒，口服豆油或花生油 60 mL，有松懈蛔虫团的作用。腹痛缓解后驱虫。并发肠坏死、穿孔、腹膜炎及完全性肠梗阻者应及时手术。

（3）阑尾蛔虫病应及早给予手术治疗。

【护理诊断及合作性问题】

1. 腹痛　与肠道蛔虫蠕动、机械性肠梗阻、肠痉挛等有关。

2. 营养失调　与虫体消耗营养物质，妨碍小肠消化吸收有关。

3. 知识缺乏　与不了解蛔虫病的防治知识有关。

4. 潜在并发症　胆道蛔虫病、蛔虫性肠梗阻与蛔虫成虫钻入胆总管或扭转成团阻塞肠道有关。

【护理目标】

（1）疼痛缓解或消失。

（2）患者能说出有关蛔虫病的防治知识。

（3）不出现并发症，一旦出现能及时发现并积极配合治疗和护理。

【护理措施】

1. 一般护理

(1) 休息：重者嘱患者卧床休息，减少体力或能量的消耗；轻者可以从事轻度的体力活动。

(2) 饮食护理：改善营养，给予患者高热量、高蛋白、维生素丰富且易消化的食物，并注意菜式多样化，以增进患者的食欲。同时对于呕吐严重无法进食者及蛔虫性肠梗阻者应暂禁食，可遵医嘱给予静脉输液。

2. 病情的观察　密切观察病情变化，注意观察腹痛部位、性质、次数间隔时间等，以便及早发现胆道蛔虫病、蛔虫性肠梗阻等并发症。一旦出现，应及时报告医生，并协助治疗。

3. 对症护理

(1) 腹痛者卧床休息，可用热水袋或热毛巾脐周热敷或用手轻揉腹部，以减轻疼痛。遵医嘱给予解痉、止痛药和驱虫药，并观察止痛驱虫的效果及药物的副作用。服驱虫药后观察排出大便情况，并做大便检查。

(2) 并发胆道蛔虫病时，遵医嘱应用解痉止痛、利胆驱虫药，腹痛缓解后，撙医嘱给予驱虫药。密切观察患者腹痛的性质、呕吐的次数及呕吐物中是否有蛔虫，患者有无脱水征象，有无畏寒、发热等继发感染的表现。记录 24 h 出入水量，维持水、电解平衡。安慰患者，发作时应守护患者并做好病情解释工作。

(3) 并发蛔虫性肠梗阻时，应及时通知医生，因一般是不完全梗阻，多采取内科保守治疗。嘱患者取半坐卧位，遵医嘱给予禁食、解痉止痛、静脉输液、并注意维持水、电解质酸碱平衡。口服生植物油 60 mL，以松散蛔虫团块。腹胀明显者，可行胃肠减压。如并发肠坏死、穿孔或发生完全性肠梗阻时，应立即通知医生，并做好术前准备。

4. 用药护理　一般是空腹或晚上睡前一次顿服。观察驱虫效果，服药后 1 ~ 3 日大便可排出蛔虫。驱虫过程中偶有轻微的头痛、恶心、呕吐等不良反应，药后多可自行消失，不必担心。服药时，一定要足量，以免引发蛔虫钻孔，导致严重并发症。因苯咪唑类药物有致畸作用，故孕妇及 2 岁以下儿童禁用。再次服药与前次应间隔 2 周，不可多次连服或任意加大药物剂量，以免引起副作用。

5. 心理护理　护士要耐心向患者讲解病情及预后，应多与患者交流，告诉患者不良情绪对疾病的影响。使患者积极配合医护人员的治疗，得到较好的疗效。

【健康教育】

(1) 蛔虫病可重复感染，出院时应让患者掌握常用驱虫药的用法和剂量，进行定期驱虫治疗，以减少传染源。

(2) 向患者及其家属讲解蛔虫病的传染过程，强调孩子养成良好卫生习惯。强调预防蛔虫病上的重要性，教育小孩饭前便后要洗手，不吃不洁净的瓜果、蔬菜，不吸吮手指，不随地大便等基本卫生常识。

(3) 加强粪便的管理，完善粪便无害化处理设备，防止粪便污染环境。

(4) 宣传普查普治的重要性。

知识链接…

血吸虫病的相关知识

1. 钉螺是唯一的中间宿主　它是雌雄异体，水陆两栖的螺蛳。形状呈圆锥形，长度一般不超过1 cm，宽度不超过4 mm，螺壳表面有纵肋，螺旋一般为6～9个，主要分布在洲滩、沟渠（农村小沟渠为主）水线上下1 m的范围内。稻田中钉螺主要分布在进水口和田埂附近。

2. 疫区住地居民预防的措施　疫区住地居民生产、生活活动接触疫水频繁，一定要加强管理，切实搞好预防。一是在居民活动频繁的有螺地带设立血防警示牌和血防宣传岗哨，教育、劝阻群众不要接触疫水，不要到疫区地带采粽叶、拔芦蒿、打湖草、放牧、捕鱼虾等；二是确因生产、生活需要到有螺地带从事种植、捕捞活动，应尽量减少涉水次数，并在下水前涂擦防护药品，穿防护服等，做好个人防护；三是教育妇女、儿童不要到有螺疫水中洗衣、洗澡等，尽量使用井水或自来水；四是每年应主动接受一次血吸虫病的专项检查。

3. 贫血的临床表现　贫血不是一种疾病，各系统疾病均可引起贫血。贫血的常见症状、体征有：

（1）软弱无力：疲乏、困倦，是因肌肉缺氧所致。为最常见和最早出现的症状。

（2）皮肤黏膜：皮肤、眼睑、口唇黏膜苍白。

（3）心血管系统：心悸为最突出的症状之一，有心动过速，在心尖或肺动脉瓣区可听到柔和的收缩期杂音，称为贫血性杂音，严重贫血可听到舒张期杂音。

（4）呼吸系统：气急或呼吸困难，大都是由于呼吸中枢低氧或高碳酸血症所致。

（5）中枢神经系统：头晕、头痛、耳鸣、眼花、注意力不集中、嗜睡等均为常见症状。晕厥甚至神志模糊可出现于贫血严重或发生急骤者，特别是老年患者。

练习题

1. 解释晚期血吸虫病、钩蚴性皮炎等名词。
2. 日本血吸虫病传播途径必须具备哪三个条件？
3. 如何对钩虫病患者进行健康指导？

（沙　莉）

参考文献

［1］尤黎明．内科护理学［M］．3 版．北京：人民卫生出版社．2004.

［2］姚景鹏．内科护理学［M］．2 版．北京：人民卫生出版社，2001.

［3］云琳．内科护理学［M］．郑州：郑州大学出版社，2003.

［4］祝惠民．内科学［M］．4 版．北京：人民卫生出版社，2002.

［5］叶任高．内科学［M］．5 版．北京：人民卫生出版社，2001.

［6］夏泉源．临床护理（上、下）［M］．北京：人民卫生出版社，2002.

［7］刘东升．临床护理（上）［M］．郑州：河南科学技术出版社，2002.

［8］沙介荣．传染病学及流行病学［M］．北京：人民卫生出版社，1993.

［9］彭文伟．传染病学［M］．3 版．北京：人民卫生出版社，1989.

［10］朱念琼．传染病护理学［M］．南京：江苏科学技术出版社．1997.

［11］刘应麟．传染病学［M］．2 版．北京：人民卫生出版社．2004.

［12］王明秀．传染病护理学［M］．南京：东南大学出版社．

［13］张孟．成人护理［M］．郑州：河南科学技术出版社．2005.

［14］曾志励．传染病护理［M］．3 版．北京：科学出版社．2006.

［15］余万春．传染病护理技术［M］．南京：东南大学出版社．2006.

［16］倪国华，汪婉南．成人护理（上、下）［M］．北京：高等教育出版社，2005.